Eros na Grécia Antiga

Coleção Estudos
Dirigida por J. Guinsburg

Equipe de realização – Tradução: Isa Etel Kopelman; Edição de Texto: Carol Gama; Revisão: Adriano Carvalho Araujo e Sousa; Sobrecapa: Sergio Kon; Produção: Ricardo W. Neves, Raquel Fernandes Abranches, Sergio Kon e Luiz Henrique Soares.

Claude Calame

EROS NA GRÉCIA ANTIGA

PERSPECTIVA

Título do original italiano
I Greci e l'eros: Simboli, pratice, luoghi

©1992 by Gius. Laterza & Figli
All rights reserved
Published by arrangement with Marco Viegevani Agenzia Letteraria

CIP-Brasil. Catalogação-na-Fonte
Sindicato Nacional dos Editores de Livros, RJ

c143e

Calame, Claude
    Eros na Grécia Antiga / Claude Calame ; [tradução de Isa Etel Kopelman]. - São Paulo : Perspectiva, 2013.
    (Estudos ; 312)

    Tradução de: I Greci e L'Eros: Simboli, Pratice e Luoghi
    ISBN 978-85-273-0971-4

    1. Comportamento sexual - Grécia - História. 2. Papel sexual - Grécia - História. I. Título. II. Série.

13-0345.   CDD: 306.7
                CDU: 392.6

16.01.13   19.01.13   042202

Direitos reservados em língua portuguesa à
EDITORA PERSPECTIVA S.A.

Av. Brigadeiro Luís Antônio, 3025
01401-000 São Paulo SP Brasil
Telefax: (011) 3885-8388
www.editoraperspectiva.com.br

2013

Sumário

Prefácio XIII

PRELÚDIO TRÁGICO:
O JUGO DE EROS XV

PRIMEIRA PARTE:
TÓPICOS DE EROS

1. O Eros dos Poetas Mélicos 3
   Ações de Eros o Doce-Amargo 5
   Fisiologias do Desejo Amoroso 10
   Estratégias Amorosas 15
     A Assimetria Constitutiva 15
     O Compromisso Recíproco 20
   Variações Passionais 22
   Metáforas para Saciedade do Desejo 26
   Encantos Eróticos da Poesia 29

2. O Eros de Poemas Épicos 33
   Cenas de Amor Recíproco 33

Cenas de Sedução 38
Palavras Sedutoras 42

SEGUNDA PARTE:
PRÁTICAS SIMBÓLICAS DE EROS

3. Efeitos Pragmáticos da Poesia de Amor. 47

Funções Eróticas dos Versos Mélicos. 48
Amores de Escritores Alexandrinos. 53
   Variações Temáticas 54
   Jogos Eróticos. 57
   Amores de Romance 60

4. Pragmática da Iconografia Erótica 63

Representações Figuradas do Amor. 64
   Perseguições, Raptos e Acasalamentos 64
   Sexualidades Polimorfas 67
   Intervenções de Eros e de Afrodite. 70
Funções das Imagens Eróticas. 72

TERCEIRA PARTE:
EROS NAS INSTITUIÇÕES

5. Eros no Masculino: A Pólis 81

Práticas Propedêuticas do Simpósio. 83
   Condutas Eróticas e Compromisso Cívico 85
   Papéis Sexuais e Relações Sociais 89
Práticas Eróticas da Palestra 93
   Eros no Ginásio 93
   Homofilia e Atividades Gímnicas 95
   Grafites e "Aclamações Pederásticas". 97

6. Eros no Feminino: O *Oikos* 103

Um Estatuto Intermediário: A Hetera no Banquete. 104
Transição à Maturidade: A Jovem Esposa 110
   Passagem Ritual à Civilização. 110

O Papel de Eros e da Sexualidade 112
Amor Compartilhado, Violência e Reprodução 115
O Estatuto da Jovem Esposa 121

7. Disputas Dionisíacas do Amor 127

A Instituição Cômica 130
Sátiras da Homossexualidade Passiva 132
Do Vício Antinatural ao Insulto Político 136
A Instituição Trágica............................. 140
Jogos Metafóricos do Casamento.................. 141
A Tirania Funesta de Eros e de Afrodite............ 146

QUARTA PARTE
ESPAÇOS DE EROS

8. Pradarias e Jardins Lendários 153

Prados Erotizados................................ 154
Pomares e Jardins de Afrodite..................... 158
Flores, Frutos e Cereais 161

9. Pradarias e Jardins de Poetas...................... 167

Espaços Metafóricos do Amor 167
Domínios Ideais de Deuses........................ 170
Jardins de Culto.................................. 173

QUINTA PARTE:
METAFÍSICAS DE EROS

10. Eros Demiurgo e Filósofo 181

Eros Princípio Cosmogônico 182
Iniciações Eróticas à Beleza....................... 186
O Amor Metafísico............................... 191

11. Eros Místico.................................... 199

Eros nas Teogonias Órficas 200
Traçados Místicos de Eros 203

CODA ELEGÍACA:
EROS EDUCADOR 207

Anexos 213
Lista de Abreviações 221
Bibliografia 225
Índice de Nomes Próprios 231
Índice de Noções 235

Não notastes ainda que o prazer, que muito certamente é o único motivo da reunião de dois sexos, não é suficiente, no entanto, para criar uma ligação entre eles?

P. CHODERLOS DE LACLOS,
Les Liaisons dangereuses, Paris, 1782

Ἡμῖν βασιλεύζ και αρχων καί ἁρμοστής ὁ Ἔρως.
[*Para nós – rei, arconte e harmosta – Eros.*]

PLUTARCO,
Diálogo Sobre o Amor, 763e,
referindo-se a Hesíodo, Platão e Sólon.

Prefácio

Estudos preliminares à presente investigação – publicada em italiano na versão original e revisada para a edição francesa – foram apresentados sucessivamente no Colóquio de Genebra sobre "Orfismo e Orfeu" (abril 1989), no Colóquio de Montpellier, dedicado à "Iniciação" (abril 1991), por ocasião de uma série de conferências proferidas nas Universidades de Brown, Columbia, Cornell e Princeton (fevereiro de 1991 e novembro de 1992), bem como no decorrer de muitos seminários feitos por ocasião de um convite como diretor de estudos da seção de Ciências Religiosas da École pratique des hautes études (EPHE) em Paris (janeiro de 1992). Isso significa que este estudo se beneficiou amplamente dos conselhos de eruditos competentes e das gentilezas de uma hospitalidade sempre generosa; também se beneficiou da troca com muitos estudantes de Lausanne. O caráter, às vezes limitado de seu alcance, assim como as restrições de seu aparato técnico, está condicionado pelo desejo de dirigi-lo a um público maior do que o círculo restrito de eruditos. O índice foi composto por Annette Rosenfeld-Loeffler, em Lausanne, a quem faço questão de expressar meu reconhecimento. Finalmente, a publicação da versão francesa desta obra, originariamente comandada pelo editor Laterza em Roma e

Bari, não seria possível sem o apoio financeiro autorizado pela Fundação Irène Nada Andrée e Chuard-Schmid, em Lausanne, e sem o espírito amigável de Nicole Loraux.

Prelúdio Trágico

O Jugo de Eros

Na cena ática, jamais faltaram os dramas de amor. Entre as paixões que parecem ter impressionado intensamente o público celebrando Dioniso nas encostas da Acrópole, o amor mortífero de Fedra ocupa uma posição de destaque, provavelmente, porque a heroína cretense é a esposa do herói fundador da cidade clássica e também em razão do caráter, de certo modo gratuito, de seu sentimento pelo enteado. Hipólito, o filho da Amazona, merece certamente a morte por sua recusa obstinada aos prazeres da maturidade do desejo amoroso oferecidos por Afrodite; ali se encontra o corolário da paixão exclusiva que ele devota à Ártemis, a virgem caçadora. Quanto à Fedra, ela não é senão o instrumento do propósito vingador da deusa do amor: na versão que Eurípides nos oferece, a intriga não apresenta nenhuma justificativa para a própria paixão deletéria que Cípris lhe infringiu.

À maneira de prelúdio, uma incursão preliminar ao teatro ateniense, consagrado a Dioniso, o Liberador, leva a traçar um primeiro esboço dos modos de ação e do domínio de intervenção da força do amor encarnado na figura de Eros e na divindade da qual ele é o assistente. O tecido cerrado de relações sociais que ambos criam conjuntamente para nós na ficção poética da tragédia destinada à cena ática, na realidade, vai se revelar exemplar da abordagem ao mesmo tempo discursiva e antropológica que se gostaria de propor aqui. A partir deste prelúdio trágico, esse duplo olhar se dirigirá para inúmeras outras manifestações simbólicas das potências do amor na Grécia antiga.

Lembraremos que, na cena cômica de Aristófanes, Ésquilo expõe seu rival Eurípides ao desprezo público acusando-o particularmente de ter criado Fedras prostituídas. Alheio ao que tenha acontecido com essas acusações, o poeta sofista foi levado a representar uma segunda tragédia intitulada *Hipólito*; é esse texto que conhecemos[1]. A honra e, consequentemente, a reputação heroica da desafortunada amorosa são aí preservadas graças a uma dupla transformação da intriga. As revelações da ama muito indiscreta quanto à paixão incestuosa de sua patroa permitem à heroína tornar o seu suicídio uma morte protegida da desonra da declaração aberta; as falsas acusações lançadas contra o enteado são, de fato, transmitidas pela forma diferenciada que o suporte escrito permite. Tornando completamente possível a antecipação do suicídio, o recurso à mensagem escrita, preso à mão de Fedra antes de se enforcar, evita a confrontação direta entre o esposo enganado e seu marido da realeza. A heroína fez que as tabuinhas penduradas em seu braço mentissem, mas não sua boca: ao mesmo tempo respeitando e reforçando, como dado teológico, as consequências trágicas do poder implacável de Afrodite, Eurípides estendeu o relato aos seus limites extremos para livrar a esposa de Teseu da condenação dos homens[2].

Logo, na virada desta intriga, no momento mesmo em que a ama, pretendendo indevidamente tomar em suas mãos o destino de sua patroa, vai precipitar o desfecho, o coro canta em intenção a Eros um hino cheio de ansiedade:

---

1 Para o Ésquilo encenado por Aristófanes (*Rs.* 1040s.), Fedra é uma dessas nobres esposas de maridos nobres condenadas por Eurípides à desonra e ao suicídio. Uma tentativa de reconstrução da intriga do primeiro *Hipólito* é apresentada por W.S. Barrett, *Euripides*, p. 11s.
2 Ver C. Segal, *Euripides and the Poetics of Sorrow*, Durham/London: Duke University Press, 1993, p. 110s; F.I. Zeitlin, *Playing the Other Gender and Society in Classical Greek Literature*, p. 219s.

Amor, Amor, que pelos olhos destila o desejo,
inspirando uma doce volúpia
às almas que teu assalto persegue,
não te mostres jamais a mim com o cortejo da infelicidade,
não me pressione desmesuradamente!
Nem a chama, nem os astros
possuem seta mais poderosa
que a de Afrodite
disparada das mãos de Amor,
o filho de Zeus[3].

A súplica dirigida ao deus do desejo amoroso nessa forma cultual deve ser lida na perspectiva da ironia trágica que marca as palavras que a ama acaba de pronunciar, pois a ingênua conta ainda com a boa vontade e a colaboração de Afrodite. No entanto, a despeito da denúncia de impactos destrutivos da intervenção divina no domínio do amor, esse hino retoma, com a estrutura da prece ritual, os traços de uma imagem poética de Eros. Especificamente grega, essa representação do amor é perceptível desde os primeiros poemas transmitidos em virtude da adoção do alfabeto fenício ao final do século VIII a.C. Ela certamente não está – como se verá – ao abrigo das variações históricas. Mas, como introdução, podemos traçar rapidamente um primeiro perfil devido aos coros de Eurípides.

Ao modo do hino, as mulheres de Trezena, formando o coro encenado por Eurípides, evocam, portanto, os modos de ação da divindade à qual elas dirigem sua súplica. Na Grécia antiga, geralmente, a ação do amor é apreendida menos em termos de sentimento pessoal do que em seus aspectos e efeitos psicológicos. Eros destila o desejo (*pothos*), suscitando em sua doçura o prazer (*khará*). Veículo escolhido: o olhar que atinge a alma (*psyche*). Mas o golpe de Eros é primeiramente apreendido, pelo intermédio de uma metáfora de ordem militar, como um ataque; ambivalente, a epifania de Amor divinizado pode também ser inoportuna. Ora, essa criancinha de Zeus não parte sozinha ao combate: as setas lançadas por seu arco, é Afrodite que as dirige, é ela que afirma seu poder imperioso no

---

3 Eur. *Hip*. 525s.; este hino recebe um eco em forma de coral nos v. 1268s: cf. Disputas Dionisíacas do Amor, infra, p. 148, com as referências dadas na n. 32.

decorrer da tragédia inteira, castigando todos os protagonistas de *Hipólito*. Assistente da deusa do amor, reinando em toda a Grécia, Eros merece, assim, ainda mais do que as honras divinas oferecidas aos deuses de Delfos e do Olimpo reunidos. É um tirano que detém até as chaves da câmara nupcial de Cípris.

Na tragédia clássica, os cantos do coro são quase sempre funcionais. Aos coreutas de *Hipólito*, na própria virada da intriga, trata-se de dar livre curso tanto à sua apreensão quanto à sorte reservada às vítimas de Afrodite. As vozes femininas dos coreutas ilustram as mudanças destrutivas da fortuna, pelas quais Eros e sua senhora são responsáveis, citando os destinos trágicos de algumas heroínas atiçadas pela deusa do amor. Da mesma forma que Hipólito, recusando como uma virgem adepta de Ártemis o jugo do casamento, precisou ser estrangulado e arrastado por seus próprios cavalos para a morte, Iole, égua indomável, foi domesticada por Afrodite, que a uniu a Héracles em um himeneu de chamas e morte. Sêmele também, pela vontade de Cípris, celebrou com Zeus as bodas que, por ter gerado Dioniso, foram incendiadas pelo raio do deus celeste, antes de precipitar a jovem casada em um sono mortífero. Isso porque o poder repressivo do amor conduz a jovem ao casamento, que assim se revela constituir um dos campos de intervenção privilegiados da deusa de Chipre; mas, nas mãos de uma Afrodite ciumenta, essa força divina pode fazer convergir em afinidades da satisfação sexual, do sono e da morte. Última metáfora antes de ouvir, com uma Fedra consternada, a fala arrebatada de um Hipólito cego de ódio pela espécie feminina: Afrodite é uma abelha, em seu voo alado, produtora de mel, mas picando impiedosamente suas vítimas. Por meio dessa imagem apenas esboçada em seus paradoxos, o canto coral repete em uma estrutura anelar muito clássica a ambivalência do amor. Este último é encarnado em um Eros "soldado do prazer"[4].

O comentário resumido desse canto coral, composto por Eurípides, deve, pois, indicar o desenrolar e o itinerário percorridos neste estudo, nas próximas etapas. A permanência

---

[4] A comparação de Afrodite com uma abelha implica uma provável alusão ao duplo efeito do amor "doce-amargo": doçura do mel e picada da abelha; cf. W.S. Barrett, op. cit., p. 266, infra, p. 5.

durante séculos dos únicos suportes textuais e icônicos modelou uma imagem quase inteiramente literária e estética da cultura grega. Por conseguinte, em um primeiro momento, iremos nos concentrar nas representações poéticas do amor ao modo grego. Por meio da análise discursiva, serão delineadas ao mesmo tempo uma figura divina, com seus modos de ação, e uma fisiologia, relativa ao seu campo de intervenção. Essa será a oportunidade não apenas de examinarmos uma série de representações textuais, mas de perceber, na perspectiva de uma antropologia literária, a rede de relações sociais que institui o poder de Eros e de Afrodite através das composições poéticas que eles inspiram.

A passagem da primeira à segunda parte do presente ensaio deve oferecer uma dimensão histórica a essa imagem das divindades que animam a força do desejo amoroso e à representação das relações que decorrem de seu exercício. A configuração do amor que marca a poesia mélica da época arcaica não tem nem o mesmo perfil, nem a mesma função daquela que forjaram os literatos alexandrinos e pós-alexandrinos, os poetas e depois os romancistas. O exame da dimensão pragmática da poesia arcaica levará à proposição de questões análogas para as ricas imagens que, durante o mesmo período, ilustram com a representação de lendas ou de rituais diferentes práticas de Eros.

Na Grécia antiga, certamente, o exercício da poesia, bem como a utilização de utensílios ilustrados, corresponde a uma instituição. Cantar o amor não é somente representar o desejo erótico, é também constituí-lo em prática social; cantar Eros e admirá-lo na iconografia é, sobretudo, sacrificar às práticas que ele induz[5]. À custa de numerosas precauções, poesia e iconografia são, portanto, capazes de remeter seus intérpretes a um referente empírico e histórico. Elas incitam assim seus leitores a examinar as funções do amor nas instituições da cidade: reuniões rituais de cidadãos no simpósio, práticas de uma educação de tipo iniciático, cerimônias do casamento etc. Essa passagem dos produtos simbólicos às realidades institucionais e

---

5 Essa função prática, senão "performativa" do dito amor, não foi compreendida por I. Grellet; C. Kruse, *La Déclaration d'amour*, Paris: Plon, 1990, que, no entanto, intitulam um dos capítulos de sua obra: Un Geste de langage, p. 43s; isso apenas para citar um estudo recente sobre as palavras amorosas.

sociais que os subentende será operada na terceira parte deste ensaio, orientada ela também por uma perspectiva antropológica das manifestações da cultura. Veremos então que Eros, com seu poder relacional e interativo, atua particularmente na constituição dessas trocas sociais de sexo que doravante chamaremos por "gêneros"; o gênero será, pois, compreendido, na acepção anglo-americana do termo, como "a maneira conforme os membros dos dois sexos são percebidos, avaliados e presumidos de se comportarem" – em cada cultura, acrescentaremos. É precisamente uma confusão fatal nas distinções de gênero que Hipólito comete duplamente quando, não satisfeito em se comportar como uma virgem completamente devotada a Ártemis, recusa Afrodite e o casamento. Fenômeno dependente a meu ver do processo de produção simbólica, o gênero é compreendido aqui como construção e representação das trocas sociais de sexo[6].

Para afastar os perigos da naturalização, mas provavelmente sem evitar fazer estremecer certas e certos fundadores da noção sociológica do gender, admitiremos que as distinções relativas ao gênero são fundadas na diferença de perspectiva constitutiva do fato de que nenhum homem jamais viverá o que vive fisiologicamente a mulher. Isso explica que em toda sociedade, particularmente na Grécia antiga, as diferenças sociais de sexo são legitimadas por uma antropologia; como teremos algumas oportunidades de evocá-la, elas dependem, pois, de uma concepção fisiológica do homem e da mulher, culturalmente marcada[7]. Constataremos que a Antiguidade não fez dessa

---

6 Segundo a definição dada a seguir por A. Schlegel e comentada por P.R. Sanday, Introduction, em P.R. Sanday; R.G. Goodenough (eds.), *Beyond the Second Sex: New Directions in the Anthropology of Gender*, Philadelphia: University of Pennsylvania Press, 1990, p. 1-19 (p. 5). Ver também a interpretação proposta por J.W. Scott, Gender: A Useful Category of Historical Analysis, *American Historical Review*, Chicago, v. 91, 1986, p. 1053-1075 (retomada em E. Weed (ed.), *Coming to Terms: Feminism, Theory, Politcs*, New York/London: Routledge, 1989, p. 81-100): "O gênero é um elemento constitutivo de trocas sociais fundadas em diferenças percebidas entre os sexos", portanto, é também "um modo primeiro de significar as trocas de poder". Quanto à noção de processo simbólico, permito-me remeter ao que havia dito a esse respeito em *Thésée et l'imaginaire athénien*, p. 29s.

7 A pesquisa das concepções sociológicas e antropológicas de sexos foi conduzida por último, em uma base comparativa, por F. Héritier-Augé, La costruzione dell'essere sessuato, la costruzione sociale del genere e le ambiguità

perspectiva uma exceção à regra que deseja que essa imagem anatômica e biológica sirva naturalmente para uma legitimação ideológica às trocas de poder que geralmente ultrapassam as relações sociais de sexo. Veremos assim, no desfecho dessa terceira etapa, que, no contexto do culto a Dioniso, comédia e tragédia chegam, enquanto práticas poéticas rituais, a formular uma crítica acirrada das representações do amor e das trocas sociais de sexo subordinadas a essas práticas. O hino a Eros em *Hipólito* está ali como uma primeira prova!

Além do mais, sendo dotado de ubiquidade, Eros manifesta-se naturalmente em espaços específicos. Esses locais de intervenção do Amor e de práticas eróticas não são unicamente os que delimitam as instituições que acabamos de evocar: banquete ritual, educação gímnica e musical, cerimônias do casamento etc. São também espaços elaborados simbolicamente pela lenda e por suas manifestações poéticas. Jardins "míticos" e poéticos, verdejantes e floridos, cuja investigação requer uma sensibilidade semiótica para construção simbólica e suas influências sensoriais. A passagem prudente de espaços reais do exercício de Eros aos espaços imaginários em que ele se manifesta, geralmente com Afrodite, é tão importante que esses últimos nos reconduzem à instituição. Como veremos no desfecho da quarta etapa desta investigação, esses lugares simbólicos encontram às vezes um equivalente nos espaços que representam as práticas cultuais dedicadas aos poderes do amor.

Dilatado pelos espaços de seu desdobramento, o imaginário social, poético e cultual de Eros nos conduzirá, finalmente, a uma quinta e última parte, à cosmogonia e à filosofia. De Hesíodo a Platão, passando pelos adeptos de Orfeu, a reflexão mais especulativa dos cosmólogos apoiou-se tanto no aspecto

---

dell'identità sessuale, em M. Bettini (ed.), *Maschile/Femminile*, Roma/Bari: Laterza, 1993, p. 113-140. No que se refere à própria Grécia, veremos especialmente as contribuições S. Saïd, Féminin, femme et femelle dans les grans traités biologiques d'Aristote, em E. Lévy (ed.), *La Femme dans les sociétés antiques*, Strasbourg: Université de Strasbourg, 1983, p. 93-123; M.M. Sassi, *La scienza dell'uomo nella Grecia antica*, Torino: Bollati Boringhieri, 1988, p. 81s; T. Laqueur, *Making Sex: Body and Gender from the Greeks to Freud*, Cambridge: Harvard University Press 1990, p. 1s; E. Hanson, The Medical Writers' Women, em D.M. Halperin; J.J. Winkler; F.I. Zeitlin (eds.), *Before Sexuality*, Princeton: Princeton University Press, 1990, p. 309-338; e G. Sissa, Philosophie du genre, em P. Schmitt-Pantel, *Histoire des femmes en Occident*, p. 58-100.

demiúrgico do poder de Amor quanto nos dons de iniciador que ele encarna. Ela acabou por fazer dele um operador ético e místico essencial; um operador que age pela visão, mas também pela palavra; um operador cujo fundamento genital e sexual é utilizado pelo pensamento simbólico e pelo discurso figurativo como vetor de um percurso iniciático. Esse itinerário em direção a uma verdade revelada é ainda, a bem dizer, fortemente pouco acentuado pela "matriz de prazeres".

Através das representações que ele suscita, pela perspectiva que cada sexo – em inter-relação – pode ter do outro, é justamente à "sexualidade" que Eros dá acesso. Mas, como o "gênero", a sexualidade será considerada aqui um conceito operatório. Mais do que do ângulo da "experiência", ela será vista na qualidade de construção e conjunto de práticas psicossociais fundadas no genital. Trataremos, pois, definitivamente de descobrir pela figura de Eros uma sexualidade bem diferente da experiência moral e filosófica que buscava M. Foucault em sua leitura dos oradores e pensadores gregos do século IV[8]. Não somente a poesia e a iconografia eróticas dos períodos arcaicos e clássico, enquanto práticas simbólicas, remetem tanto às relações e às instituições sociais como aos sujeitos sexuais; mas o desejo amoroso encarnado no poder de Eros tece, pelas manifestações do processo simbólico e por seu dinamismo, relações que redesenham os gêneros questionando-os completamente.

Visão idealizante do Eros dos gregos? Visão acadêmica da sexualidade? Em todo caso, perspectiva fatalmente europeia – e androcêntrica de palavras e algumas imagens geralmente enunciadas por homens...

---

[8] M. Foucault, *Histoire de la sexualité*, p. 10s, de cuja leitura serão consideradas as observações de M. Piérart, Michel Foucault et la morale sexuelle des Anciens, *Freiburger Zeitschrift für Philosophie und Theologie*, Freiburg, v. 33, 1986, p. 23-43; de M. Vegetti, Foucault et les Anciens, *Critique*, Paris, v. 42, n. 471-2, 1986, p. 925-932; contidas em Introduction, em D.M. Halperin; J.J. Winkler; F.I. Zeitlin (eds.), op. cit., p. 3-20; de D.F. Kennedy, *The Arts of Love*, p. 41s; e, finalmente, de S. Goldhill, Dance of the Veils, *Eranos*, v. 85, p. 44s e 146s.

Primeira Parte

Tópicos de Eros

1. O Eros dos Poetas Mélicos

Naturalmente propensa à atitude incoerente induzida por uma prática exacerbada da crítica, nossa civilização provocou o rompimento do sentimento amoroso nas representações mais antinômicas. De um lado, a abordagem médica conseguiu isolar um instinto de ordem fisiológica do qual se apossaram as ciências do comportamento: o amor é desde então reduzido a uma taxinomia de relações interativas e deterministas que tem por nome sexualidade. Por outro lado, a psicologia de inspiração analítica remete-nos a uma *libido*, transformando o desejo amoroso em uma série de reações afetivas a uma motivação pulsional inconsciente. Mas, alimentadas pelas situações esquemáticas de folhetins televisivos ou por fotonovelas, as procuras desesperadas por um parceiro, como testemunha a imprensa do coração, não aspiram senão à ternura, sensualidade, afeição, quando não ambicionam a paixão mais romântica. O contraste é total entre uma sexualidade centrada no "homem desejoso" e a aspiração a um amor de ordem relacional[1]. Na

---

1 Para a perspectiva escolhida neste estudo, a do amor dito, ninguém melhor que R. Barthes traduziu o rompimento do amor contemporâneo, cf. *Fragments d'un discours amoureux*, Paris: Seuil, 1977. Quanto à fecundidade da aplicação recente do conceito de sexualidade à realidade do amor da Antiguidade, ver a

Grécia antiga, sabe-se, o amor é essencialmente eros, uma força que esse termo tende a objetivar, uma potência com tal autonomia que uma maiúscula pode, em nosso alfabeto, acentuar o caráter divino. Amor como divindade antropomórfica? Convite para considerá-lo na qualidade de ator semiótico, com suas qualificações e, consequentemente, com seus modos de ação, das potências que ele coloca em jogo com os beneficiários de sua ação e o tecido de relações sociais no qual ele os implica, inclusive, em relação aos eventuais papéis sexuais e às funções de gênero que ele institui no contraste e nos conflitos. Essa investigação dos dispositivos sociais construídos por Eros tratará primeiramente de suas manifestações literárias, em sincronia; a imagem assim delimitada será a seguir devolvida à história; será então a oportunidade de se interrogar novamente sobre a função dos textos que a transmitem.

Mas por que seguir a tradição erudita e começar cronologicamente por essa poesia que erroneamente chamamos "lírica"? Primeiramente, devido ao caráter essencialmente literário de nossa tradição sobre a Antiguidade e, portanto, sobre Eros. Também porque a poesia mélica, sem distinguir por isso o advento do indivíduo moderno, deixa um amplo espaço ao narrador; o locutor efetivamente manifesta-se aí nas formas gramaticais de uma primeira pessoa que se identifica, aliás, muito rapidamente, com o enunciador real do poema, quando não com seu autor[2]. Entretanto, esses poemas assumem, diante de seus destinatários, uma função tal que vai nos permitir o acesso à prática social do amor grego. Admitamos que, além do mais, chegados até nós de uma forma fragmentária, esses versos por natureza deixam-se fracionar mais facilmente para responder às exigências da busca de um paradigma.

>abordagem apresentada na bibliografia crítica elaborada por M. Arthur Katz, Sexuality and the Body in Ancient Greece, *Mètis*, Paris, v. 4, 1989, p. 155-179. Por *homem de desejo*, M. Foucault, *Histoire de la sexualité*, p. 11 e 18, designa o *sujeito sexual*, que eu agrido nas notas introdutórias precedentes.
>
>2 Por convenção, chamarei doravante de "mélicas" as diferentes formas da poesia arcaica com exclusão das formas épicas. Esse conceito de poesia "cantada" (com um acompanhamento de lira ou flauta) inclui os poemas iâmbicos e elegíacos. As dificuldades levantadas pela categoria da poesia "lírica" são descritas por B. Gentili, *Poesia e pubblico nella Grecia antica*, p. 41s; sobre a questão da identidade do *eu* mélico, ver Efeitos Pragmáticos da Poesia de Amor, infra, p.48, n. 1.

AÇÕES DE EROS O DOCE-AMARGO

É primeiramente por sua doçura que percebemos na poesia arcaica grega a força do amor; uma doçura que escorre em você para encantar seu coração em um sentimento de distensão. Essa sensação de doçura está longe de ser unicamente gustativa. Na verdade, ela é às vezes suscitada por um líquido como a água ou o vinho. Porém, esse doce prazer é também o que provoca o sono e, sobretudo, o que inspira, sob todas as formas, a atividade musical: voz, canto, melodia de flauta, som da fórminx, em uma palavra, musa. Desse modo, por duas vezes, Píndaro torna a doçura da cratera na metáfora do canto que ressoa[3]. O doce encanto de um amor, suficientemente concreto para assumir a figura humana e suficientemente potente para agir como uma divindade, encarna-se também nesse Eros que Teógnis nos mostra se erguendo no instante em que a terra se cobre de flores e deixando Chipre para semear entre os homens. Álcman faz saltitar para nós o Eros primaveril brincando como uma criança sobre as corolas de flores da junça. Quanto a Anacreonte, ele coloca nas mãos de Eros os ossinhos com os quais, bem mais tarde, em Apolônio de Rodes, Amor brincará de Ganimedes no jardim florido de Zeus[4]. Essas cenas encontram naturalmente seu correspondente icônico na imagística mais tardia; na cerâmica italiota, particularmente, Eros encontra-se esvoaçante sobre um canteiro florido[5]. Mas este Eros travesso

---

3   Álcm. fr. 59a Page, com o comentário que apresentei em *L'amore in Grecia*, p. 560; sobre o sentido homérico do verbo *iainein*, que remete ao sentimento da distensão, ver J. Latacz, *Zum wortfeld "Freude" in der Sprache Homers*, p. 222s. Doçura de um líquido: Xenof. fr. 1, 8 e 13, 3 Gentili-Prato; do sono: Álcm. fr. 3, 7 Page, Safo fr. 63, 3 Voigt, Pínd. *Pít.* 9, 23; de uma voz: Pínd. *Pít.* 10, 56 ou fr. 52i b, 13 Maehler; de um canto: Pínd. *Nem.* 5, 2 ou 9, 3, *Ol.* 10, 3; da flauta: Pínd. *Ol.* 10, 94 ou Baqu. 2. 12; da fórminx: Pínd. *Nem.* 4, 44. Canto e vinho: Pínd. *Ol.* 6, 90s. e *Nem.* 9, 50.
4   Teóg. 1275s.: cf. M. Vetta, *Teognide*, p. 72s; Álcm. fr. 58 Page: cf. C. Calame, *Alcman*, p. 555s; Anacr. fr. 398 Page: cf. Ap. Rod. 3, 114s. com os esc. *ad* v. 120 (p. 221 Wendel) e o comentário de R. Pretagostini, Le metafore di Eros che gioca, em LIRICA greca e latina, Roma: Ateneo, 1990, p. 225-238, sobre a continuidade do "tema" do jogo de Eros, bem como o de P.A. Rosenmeyer, *The Poetics of Imitation*, p. 45s.
5   Cf. LIMC *Eros* 136-144 (vasos italiotas da segunda metade do século IV); para Eros jogando com ossinhos, ver LIMC *Eros* 773. O fr. 18 do P. *Oxy*. 3695, atribuído a Anacreonte, parece também assimilar a ação de Eros à loucura. Quanto aos valores eróticos dispensados aos ossinhos, cf. B. Neutsch, Spiele mit dem Astragal, em R. Herbig (ed.), *Ganymed*, Heidelberg: F.H. Kerle, 1949, p. 18-28.

é também, no mesmo poema de Álcman, uma força desencadeada; Eros o louco – segundo um exegeta de Apolônio de Rodes que retoma a qualificação de Álcman – comunica-nos sua demência nessa medida. Para Anacreonte, os ossinhos de Eros são apenas suas loucuras; elas remetem às lutas desordenadas em que ele compromete suas vítimas. No mesmo movimento de contraste violento, vê-se, em outro poema erótico de Anacreonte, Amor convidar o narrador a um jogo de bola completamente metafórico com uma jovem de escarpins bordados; mas ela alega a nobreza de sua origem lésbica para se esquivar do poeta cobrindo-o de desprezo:

> Amor, de cabelos dourados
> que me lança uma bola
> de cor púrpura,
> que me chama para jogar
> com a virgem
> dos belos sapatos bordados.
> Mas ela, que regressa
> de Lesbos a cidade,
> avistou meus cabelos brancos.
> Isso não lhe diz nada.
> Ela olha para outro lado,
> na direção de outros que não os meus[6].

Paradoxal, a doçura inspirada por Eros é igualmente ardor: "Eros o doce-amargo", diz Safo, reunindo em um único conjunto os polos do contraste. O "doce-picante" deveria se traduzir mais exatamente: lembremos-nos das flechas que Amor arremessa em Eurípides ou, para nos limitarmos à poesia arcaica e, no momento, a esses dois versos de Safo, lembremos-nos que Eros é aí comparado a um réptil contra o qual não há a menor salvação. Ora, a penetração constitui na poesia arcaica a qualidade própria de flechas que podem levar a uma morte, às vezes, também qualificada como amarga[7]. Os

---

[6] Anacr. fr. 358 Page; as diferentes interpretações que se quis dar à origem lésbica da virgem são evocadas ver infra, p. 19, n. 29.

[7] Safo fr. 130 Voigt, que leremos com o comentário de R. Schlesier, *Der bittersüße Eros*, *Archiv für Begriffgeschicht*, Bonn, v. 30, 1986-7, p. 70-83; por meio de paralelismos homéricos, o autor associa em contrapartida a doçura de Eros com a do néctar e, consequentemente, com a imortalidade. Cf. Mimn. fr. 23, 8 Gentili-Prato e Pínd. Ístm. 7, 48.

versos eróticos atribuídos a Teógnis permitem determinar o contraste. Para os jovens, o amor é ao mesmo tempo picante e doce na medida em que atormenta e arrebata. Mas, partindo de uma expressão talvez proverbial que pode também definir, no mesmo contraste, as relações com os próximos na intimidade familiar ou em um contexto político, esses versos nos darão uma imagem dinâmica de Eros. A realização consagra a doçura, enquanto a incompletude da busca torna Eros inoportuno e aflitivo:

> Aos jovens, Cyrnos, até o momento de se satisfazer,
>   amor é picante e doce, ele é arrebatador e cruel.
> Pois, se tu o satisfazes, é a doçura. Mas se, perseguindo-o,
>   não o alcanças, é o maior castigo de todos[8]

Eros partilha, portanto, com o que concebemos como aspiração, visada, como desejo, com o mesmo dinamismo. A busca do estudo semântico tentará definir as valências desse movimento. Contentemo-nos no momento em constatar que a poesia arcaica privilegiou a insatisfação no amor. Dessa forma, o *corpus* da *Teognideia* faz de Eros um peso difícil de suportar; não desejar mais é se libertar de pesados desgostos, é escapar das mais dolorosas penas, é encontrar a alegria de viver[9], pois, Eros golpeia em uma dupla metáfora afiada. Ele golpeia sua vítima como o malho do fabricante de bronze que, em seguida, mergulha seu objeto em água gelada; aos golpes, portanto, a metáfora junta, novamente, o contraste violento. Ou, condenando sua vítima à insônia, ele se arremessa como o Bóreas de Trácia, tão antitético em seus impactos quanto o trabalho do soldador de bronze: iluminado simultaneamente por clarões e sombra, o insolente sacode o "diafragma" do amoroso em seu âmago, com toda violência; e suas borrascas são acessos de loucura, suspiros insensíveis.

---

8 Teóg. 1353s (a ausência do nome do tradutor indica que a tradução correspondente é do autor), em que M. Vetta, op. cit., p. 125s, mostra o caráter convencional; ver também Teóg. 301s, e Sól. fr. 1, 5s. Gentili-Prato, em que o respeito ou, ao contrário, o terror inspirados pela doçura ou pelo amargor se exprimem pelo olhar; cf. ainda Safo fr. 5, 6s Voigt. Sobre os contrastes de Eros, ver A. Carson, *Eros the Bittersweet*, p. 3s.

9 Teóg. 1322s e 1337s; Anacr., fr. 460. Page, queixava-se igualmente do peso de Eros.

Na primavera florescem os marmeleiros da Cidonia,
regados pelas águas dos regatos,
ali onde se encontra o jardim inviolado de virgens,
ali onde eclodem os rebentos da videira,
à sombra dos pâmpanos.
Mas Eros para mim não conhece estação;
como o Bóreas de Trácia iluminado de clarões,
enviado por Cípris, ele se arremessa na loucura ardente;
sombrio e insolente, violentamente,
ele agita meu coração no âmago.

Nesse poema de Íbico, a ação contrastada de Eros, que não tem estação, opõe-se por si mesma à floração primaveril de um jardim no qual penetraremos um pouco mais adiante. No momento, destaquemos que também Safo compara Amor a um vento que, agitando o invólucro do coração como se abatesse sobre os carvalhos da montanha, bem poderia corresponder ao Bóreas[10]. Eros sacode os órgãos com repetidos açoites; em duas palavras, ele rompe os membros. A qualificação de Eros que os poetas privilegiam representa, portanto, essa implacável crueldade; suas violências não teriam conduzido sucessivamente à perda de Troia, de Teseu e Ajax, o filho de Oileu? Seu poder destrutivo é tamanho que se pode perguntar se ele não teve como amas de leite as crises de loucura também mencionadas por Íbico. E quando, com Píndaro, os amores nobres tornam-se mais positivos, não obstante se considera uma benção conseguir dominá-los[11].

---

10 Íbic. fr. 286 Page (ver Pradarias e Jardins de Poetas, infra, p. 169, n. 2 e p. 170-173); poema citado na sequência da menção de Anacr. fr. 413 Page, que desvia a comparação homérica ao descrever Ulisses no momento de cegar o Cíclope (Hom. *Od.* 9, 391s), cf. O. Vox, *Studi anacreontei*, Bari: Levante, 1990, p. 64s. e 73s; Safo fr. 47 Voigt, cf. Hes. *Trab.* 509s, em que uma descrição análoga designa Bóreas. A leitura da forma *etinaxe* no texto de Safo leva a corrigir para *tinasse* o *phylassei* incompreensível do texto de Íbico. Para a identidade do órgão chamado *phrenes*, ver infra, n. 15.
11 Safo fr. 130 Voigt, ver supra, n. 7. Empregada – veremos – já por Hes.; *Teog.* 120s e 910s, a qualificação de *lusimelês* é retomada pelo *Carm. pop.* 873 Page; Teóg. 1231s, cf. igualmente Simôn. fr. 575, 1 Page e o comentário de H.M. Müller, *Erotische Motive in der griechischen Dichtung bis auf Euripides*, p. 83s. Sobre a violência cega dos Eros arqueiros, ver ainda Anacr. fr. 445 Page, Íbic. fr. 286 Page (supra n. 10); Pínd. *Nem.* 8, 4s, ver também 3, 30.

Eros tem ainda um alvo que atinge facilmente seu centro afetivo. Mas, na verdade, ele invade completamente por esse órgão o indivíduo; esse último pode, por sua vez, assumir o desejo amoroso enquanto sujeito. Assim acontece com o narrador dos versos atribuídos a Teógnis que confessa publicamente, utilizando a forma proverbial dos macarismos: "feliz daquele que, amando (*erôn*) um jovem, não conhece o mar"; ou a Safo, afirmando, ao justapor seu *eu* ao *tu* da amada: "outrora eu te amei (*eroman*) a mim, a ti, Atis"; ou, ainda, a Anacreonte que, em uma mensagem a Dioniso, acaba por se referir a sua própria situação e por tornar seu o amor dominador que brinca com o deus, com Afrodite e as ninfas; pois, o poeta é capaz de provar o desejo amoroso em estado puro, sofrendo simultaneamente a demência que ele induz e sua ausência:

> Outra vez eu desejo sem desejar,
> sou transportado sem estar.

Reduzido a um simples estado na duração de presentes verbais, o aspecto contrastado de Eros é tão intenso que os contraditórios são substituídos pelos termos contrários e contrastados: não mais doce e picante simultaneamente, mas ao mesmo tempo ativo e ausente. Do mesmo modo Safo, ou seu substituto enunciativo, parece, no fragmento de um início de poema, ser capaz de suportar simultaneamente dois desejos[12].

Eros se compraz, pois, tanto no contraditório quanto no contrário. A despeito do que tão frequentemente se afirmou, examinando essa força objetivada em um substantivo, Eros pode igualmente, em sua forma verbal, ser assumido pelo sujeito que a sofre. Seja objetivado ou encarnado, Eros agente transforma profundamente o estado de sua vítima mais do que somente a impele à ação. Mas as modalidades desse estado de desejo devem ser ainda interrogadas. Tendo já percebido alguns dos órgãos que ele atinge, questionaremos os meios e os intermediários privilegiados da ação de Eros; determinaremos

---

[12] Teóg. 1375, com os exemplos de macarismos dados por M. Vetta, op. cit., p. 60; Safo fr. 49 Voigt; Anacr. fr. 357 e 428 Page (citado em tradução): cf. S. Goldhill, Dance of the Veils, *Eranos*, v. 85, p. 12s.; Safo fr. S 282, 2 Page, cf. fr. 51 Voigt, em que o locutor diz: "meus pensamentos estão divididos".

a seguir o conteúdo, examinando aí as diferentes relações que tal ação tece em torno de sua vítima. Enquanto desejo, o Eros é, além do mais, designado por outros termos que enriquecem o campo semântico; esse campo pode ser ainda ampliado pelas afinidades do amor com outros estados afetivos profundos, como a loucura ou a embriaguez já citadas.

FISIOLOGIAS DO DESEJO AMOROSO

Antes do indivíduo se assumir completamente, enquanto *eu*, a força do Eros atinge particularmente os órgãos que representam para os gregos arcaicos o foco dos sentimentos: em Álcman, o coração (*kardia*); em Safo ou Íbico, o diafragma (*phrenes*); ainda assim, em Píndaro, no qual Eros exerce de maneira seletiva sua ação de picada ardente[13]. Quanto à Helena de Alceu, ela é golpeada pelo amor nesta "alma" (*thymos*) que encerra seu peito (*stêthea*); fora de si, a heroína é desde então presa da loucura. Em uma metáfora equestre à qual retornaremos, Amor segura as rédeas, em um poema de Anacreonte, desse sopro vital que os gregos chamam *psyche*. E Arquíloco é ainda mais preciso na descrição dessa fisiologia do sentimento amoroso:

> Tão violento foi, com efeito o desejo de compromisso
> que, despedaçado
> em meu coração,
> vertia em meus olhos uma névoa espessa,
> arrebatando em meu peito meu diafragma sensível[14].

Se a definição recíproca desses órgãos do sentimento e sua coincidência com nossa própria nomenclatura da fisiologia afetiva não são fáceis de estabelecer, em compensação Eros parece estar normalmente afastado dos órgãos da intelecção, órgãos nos quais se constituem no indivíduo arcaico o conhecimento

---

13 Álcm. fr. 59 (*a*) Page; Íbic. fr. 286 Page; Safo fr. 47 Voigt; Pínd. *Pít.* 10, 60.
14 Arquíl. fr. 191 West, citado na sequência de Alc. fr. 283, 3s. Voigt (faltam palavras no papiro, o sujeito do verbo *e[pt]oaise* corresponde, muito provavelmente, a uma das figuras nas quais pode se encarnar o amor (cf. o v. 9): ver a esse respeito D. Meyerhoff, *Traditioneller Stoff und individuelle Gestaltung*, Hildesheim/New York: Olms, 1984, p.76s, 40n) e Anacr. fr. 360 Page; cF.H.M. Müller, op. cit., p. 90s.

e a vontade: ele não se instala nem no *nous*, nem na *boulê*. Não há nada de surpreendente nisso; Eros, em sua pujança, anula precisamente toda capacidade de compreender e decidir[15].

Mas para cercar sua vítima, Eros recorre a um meio privilegiado: nem toque, nem carícia, mas, já à distância, o olhar que, diante do sujeito desejante, constitui doravante outro sujeito, inspirador do desejo, uma vez que é nos olhos daquele ou daquela que desperta a libido que Eros se aloja mais facilmente; ou, como em Íbico, pelo jogo de substituição que acabamos de ver agindo no sujeito amante, o próprio Eros lança esse olhar dissolvente e arrebatador, sob suas pálpebras sombrias, que provoca no narrador uma reação de medo ansioso; desde que esse olhar da doçura mais liquefativo do que o sono e a morte, seja atribuído sem intermediário à jovem que suscita o desejo, como em Álcman. Marcado na língua poética dos didáscalos do coro espartano pelo pré-verbo *pros-*, esse olhar tem ainda uma direção precisa. Focalizado no sujeito desejante, ele se institui como vetor do sentimento amoroso[16].

É no momento certo que deves colher os amores,
 ó minha alma, na época da juventude.
Mas aquele em quem os raios cintilantes

---

15 Entre as análises do vocabulário psicológico da poesia arcaica, serão citadas as de S. Darcus Sullivan, especialmente, The Function of *thymos* in Hesiod and the Greek Lyric Poets, *Glotta*, Goettingen, v. 59, 1981, p. 147-155, e An Analysis of *phrenes* in the Greek Lyric Poets, *Glotta*, Goettingen, v. 66, 1988, p. 26-62; ver também S.M. Darcus, How a Person Relates to *nóos* in Homer, Hesiod and the Greek Lyric Poets, *Glotta*, Goettingen, v. 58, 1980, p. 33-44, e C.P. Caswell, *A Study of* thymos *in Early Greek Epic*, Leiden/New York: Brill, 1990, que apresenta as conotações emocionais de *thymos* mesmo quando remete a uma capacidade do intelecto; o órgão designado por *phrenes* é descrito por Aristóteles PA 672b 11, cf. Plat. *Tim.* 70a. Para o sentido de *psyche*, ver J. Bremmer, *The Early Greek Concept of the Soul*, Princeton: Princeton University Press 1983, p. 14s.

16 Pínd. *Pít.* 10, 59s; Íbic. fr. 287 Page; ver também o fr. 288 Page em que se atribui a Peitó, a assistente de Afrodite, um doce olhar. M. Davies, The Eyes of Love and the Hunting Net in Ibycus 287P., *Maia*, v. 32, 1980, p. 255-257, não entendeu a relação de homologia existente entre Eros/sujeito desejante e Eros/inspirador do desejo; porém, ele dá a bibliografia desse poema. Álcm. fr. 3, 61s Page, cf. igualmente o fr. 1, 75 Page, com os comentários em *Les Choeurs de jeunes filles en Grèce archaïque*, t. II, p. 90s, e em *L'amore in Grecia*, p. 403; referências complementares em D.M. Halperin, Plato and Erotic Reciprocity, *Classical Antiquity*, v. 5, p. 635n. Ver Hom. *Il.* 14, 294: ver O Eros de Poemas Épicos, infra, p. 38-39, n. 8.

lançados pelos olhos de Teóxenes
não fazem extravasar o desejo,
Deve ter um coração negro, forjado em aço ou ferro,
por alguma chama glacial.
Desdenhado por Afrodite de vivas pupilas,
ele pena brutalmente para enriquecer,
Ou então, sua alma se deixa levar
dominada pela insolência das mulheres,
e ele não conhece outro caminho senão o de servi-las.
Mas eu, por causa dela, como,
quando o calor corrói,
a cera de abelhas sagradas,
eu me consumo, assim que vejo
a fresca adolescência infantil.
Ora pois, também em Tenedos,
Peitó e Caris fazem sua morada,
junto ao filho de Agésilas.

Desse modo, seria preciso ter um coração negro, forjado em aço ou ferro por uma chama glacial, para não se sensibilizar com os raios cintilantes de desejo que lançam os olhos do jovem Teóxenes de Tenedos, cantado nesses versos por Píndaro, com o apoio de uma Afrodite de olhar tão intenso[17]. Evidentemente é também pela visão que o receptor percebe o Eros emanando da pessoa desejável; assim, à visão de sua jovem companheira brincando com o noivo, Safo é tomada de um sentimento que, por todos os sintomas físicos, corresponde muito provavelmente ao inspirado por Eros.

Independentemente da etimologia proposta na tradição associacionista do *Crátilo*, basta deixar Platão concluir o desenho desse percurso fisiológico: "chama-se *erôs* porque ele corre (*esrei*) do exterior e porque esse fluxo, longe de ser específico daquele que o experimenta, introduz-se pelos olhos"![18]

17 Pínd. fr. 123 Maehler; Safo fr. 31, 7s. Voigt; sobre os sintomas físicos do amor, ver G. Lanata, Sul linguaggio amoroso di Saffo, *Quaderni urbinati di cultura classica*, n. 2, p. 76s; e para as incontáveis interpretações das quais esse poema foi objeto e que, rapidamente, escolhemos aqui como um exemplo, ver A.P. Burnett, *Three Archaic Poets*, p. 229s, e F. Lasserre, *Sappho*, p. 147s.
18 Plat. *Crát.* 420b, segundo a teoria da percepção e, especialmente, da visão desenvolvida pelos pré-socráticos: cf. Empéd. fr. 31A 86 Diels-Kranz com os comentários de D. O'Brien, Empedocles' Theories of Seeing and Breathing, *Journal of Hellenic Studies*, London, v. 90, 1970, p. 140-179, e de W. Burkert, Air-Imprints or Eidola, *Illinois Classical Studies*, Champaign, v. 2, 1977, p. 97-109.

Eros emana, portanto, do olhar do objeto, suscitando o desejo de invadir o sujeito desejante; desde então ele permite-lhe que diga "eu vejo", depois "eu amo". A ação de Eros sobre o olhar penetrante induz pela visão um estado amoroso que pode ser assumido como "meu" estado. Desse modo, Anacreonte pode, em uma súplica já evocada, confiar seu amor a Dioniso, e Píndaro, desejar aproveitar o momento certo de amar e se abandonar ao amor. Nessa mesma perspectiva, Íbico oferece-nos a primeira ocorrência do substantivo *erastês*: o erasta é aquele possuído pela disposição amorosa[19]. Suscitado de fora, esse estado de desejo erótico tem naturalmente, e de volta, um objeto exterior a si mesmo. Particularmente no caso dos deuses: o amor de Tétis agarra Zeus e Poseidon ao mesmo tempo; esse último é possuído de desejo por Pélops, enquanto o primeiro é enlouquecido por Ganimedes; ou é ainda Íxion que, recebido pelos deuses e com o "diafragma" subitamente tomado pela loucura, apaixona-se por Hera, cometendo por isso um ato imperdoável de desmedida. Se a justiça constitui o que há de mais belo e a saúde, o que há de mais vantajoso, a obtenção do que se deseja (*erai*) não será a coisa mais doce? Em uma linha paralela à do poeta Teógnis, será que não se poderia afirmar com Safo que o que há de mais belo é o que se ama? Seja o que for, além do mais, apreende-se o objeto desejado pela visão[20].

Em todos esses empregos, o complemento do verbo *eramai* encontra-se no genitivo. Essa particularidade sintáxica já havia impressionado o gramático de Alexandria comentador ocasional de Safo e intérprete do poema alegado aqui. Diferentemente de *philein*, do qual se vai abordar o sentido e que, na ótica do século II d.C. implica, por sua construção no acusativo, uma ação do olhar da pessoa amada, a construção no genitivo determinado por *eran* indicaria a passividade do ser

---

Para o efeito dissolvente da emanação visual, ver ainda Plat. *Fedro*, 250bc e Plut. NB 681ab, comentados por C. Brillante, L'invidia dei Telchini e l'origine delle arti, *Aufidus*, Foggia, v. 19, 1993, p. 7-42.

19 Anacr. fr. 357, 10s. Page; Pínd. fr. 127 Maehler; Íbic. fr. S 181, 10 Page; sobre o papel do olhar em Safo, ver L.H. Wilson, *Sappho's Sweetbitter Songs*, p. 100s.

20 Foram citados, pela ordem, Pínd. Ístm. 8, 29, *Ol.* I, 25, Teóg. 1345s, Pínd. *Pít.* 2, 25s, Teóg. 255s (dístico citado como epigrama de Delos por Aristót., EN 1, 1099b 26s, e EE 1, 1214a 7s, que faz de seu enunciado uma definição da felicidade), Safo fr. 16, 1s. Voigt: cf. C. Brown. Anactoria and the Kharítôn amarúgmata, *Quaderni urbinati di cultura classica*, Roma, n. 61, 1989, p. 7-15.

assim designado, um estado de dependência "próprio daquele cuja razão é doravante alterada"[21]. Provocado por outrem, Eros é desejo passional dos outros; fazendo daquele ou daquela que ele atinge um "sujeito desejante" ou um "sujeito sexual", coloca-o imediatamente em relação com o objeto do desejo amoroso.

Não esqueceremos que na poesia mélica arcaica, como posteriormente, o verbo *eramai* possui um espectro semântico mais amplo do que *erôs*. O campo de aplicação desse termo não se limita, aliás, somente ao desejo sexual: *erôs* é também desejo da guerra oposto, em uma célebre passagem da *Ilíada*, ao sentimento de saciedade induzido pelo sono, pelo amor, pelo doce canto ou pela dança irrepreensível. Porém, esse desejo da guerra aos poetas mélicos, particularmente Teógnis nos versos que ele destina ao simpósio, desviam-no através da forma negativa do verbo – como recusam também a aspiração à riqueza ou a ambição ao poder político, para preferir a aspiração ao valor ou à beleza. Junta-se desse modo o desejo erotizado dos jovens coreutas de Álcman aspirando agradar seu corega[22].

Solicitado pelo olhar, o sujeito amoroso, todavia, nem sempre é a vítima passiva de seu estado; ele não é a vítima de um estado puramente passional. Como prova Anacreonte que, por ação de Eros, diz-se transportado ao Olimpo por asas ligeiras; Anacreonte que não hesita, sob o efeito do vinho, em afrontar o deus do amor num pugilato. O estado amoroso pode então também se acalmar, implicando, por um verbo como *dizêmai*, a busca do meio que acalme o que é sentido como uma falta: esse "adolescentezinho" que parece saber oprimir a alma de Anacreonte, com seu ar de menina, o poeta o procura com o

---

21 Ap. Dísc. *Sint*. 2, p. 418, 9s Uhlig, mencionado a esse respeito por F. Lasserre, op. cit., p. 164s. A construção no genitivo do verbo *erân* é agora assimilada à (participativa/partitiva) dos verbos do desejo (não satisfeito): cf. R. Kühner; B. Gerth, *Ausführliche Grammatik der griechischen Sprache*, v. 2, part. 1, Hannover/Leipzig: Han, 1898, p. 351s.

22 Hom. *Il*. 13. 636s. Recusa da aspiração à guerra: Teóg. 886 (mas considerar em um sentido provavelmente metafórico, Arquíl. fr. 125 West); para riqueza: Teóg. 1155 e Pínd. *Nem*. 1, 30; para poder: Arquíl. fr. 19, 3 West e Teóg. 1191. Aspirações positivas: Teóg. 654, 1160 e 696 (em contraste com Simôn. fr. 1, 23 West); no domínio dos prazeres da mesa: Álcm. fr. 17,5 Page e Pínd. fr. 52s, 59 Maehler (no sentido metafórico); aspirações gerais: Pínd. *Pít*. 1, 57 e *Nem*. 10, 29; erotizadas: Álcm. fr. 1, 88 Page, Pínd. *Pít*. 3, 20. A esse respeito, ver a análise semântica (às vezes confusa) apresentada por E. Fischer, *Amor und Eros*, p. 47s.

olhar[23], pois o amor dos poetas gregos arcaicos é também uma estratégia.

ESTRATÉGIAS AMOROSAS

Portanto, Anacreonte, como estratégia, entrevê ou faz entrever ao intérprete de seus próprios versos a possibilidade de evitar o amor, talvez depois do pugilato já evocado e, em todo caso, com a intenção de se consagrar de preferência aos gozos dionisíacos do banquete. Por outro lado, acontece ao contrário de ele perseguir aí o objeto; assim ocorre com Cleóbulo, cujo nome é declinado no âmbito do jogo morfológico oferecido pelas diferentes valências dos verbos empregados:

> Estou amando Cleóbulo,
> Apaixonei-me,
> Por toda parte eu o procuro no olhar[24].

A Assimetria Constitutiva

O jogo de ofensiva e esquiva do sujeito passional marca, em geral, a relação entre a pessoa suscitando Eros e aquela que sofre os efeitos. Se o poeta amoroso, que procura e persegue (*diôkôn dizêmai*) o jovem adolescente a quem ele envia seus versos, no entanto, foge, ele se oculta como Eros em seu coração insensato (*margos*), com a crueldade do milhafre versátil,

---

23 Anacr. fr. 378 e 396 Page (pelo fato da formulação de seu enunciado não ser negativa, implicando mais uma recusa ao pugilato com Eros: cf. B. Gentili, *Poesia e pubblico nella Grecia antica*, p. 128, e P.A. Rosenmeyer, op. cit., p. 46s.); fr. 360 Page (cf. . Goldhill, Dance of the Veils, op. cit., p. 11s, que destaca a inversão no emprego da imagem do freio), ver também Teóg. 1299s. Imaginar-se-á facilmente que essa concepção fisiológica de Eros seja solicitada no emprego de sortilégios e filtros amorosos: cf. J.J. Winkler, *The Constraints of Desire*, p. 71s. (retomada em C. A. Faraone; D. Obbink (eds), *Magika Hiera*, New York/Oxford: University Press, 1991, p. 214-243).

24 Anacr. fr. 359 Page, citado nos fr. 400 e 346, 4 Page; lacunar, esse último texto é utilmente comentado por B. Gentili, *Anacreon*, p. 202s, que relaciona o pugilato evocado com o mencionado no fr. 396 Page (cf. supra, n. 23); sobre o sentido do verbo *dioskein*, atestado unicamente aqui, veremos a glosa de Hesíquio, *s. v.* (*D* 1926 Latte).

ao invés de ceder suas graças ao seu amoroso. Essa disparidade entre o desejo de quem é atingido pelo amor e a esquiva daquele que provoca o sentimento erótico atravessa efetivamente toda poesia arcaica. Refere-se ao caráter passageiro das dádivas de Afrodite ligadas à juventude daquele que suscita o desejo. Essas dádivas encantadoras da deusa do amor são, para o poeta da *Ilíada*, a cabeleira e a beleza (*eidos*) de Páris, o pastor juvenil; são elas que, em Baquílides, inflamam o coração do rei Minos à visão da jovem ateniense, levada com Teseu e as outras adolescentes como tributo ao Minotauro. Se for verdade que as dádivas de Afrodite estejam ligadas ao momento efêmero de uma juventude em plena floração, seu beneficiário as perderá com o passar dos anos para se tornar, por sua vez, junto a outro, a vítima. As dádivas de Cípris transformam-se então em "obras" (*erga*) de Afrodite[25].

Condenado a uma relação assimétrica e infeliz, o amor dos poetas mélicos é concebido como uma troca. Se para mim, pedir não tem nada de vergonhoso, para ele, é belo aceitar. Com efeito, afirmam não mais os versos simposíacos atribuídos a Teógnis, mas os de Anacreonte, para Eros é belo o que é justo (*dikaia*). A ideia arcaica da justiça concebida como compensação de desigualdades movidas por um equilíbrio indevidamente rompido situa-se no centro dessa concepção poética do amor[26]. Desse modo, vai-se da lição que o autor dos versos atribuídos a Teógnis tira da lenda de Atalanta sobre a intenção desse jovem que, fugindo do poeta no ardil e engano, comete a seu ver uma injustiça. Procurando escapar em suas vãs caçadas nas montanhas dos encantos do himeneu e das dádivas da Afrodite dourada, a loira Atalanta, madura para o amor, acaba, a despeito de sua recusa, reconhecendo os constrangimentos

---

25 Teóg. 1299s: para o milhafre como imagem da versatilidade, cf. 1260s; o adolescente de *thymos margos* que inflama o poeta lembra evidentemente o Eros, criança *margos*, de Álcm. fr. 58 Page (cf. supra, n. 4). O mesmo *tópos*, quanto à situação amorosa, é formulado nos v. 1329s: ver a esse respeito o comentário de M. Vetta, *Teognide*, p. 87s e 106s, e infra, n. 28. Para as dádivas de Afrodite, ver Hom. *Il*. 3, 54s e 64, e ainda *Hhom. Dem*. 2 e *Hhom*. 10, 2; Baqu. 17, 8s (cf. C. Brown, The Power of Aphrodite, *Mnemosyne*, Leiden, v. 44, n. 3-4, p. 327-335); para sua transformação em *erga Aphroditês*, ver Teóg. 1305s, Sól. Fr. 24 Gentili-Prato, Hom. *Il*. 5, 427s e *Hhom. Afr*. 9 e 21.

26 Teóg. 1329; Anacr. fr. 402b Page. Concepção da justiça explicada por B. Gentili, *Poesia e pubblico nella Grecia antica*, p. 58s, 64n.

do desejo; assim sendo, o poeta acabará alcançando o adolescente fujão, provavelmente voltando contra ele suas próprias astúcias à semelhança de Melânio, que vence as resistências de Atalanta com o estratagema das maçãs de ouro:

> Rapaz, não me prejudique – eu quero ainda te agradar;
>   ouve pois com benevolência isso:
> Não me escaparás nem me enganarás pela astúcia;
>   efetivamente se, vencedor, ganhares,
> Eu te alcançarei, tu que me foges, do mesmo modo que um
>   dia – dizem –
>   a jovem iasiana, a filha de Iásio,
> Na flor da idade, recusou o casamento, evitando os homens.
>   O corpo envolto, ela deixou a morada de seu pai
> para realizar façanhas vãs, a loira Atalanta.
>   Percorreu os picos elevados dos montes,
> Fugindo das núpcias de desejo, dádiva da Afrodite dourada:
>   mas finalmente, ela as conheceu,
>   apesar de sua recusa[27].

Provavelmente, é no sentido indicado por esse poema de Teógnis que convém ler os célebres versos que a própria Afrodite envia a Safo em resposta a sua invocação:

> A quem devo eu convencer novamente
>   para retornar ao teu amor?
> Quem, Safo, erra a teu respeito?
> Se hoje ela fugir, rapidamente ela perseguirá;
> Se ela não aceitar as dádivas, ela concordará;
> Se ela não amar, rapidamente amará,
>   mesmo contra sua vontade.

Ou melhor: se ela não se afeiçoar, ela lhe será fiel, mesmo contra sua vontade. Por meio do verbo *philein*, empregado no

---

[27] Teóg. 1283s; Apolodoro, 3, 9, 2, transmitiu-nos a versão completa da intriga do mito de Atalanta: cf. M. Detienne, *Dionysus mis à mort*, p. 82s e B. Gentili, *Poesia e pubblico nella Grecia antica*, p. 62s. Contrariamente ao que afirma M. Vetta, op. cit., p. 77s, os ardis do adolescente não se referem forçosamente a uma "infidelidade" de sua parte: ver a situação paralela descrita nos v. 1279s, J. M. Lewis, Eros and the *Polis* in Theognis Book 2, *Theognis of Megara*, p. 214s, dá o exemplo do casamento de Atalanta em relação ao processo de socialização induzido pela relação que o erasta estabelece com o erômeno. Refere-se, doravante, a T. F. Scanlon, *Eros and Greek Athletics*, p. 174s.

último verso – como será ainda esclarecido –, os gregos efetivamente insistiam menos no aspecto libidinal do amor (que, sob esta denominação, pode ser também amor filial ou amizade) do que no caráter fiduciário da relação de reciprocidade que ele estabelece. Não corresponder ao amor que se oferece é, portanto, recusar ou romper o contrato de fidelidade que a *philotês* estabelece, particularmente, pela ligação erótica; é, assim, cometer um ato injusto[28]. A injustiça invocada por Afrodite nos versos tingidos de ironia compostos por Safo foi naturalmente associada às relações amorosas que se atam entre a poetisa e as jovens aristocráticas seguindo, em Lesbos, seu ensinamento musical para a maturidade da mulher adulta: a injustiça é, então, interpretada como uma ruptura do contrato, fundando essa instituição educativa. Contudo, se Afrodite pergunta a Safo qual a jovem ela deve conduzir novamente ao seu "amor" (*philotês*), a intervenção da deusa só acontece subsequentemente ao afastamento assinalado nos outros poemas: a justiça não será forçosamente restabelecida pelo retorno efetivo da jovem no hipotético círculo de Safo, mas pelo fato de que, por sua vez, essa última, como Atalanta, conhecerá no amor a total pujança da deusa. A compensação solicitada é, sobretudo, de que a amada, pela intervenção quase mágica da divindade, torne-se sujeito passional. O equilíbrio exigido pela *dikê* só é alcançado quando a jovem amada atingir a plenitude

---

[28] Safo fr. 1, 18 s Voigt; para a interpretação, que se tornou tradicional dessa passagem em que se propõe ler a ruptura do contrato que as jovens fechavam com Safo ao entrarem em seu "círculo", ver C. Calame, *Les Choeurs de jeunes filles en Grèce archaïque*, v. 1, p. 367s, e A.P. Burnett, op. cit., p. 254s, que dá as referências aos estudos destacando os aspectos encantatórios da intervenção de Afrodite (ver principalmente C. Segal, Eros and Incantation, *Arethusa*, Baltimore, v. 7, p. 146s). *Dôsei*, "ela aceitará (as dádivas que não aceita)", apresenta o mesmo emprego absoluto do que as formas *didont'* ou *didoun* (sobre esse problema textual, cf. M. Vetta, op. cit., p. 106) no v. 1329 de Teógnis, explicado no seguimento do poema: trata-se de dádivas que o(a) adolescente adquire no acesso à maturidade e que ele(a) pode aceitar antes de ele(a) mesmo(a) tornar-se o requerente; cf. igualmente os versos 1381s. A. Giacomelli, The Justice of Aphrodite in Sappho Fr. 1, *Transactions of the American Philological Association*, Cleveland, v. 110, 1980 p. 135-141, acertadamente observou que, na relação entre amante e amada, a justiça somente pode ser estabelecida em um afastamento temporal. Porém E. Stehle, *Performance and Gender in Ancient Greece*, p. 297s, acaba de retomar a ideia de uma "reciprocidade [política] da vinculação"!

do amor adulto; a diferença erótica é constitutiva da assimetria das relações amorosas que pressupõem os poemas de Safo. Certamente, a ruptura da relação fiduciária visada no desejo erótico pode ser provocada pela inserção do jovem ou da jovem em outra esfera de influência amorosa: quer se trate da jovem coreuta do coro feminino de Álcman, que poderia confiar em Enesimbrota – se ela não fosse atormentada por Haguesicora, a corega, em uma relação inversa das mencionadas até agora – ou dessa jovem de Lesbos, a bem constituída, que vimos se substituir a Eros para despertar em Anacreonte o desejo de um jogo metafórico, mas que despreza a cabeleira branca do poeta para pasmar de admiração por outro[29]. O amor da poesia mélica arcaica permanece na maioria das vezes sem resposta: provavelmente, pela própria diferença que o condena à assimetria de uma relação se instituindo, normalmente, entre um jovem ou uma jovem e uma pessoa mais velha. Uma assimetria que sublinha ainda a metáfora equestre do jugo e do adestramento frequentemente elaborada na poesia erótica.

É essencialmente Anacreonte que sonha em sujeitar e manter as rédeas desta potra de Trácia, que escapa dele com seu olhar oblíquo, visto que, se aquele ou aquela que suscita o desejo brinca livremente pelo pasto, quanto à pessoa que o submete, ela se sente subjugada; na estrofe já citada, é o adolescente com olhar de menina que segura às rédeas do "sopro da vida" do poeta. Consequência: o adolescente, ao ser subjugado, viverá, por sua vez, o constrangimento do amor, deste Eros dominador já percebido. Em Teógnis, a jovem e o jovem tornam-se,

[29] Álcm. fr. 1, 73s Page, com o comentário que apresentei em 1983, p. 337s; Anacr. fr. 358 Page, pode-se hesitar quanto à identidade do objeto (*allên tina*) diante do qual a jovem de Lesbos fica boquiaberta: cabeleira, púbis (como propõe especialmente B. Gentili, *Poesia e pubblico nella Grecia antica*, p. 131s), ou uma outra jovem (cf. as observações muito bem-humoradas de S. Goldhill, Dance of the Veils, op. cit., p. 16s) . O próprio fato de a cabeleira feminina ter na Grécia arcaica valor erótico e a adjunção à *allen* de *tina*, fazem-me preferir a última solução; isso não significa, no entanto, que a origem lésbica da mulher cantada por Anacreonte possa constituir uma alusão ao caráter homossexual da relação implicada; a esse respeito ver, por fim, H. Pelliccia, Anacreon 13 (358 PMG), *Classical Philology*, Chicago, v. 86, 1991, p. 30-36. Sobre a constituição tardia do conceito da lésbica, ver A. Lardinois, Lesbian Sappho and Sappho of Lesbos, em J. Bremmer (ed.), *From Sappho to De Sade*, p. 15s.

respectivamente, a bela potra de corrida que gostaria de romper sua sujeição para escapar de seu cocheiro malvado e o cavalo que, saciado de cevada, deixa-se conduzir pelo cavaleiro do momento: a relação que se estabelece nesse instante fugidio, em que o adulto dominado por Eros torna-se enfim o dominador do adolescente que o inspira, é, então, designada pelo verbo *philein*[30]. Será que se trata, por isso, de um amor recíproco? Se o objeto do desejo em sua juventude adolescente puder tornar-se sujeito de *philein*, ele jamais será, ao menos nos poemas que nos chegaram, do verbo *eran*.

O Compromisso Recíproco

Para um grego, comprometer-se no plano amoroso, senão no sexual, não significa forçosamente desejar.

Arquíloco especifica bem: a cegueira já descrita é provocada pelo desejo erótico do compromisso amoroso (*philotêtos erôs*) e não pelo único *philotês*. É evidente que o desejo da obrigação amorosa recíproca com frequência emana mais do poeta ou do narrador para se dirigir a um adolescente, a ponto dessa relação fiduciária, finalmente orientada, receber sua expressão no verbo específico *paidophilein* ou no substantivo *paidophilês*. Como exemplo do encanto exercido pelo amor que envolve os jovens, Teógnis refere-se ao rapto de Ganimedes por Zeus e à metamorfose do jovem mortal em *daimôn*. Porém, em caso de insucesso, deseja-se para aquele que se esquivou não mais encontrar quem quer que seja capaz, no seu entender, de amar os jovens, uma vez que ser *paidophilês* é penar pela *philotês* de um adolescente, é impor um jugo na nuca. Por outro lado – prova de que a relação que estabelece a *philotês* é cruel mesmo se permanecer assimétrica –, o jovem cantado pelo simposiasta de Teógnis, como uma nau que vai se partir em um rochedo, pode perder ou romper a amarra dessa relação; aliás, o narrador de Anacreonte exprime o desejo de que os jovens assumam um

---

30 Anacr. fr. 417 Page, com a exegese proposta por S. Goldhill, Dance of the Veils, op. cit., p. 14s, bem como o comentário de L. Kurke, Inventing the Hetaira, p. 113s; fr. 360 Page (cf. supra, n. 23), cf. também fr. 346. 1, 8s Page, Teóg. 257s, 1249s e 1267s.

compromisso com ele. Mas, inversamente, o sujeito falante e amante pode manter-se distante no que diz respeito à troca de *philotês* se o jovem tiver visitas (*philoi!*) que o lancem em reprovação e culpa. Mesmo se nesse momento o poeta agir contra sua vontade, ele finalmente tirará proveito disso: sanção social que revela o caráter institucional da relação de *philotês*. Quando o jovem trai uma troca de *philotês*, é para tornar-se *philos* de outros homens. Essas diferentes relações definem-se, portanto, como trocas de confiança (*piston*); elas fazem do jovem o *hetairos* do adulto. Quanto à mulher, ela não dispõe dessa possibilidade de ter um companheiro certo (*pistos hetairos*); ela é condenada a se comprometer (*philei*) com o homem do momento. Trair a *philotês* é, aliás, possível fora da esfera amorosa e é, provavelmente, o motivo pelo qual a troca de confiança mútua, assim instituída, toca não somente um centro afetivo como o "diafragma", mas um órgão de intelecção como o *nous*[31].

As relações amorosas da poesia mélica grega parecem, dessa forma, possíveis de se estabelecer unicamente entre uma pessoa adulta (homem ou mulher) e um(a) adolescente; condenadas à assimetria, elas deixam o adulto sozinho nas mãos desse Eros implacável que agita os sentimentos. Nesse plano, não se espera reciprocidade a não ser na esperança de que, adulto, o jovem ou a jovem, suscitando a paixão, seja por sua vez presa dos tormentos de Eros. Mas, se de *erasthai*, o sujeito pode apenas ser uma pessoa madura, Eros pode estar na origem de uma relação de *philotês* que liga o(a) adolescente ao

---

31 Teóg. 1345s, 1311s, 1357s; 1361s (ver para a comparação naval, a interpretação formulada por M. Vetta, op. cit., p. 130s; há talvez no emprego de *peisma*, a amarra, o cordamento, jogo de palavras com os derivados de *peith-* que remetem à confiança): Anacr. fr. 402c Page, Teóg. 1377s, 1311s, 1367s: o infiel no laço da *philia* (relação recíproca) é associado aos *deiloi* (covardes), eles mesmos opostos aos *agathoi* (valorosos), ver M. Lewis, Eros and the Polis in Theognis Book 2, op. cit., 218s, Teóg. 1097s e 87s. O estudo de B. Gentili, Amore e giustizia nella "Medea" di Euripide, em C. Calame, *L'amore in Grecia*, p. 159-170, transfere aos versos uma ideia de justa reciprocidade amorosa, válida unicamente nas relações entre adultos: cf. Sem. fr. 7, 83s West (ver Eros no Feminino, infra, p. 115, n. 20). Sobre a reciprocidade emocional implicada na relação de *philia*, cf. L. Edmunds, *Theatrical Space and Historical Places in Sophocles' OEdipus at Colonus*, Lanham, MD/London: Rowman & Littlefield, 1996, p. 121s; ver ainda, para uma análise contrastante de *phileô*, F. R. Adrados, *Sociedad, amor y poesía en la Grecia antigua*, p. 29s.

adulto em uma relação de confiança mútua, sancionada pela comunidade; rompê-la é cometer uma injustiça[32].

VARIAÇÕES PASSIONAIS

Até aqui o poder encarnado em Eros revelou-se unicamente como desejo amoroso. Será que isso significa que, na assimetria de seus efeitos, a paixão deságua unicamente em uma relação platônica? Em seu desejo de uma morte que possa subtraí-lo de uma velhice desonrosa aos olhos dos adolescentes e das mulheres, Mimnermo descreve por contraste os prazeres ligados à deslumbrante flor da juventude: relação (*philotês*) secreta, doces dádivas de (Afrodite) e do leito. Na repetição de uma expressão homérica, a *philotês* leva, com a ajuda de Afrodite, à união amorosa. Isso porque – examinaremos – em toda poesia grega arcaica, *eunê*, assim como *lekhos*, é utilizado metaforicamente para designar a união que aí se consuma. Igualmente, em um brevíssimo fragmento de Sólon, as relações com os jovens (*paidophilein*) expressam-se pelo desejo violento (*himeirôn*) de coxas e pela doçura da boca[33].

---

32 Essa assimetria da relação amorosa entre um adulto e um adolescente encontra-se, novamente, na iconografia (especialmente no final da época arcaica), tanto nas cenas de corte erótica quanto nas de contato sexual: cf. Pragmática da Iconografia Erótica, infra, p. 67s, e as referências dadas em Eros no Masculino, infra, p. 94-95, n. 22. Ela marca também os atos de linguagem das inscrições votivas: se em Atenas no final do século VI um adulto pode jurar engajar-se na guerra por amor (*erastheis*) a um jovem (*IG* 1, 920=CEG 47), o adolescente parece que somente pode declarar sua *philia* a um adulto estimado por sua bravura (*andreios*: *IG* 1², 924): cf. K.J. Dover, *Greek Homosexuality*, p. 123s. Destacar-se, além do mais, que as análises consagradas à *philotês* por E. Benveniste, *Le Vocabulaire des institutions indo-européennes*, 1, p. 341s, e por H. J. Kakridis, *La Notion de l'amitié et de l'hospitalité chez Homère*, Thessaloniki: [s.n.], p. 7s, mostram que esse termo designa as relações de parentesco, subordinação ou hospitalidade que implicam da parte dos contratantes por consentimento mútuo, deveres recíprocos, podendo decorrer daí vínculos afetivos: cf. Eros no Masculino, infra, p. 86, n. 9.

33 Mimn. fr. 7 Gentili-Prato; a expressão *kruptadiê philotês* combinada com o verbo *migêmenai*, denota em Hom. *Il.* 6, 16,1 a relação furtiva que Anteia, a mulher de Proito, gostaria de ter com o jovem Belerofonte; sobre o sentido do leito na poesia épica, cf. Eros no Feminino, infra, p. 124; Sól. fr. 16 Gentili-Prato, com o comentário de P. Roth, Sólon fr. 25 West: Der Jugend Blüten, Rheinisches Museum für Philologie, Frankfurt, n. 136, 1993, p. 97-101; ver também, no mesmo sentido, Pínd. *Pít.* 4, 92 e, para o contato com as coxas, Arquíl. fr. 119 West: cf. Efeitos Pragmáticos da Poesia de Amor, infra, p. 50-51.

Pudicamente velada pelas expressões metafóricas a serem examinadas, a própria união erótica é precedida de abordagens verbais e físicas das quais a mais frequente é o toque da mão. Para Arquíloco, segurar a mão de Neóbulo constitui o prelúdio do jogo amoroso. As jovens do coro instruído por Álcman expressam seu amor pela corega com o desejo de segurar sua doce mão. Com o coração inflamado pelas notáveis dádivas de Afrodite, o rei Minos, da cena de Baquílides, estende a mão para a face da jovem ateniense destinada, com suas companheiras e seus companheiros, a satisfazer a voracidade do Minotauro. E no *Épodo de Colona*, o mesmo Arquíloco, depois de ter estendido a jovem cobiçada em um leito de flores e havê-la coberto com seu doce manto, beija sua nuca, acaricia ternamente seus seios, afaga sua pele na flor da juventude para, finalmente, beijar seu corpo inteiro e gozar de uma ejaculação cuja forma não terminou de provocar a engenhosidade dos exegetas[34]...

Mas, antes de acessar os diferentes modos da satisfação do desejo, o grego arcaico concebe, por meio de dois termos, etapas intermediárias. Ao lado de *epithymia*, que se refere ao desejo especificamente erótico, e de *hêdonê*, que designa o prazer ou o gozo físico – ambos, palavras e conceitos mais tardios –, o Sócrates do *Crátilo* lembra-se da existência ao lado de *erôs*, de *pothos* e *himeros*. O jogo etimologizante faz do primeiro o desejo desse que, ausente, encontra-se alhures, em algum lugar (*pou*), enquanto o segundo, por contraste, é assimilado ao usual (*rhei*), que arrebata a alma impetuosamente (*iemenos*) em direção a um objeto presente[35].

---

34 Arquíl. fr. 118 West, que geralmente se lê na perspectiva do fr. 119; Álcm. fr. 3, 80 Page; Baqu. 17, 10s (cf. supra, n. 25); Arquíl. fr. 196a, 42s West; a pradaria abrigando esse primeiro encontro é de ordem puramente metafórica (cf. Pradarias e Jardins de Poetas, infra, p. 169-170, n. 3), e a relação entre o poeta como *néos anêr* e a jovem segue regras sociais precisas: A. Aloni, *Le Muse di Archiloco*, Copenhagen: Museum Tusculanum Press, 1981, p. 139s, e J. Henderson, The Cologne Epode and the Conventions of Early Greek Erotic Poetry, *Arethusa*, Baltimore, v. 9, 1976, p. 159-179. Sobre o valor nupcial do manto, ver Pragmática da Iconografia Erótica, infra, p. 67-68; quanto ao expediente usado pelos leitores desse poema, para definir os modos da união que ele descreve, a última tentativa datada é a de J. Latacz, "Freuden der Göttin gibt's ja für junge Männer mehrere...": Zu Kölner Epode des Archilochos (fr. 196a W), *Museum Helveticum*, Basel, v. 49, 1992, p. 1-121!

35 Plat. *Crát.* 419bs; ver J.-P. Vernant, *L'Individu, la mort, l'amour*, p. 140s, que funda toda sua análise semântica sobre essa definição do filósofo.

Independentemente das ousadas abordagens etimológicas de Platão, é verdade que na poesia arcaica *pothos* e *himeros* inscrevem-se em um campo semântico vizinho daquele definido por *erôs*. Poto, primeiramente, como Eros, estrangula o sujeito desejante, rompendo seus membros; deixa o desafortunado sem ar, os ossos literalmente trespassados. Como Eros, ele adeja ao redor da jovem impressionada com a visão do vestido de uma de suas companheiras; como Eros, ele reside no olhar sendo completamente solicitado pelo último; como Eros, ele pode ter por objeto um jovem que, no genitivo, constitua aí o complemento gramatical. Com Eros, portanto, Poto agarra-o para fazê-lo desejar langorosamente aquele ou aquela que você não possui. Basta a chegada daquele pelo qual se suspira para que um coração ardente do golpe de *pothos* sinta-se congelado[36]. Mas, particularmente em Safo, esse desejo ardente pode ser satisfeito em um leito onde se vai evocar o valor metafórico; pois, o *pothos* que domina uma jovem amorosa de um jovem é, a esse respeito, submetido ao poder de Afrodite:

> Doce mãe, não consigo tecer minha tela,
> dominada pelo desejo de um rapaz, pela vontade
> da terna Afrodite[37].

Vizinho, *himeros* parece remeter a um desejo mais carregado, mais próximo ainda da realização. Esse desejo é novamente uma visão, por si mesma desejável, ou um riso que o suscitam. Se doce, ele golpeia, estrangula e consome os próprios órgãos do sentimento, diafragma, coração e peito; ele é desejo dos jovens,

---

[36] Arquíl. fr. 196 e 193 West, ver também Álcm. fr. 3, 62 Page, Safo fr. 22, 11s Voigt (sobre o emprego do verbo *ptoeô*, cf. supra, n. 14); Est. fr. S 227 Page e Pínd. fr. 123, 3 Maehler; Simôn. *Epigr.* 67, 8 Page (a propósito de Anacreonte); Safo fr. 48 Voigt, com o comentário de G. Lanata, Sul linguaggio amoroso di Saffo, op. cit., n. 2, p. 78s, ver também o brevíssimo fr. 36 Voigt em que, constituído em *pothos*, o verbo *potheô* é acoplado ao próprio verbo *maiomai*, "procurar com ardor". Em um verso parafraseado por Plutarco, o Eros de Anacreonte (fr. 444 Page) parece ter resplandecido de desejo (*pothôi*); cf. ainda Pínd. fr. 123, 3 Maehler. Como *erôs* e *eramai*, *pothos* e *potheô* designam desejos que não se restringem ao campo erótico, cf. infra, n. 50, bem como Tirt. fr. 9, 28, Gentili-Prato (contexto funerário), Anacr. *Epigr.* 3 Page (nostalgia da pátria), Sim. *Epigr.* 74 Page (conotação erótica), Pínd. *Ol.* 13, 64 (desejo de dominar Pégaso), etc.

[37] Safo fr. 102 Voigt, precedido de uma alusão ao fr. 94, 21 s; ver G. Lanata, Sul linguaggio amoroso di Saffo, op. cit., n. 2, p. 70s.

mas também aspiração premente de uma bela e terna jovem, à união com um adulto. Em uma hídria de figuras vermelhas do fim do século v, vê-se Hímero, jovem, participar do julgamento de Páris; enquanto Eros tenta convencer o pastor adolescente, Hímero e Poto cercam Afrodite, fazendo da deusa a futura eleita. Já em meados do século vi, uma famosa lâmina de figuras negras mostra-nos Afrodite segurando em seus braços duas crianças sem asas e denominadas Poto e Hímero[38].

Mas, apreendido enquanto carência langorosa como *pothos*, em sua encarnação de Eros ou sob a forma mais premente de *himeros*, o desejo amoroso na poesia arcaica depende definitivamente da intervenção da deusa do amor. Se a jovem descrita por Safo é estrangulada pelo *pothos*, é pela intervenção da terna Afrodite; se Eros, o doce, aquece o coração das jovens de Álcman, é por vontade de Cípris; e se o desejo (*erôs*) transborda na visão do amor (*himeros*) da jovem esposa cantada pela poetisa de Lesbos, é ainda uma dádiva de Afrodite ao noivo. A deusa de Citera é igualmente capaz de livrar o poeta do desejo (*pothos*) que o possui: a partir daí, aos seus olhos, o jovem amado perde todo encanto (*kharis*). Suscitando o desejo (*himeroessa*), esse encanto é evidentemente uma dádiva da deusa nascida em Chipre; o adolescente que se beneficia dessa dádiva pode conceder ao adulto que o corteja. A esse respeito, segundo uma expressão pindárica, desejar (*eran*) já é abandonar-se e responder (*kharizesthai*) a Eros[39].

Ao agir geralmente como intermediária das pujanças do desejo, Afrodite se expõe, às vezes, à intervenção direta, com

---

38 Arquíl. fr. 188 West, Safo fr. 31, 5s e 96, 15s Voigt, Pínd. *Ol*. 1, 41; Simôn. *Epigr*. 67, 4 Page, Arquíl. fr. 196a, 5 West (em que, depois de *imere[i*, pode-se restituir *lekheos* ou *gamou*). *Himeros* e *himeirô* podem também designar desejos não eróticos: Álcm. fr. 27 Page, Alc., fr. 130B, 3 Voigt, Safo fr. 137, 3 Voigt, Pínd. *Ol*. 3, 33, etc; sobre *himeros* como desejo irresistível, exigindo uma satisfação imediata, na poesia épica, ver *LfgrE, s. v*. Pinax da Acrópole, Athinai, Mus. Nac. 15131 (= *LIMC Afrodite* 1255 = *Eros* 1007); hídria de Vulci antigamente Berlim, Staatl. Mus. F 2633 (ARV² 1187, 32 = *LIMC Afrodite* 1429); outras representações recolhidas por A. Hermary, "Himeros, Himeroi", *LIMC*, v. 1, p. 425-426.

39 Safo fr. 102 Voigt, Álcm. fr. 59a Page, Safo fr. 112 Voigt; Teóg. 1339s, 1203s (cf. supra, n. 25, principalmente sobre as dádivas de Afrodite), 1319s, 1331s, cf. também 1372; Pínd. fr. 127 Maehler. O papel de *kharis* no jogo erótico é bem definido por B. MacLachlan, *The Age of Grace*, Princeton: University Press, 1993, p. 56s; ver também o bom estudo de C. Brillante, Charis, bia e il tema della reciprocità amorosa, *Quaderni urbinati di cultura classica*, Roma, n. 59, 1998, p. 7-34.

os mesmos resultados que os atribuídos a Eros. A função que Zeus lhe concedeu na partilha é, precisamente, a de despedaçar o coração dos homens sem que seja possível, mesmo ao sábio, escapar dela. É por isso que Safo se dirige diretamente à divindade para pedir que não submeta seu coração a novos sofrimentos. Íbico, então, é bem consciente disso: quando Eros lhe lança seu olhar de ternura é para precipitá-lo com seus encantos multiformes, à rede de Cípris[40]. Porém, urdidora de artimanhas, Afrodite gosta da companhia; seja brincando com Dioniso, com Eros o dominador e com as ninfas de olhos sombrios no poema simposíaco de Anacreonte, já evocado, seja colaborando com as Graças brilhantes e Persuasão de olhar amável para fazer florescer um belo jovem. Assim acontece com o jovem Teóxenes de Tenedos, com olhar dos raios refulgentes já mencionados: se a sua evocação faz o poeta fundir como a cera, é porque em sua ilha não somente Afrodite, mas também Peitó e Caris, auxiliam-na. Além do olhar que desperta o amor, Cípris é a deusa que suscita essa juventude e beleza inspiradoras do desejo[41]. Isso porque, genealógica ou social, a relação que a representação mitológica tece entre Afrodite e Eros é normalmente de subordinação; seja como mãe ou amante, a deusa sempre domina o jovem Eros cuja figura tende ou à divinização ou, no final da época arcaica, à multiplicação. Filho, não mais de Afrodite e de Urano, como em Safo, mas de Iris e de Zéfiro, Eros torna-se, para Alceu, o mais terrível dos deuses[42].

METÁFORAS PARA SACIEDADE DO DESEJO

Da evocação visual até sua saciedade em um leito macio, todas as etapas do desenvolvimento dos amores à grega são, pois, colocadas sob a responsabilidade de Afrodite. Assim como são

---

40 Teóg. 1386 s; Safo fr. 1, 1 s Voigt: cf. A.P. Burnett, op. cit., p. 247s; Íbic. fr. 287 Page.
41 Anacr. fr. 357 Page (cf. também fr. 346. 4); Íbic. fr. 288 Page; Pínd. fr. 123 Maehler (cf. supra, n. 17) e *Ol.* 10, 99s.
42 Safo fr. 159 (Eros servidor de Afrodite) e 198b Voigt (Eros filho de Afrodite e de Urano): cf. Eros Demiurgo e Filósofo, infra, p. 182-186; Alc. fr. 327 Voigt; Baqu. 9. 73s (Cípris mãe de amores impiedosos), Pínd. fr. 122, 4 Maehler (Afrodite Urânia mãe de Amores; cf. ainda o fr. 118): cf. igualmente Álcm. fr. 58 Page, e a esse respeito T. G. Rosenmeyer, Eros-erotes, *Phoenix,* v. 5, p. 14s.

obras do desejo premente (*imerta erga*) esses gestos com os quais alguém satisfaz seu Eros passando uma noite inteira deitado ao lado de um companheiro ou de uma companheira na flor da idade, há uma "obra de Afrodite"; a mulher asna criticada por Semônides abandona-se ao primeiro que chega entre os *hetairoi*. Quanto à mulher doninha, privada de beleza, de desejo (*epimeron*), encanto e de graça (*erasmion*), ela decepcionaria por sua inexperiência aquele que a transportasse ao "leito de Afrodite". Posteriormente, mesmo a língua técnica da medicina hipocrática recorrerá aos termos derivados do nome da deusa do amor para designar a união sexual; a expressão *ta aphrodisia* é especialmente destinada a uma longa existência, também para os filósofos[43].

Eis-nos, portanto, levados ao vasto campo da expressão metafórica da satisfação do desejo erótico. Em poesia, e particularmente na poesia arcaica, o ato sexual efetivamente significou, apenas de modo indireto, em perfeito contraste com a iconografia contemporânea ou, alguns decênios depois, com as designações cruas da Comédia Antiga. Sem que seja possível aqui entregar-se a uma investigação exaustiva dessas expressões metafóricas do acasalamento, conservaremos duas, tão frequentes quanto significativas.

É, pois, sobre um leito que se realiza e se conclui todo processo erótico guiado por Afrodite dourada. As cortesãs de Corinto, adolescentes, colhem aí a flor da tenra juventude, com a permissão de Afrodite. Mas é também em um leito macio que o jovem Apolo se une à ninfa Cirene em um himeneu recíproco que a própria Afrodite cobre de um amável pudor. Ao desejo do deus arqueiro de "colher no leito desta caçadora corajosa uma relva tão doce quanto o mel", o centauro, sábio conselheiro, responde que, para os deuses, assim como para os homens, não fica bem atingir imediatamente "o doce leito"; as chaves dos amores (*philotêtes*) protegidas pela divindade encontram-se na

---

43 Teóg. 1063s; Sem. fr. 7, 48s e 51s West: N. Loraux, *Les Enfants d'Athéna*, Paris: La Découverte, 1981, p. 106s, mostrou que esses animais fêmeas se distinguem da fêmea-abelha por sua falta de *kharis* produtiva. Hipócr. *Diet.* 3, 73, 1, *Frat.* 35, *Afor.* 6, 30, etc. Sobre a sorte do termo *ta aphrodisia* e de seus derivados em uma perspectiva filosófica e ética muito diferente daquela da época arcaica, ver M. Foucault, op. cit., p. 47s.

realidade em mãos de persuasão[44]. O leito mais honrado é evidentemente aquele que abriga e metaforiza os amores complacentes de Zeus; há o leito do desejo em que o deus se une com Sêmele, o leito em que ele casa com Egina cercada de Amores despenseiros das dádivas de Afrodite, a esteira que recebe sua união (*migeisa*) com Europa para conceber Minos. Mas é também o leito que lhe recusam os deuses quando, concorrendo com Poseidon, resolve fazer de Tétis sua esposa (*gamos, alokhos*), possuído como vimos por Eros; isso unicamente para impedir que se realizasse o oráculo que previa, da união (*misgomena*) da deusa marinha com Zeus, o nascimento de um filho mais poderoso do que seu pai[45].

Para um homem e uma mulher, encontrar-se em um mesmo leito significa também a infidelidade a uma união conjugal, ela mesma designada por uma metáfora idêntica. A maledicência do ciúme induz Hipólita a espalhar o ruído enganador que, unindo-se a ela no leito (*en lektrois*) de seu esposo Acasto, Peleu teria danificado seu próprio leito conjugal (*nympheia eunê*). Convocados por Íxion, os leitos que recebem os abraços de Zeus e de Hera no gozo (*polygêtheis eunai*) tornam-se, quando o herói resolve se introduzir aí, leitos ilegítimos (*paratropoi eunai*). Esse leito de engano é aquele em que Corónis, infiel a Apolo, "se deita" com um estrangeiro (*eunasthê lektroisin*); é aquele que, como Eros, subjuga Clitemnestra desviando-a para uniões noturnas com Egisto; é ainda aquele, ricamente coberto, que abandona Helena, extraviada por amor[46]. O leito é, pois, do lado da mitologia, essencialmente metáfora da união entre dois jovens adultos; esse leito é qualificado na realidade institucional de *homophrôn* na medida em que "concilia sentimentos"; esse leito que, em um contexto matrimonial, Safo deseja mais "novo" para um amigo (*philos*) mais jovem do que

---

44 Mimn. fr. 7 Gentili-Prato (cf. supra, n. 33); Pínd. fr. 122, 5s Maehler: cf. C. Calame, Entre rapports de parenté et relations civiques, em F. Thélamon (ed.), *Aux Sources de la puissance*, p. 104s; Pít. 9, 9s e 36s; cf. Pradarias e Jardins Lendários, infra, p. 158-159.
45 Pínd. Pít. 3, 99 (*lekhos imerton*); Nem. 8, 5s (*lektron*), cf. também Baqu. 9, 55s; Baqu., 17, 30s (*lekhos*); Pínd. Ístm. 8, 27s (*eunê*): cf. supra, n. 20.
46 Pínd. Nem. 5, 25s; Pít. 2, 25s; 3, 24s (o termo *koitê* utilizado aqui assume, na tragédia, os mesmos valores metafóricos que *lekhos* ou *eunê*: cf. Esqu. *Supl.* 805, Sóf. *Traqu.* 922, etc.) Alc. fr. 283, 7s Voigt (cf. supra, n. 14).

ela; esse leito em que normalmente é concebida uma descendência, mesmo quando o esposo é um estrangeiro. Somente Deucalião e Pirra, seres primordiais, conseguem procriar fora do *lekhos* a raça de pedra que se encontra na origem do gênero humano[47].

Entenderemos que, nesse leito nupcial, o ato sexual é pudicamente designado pela segunda metáfora indicada; ela funda-se no emprego do verbo *meignusthai*, unir-se. Uniões geralmente fecundas, das quais nascem as musas, Apolo, Héracles e Íficles, Hermes ou o próprio Eros! Quando se trata de designar o ato sexual, até um Arquíloco renuncia a crueza costumeira de sua linguagem para recorrer à metáfora e fazer da união sexual um "caso divino"[48]. Mas se terá igualmente constatado que a imagem do leito nos fez deixar os amores de um poeta, geralmente um adulto, com um jovem ou uma jovem para nos conduzir ao interior do amor conjugal com sua função procriativa[49]; e no mesmo lance, deixou os estados e as práticas eróticas dos literatos para penetrar no domínio de amores lendários e divinos. Será que isso significa que há, para os gregos da época arcaica, uma nítida distinção entre o Eros de poetas e o amor de uniões lendárias? Antes de propor uma resposta, deixemos ainda nos levar por essa caracterização complementar do estado erótico grego que oferecem os estados contíguos do sono, da morte e, finalmente, da inspiração poética.

ENCANTOS ERÓTICOS DA POESIA

Na cultura literária grega, sono e falecimento apresentam com Eros e o estado secundário em que ele nos transporta afinidades

---

47 Pínd. *Ol.* 7, 6; Safo fr. 121 Voigt; Pínd. *Pít.* 4, 51 (a propósito de Eufemos) e *Ol.* 9, 42s.
48 Álcm. fr. 8, 9 s Page, com o comentário de C. Calame, *Alcman*, p. 385s, Saf. fr. 44A, 2s Voigt (verbo objeto de uma restituição), Pínd. *Pít.* 9, 84 s, Alc. fr. 308 e 327 Voigt; Arquíl. fr. 196a, 15 West. Sobre o sentido da expressão *theion khrêma* como *mixis* (união), cf. E. Degani, PAREX TO THEION KHREMA: nel nuovo Archiloco di Colonia, *Quaderni urbinati di cultura classica*, Roma, n. 20, 1975, p. 229.
49 Desde o final da época arcaica, uma série de termos compostos de *eunê* faz referência ao casamento: ver, por exemplo, *eunaioi gamoi*, "a união conjugal" (Ésq. *Supl.* 331), *eunastêrion*, "a câmara conjugal" (Ésq. *Pers.* 160), *eunêteria*, "a esposa" (*ibid.* 157), *eunêtôr*, "o esposo" (Ésqu. *Supl.* 665), etc.

doravante amplamente marcadas e comentadas. A poesia mélica não escapa dessas associações, particularmente nessa passagem do segundo *Partênio* de Álcman em que, inspirando um desejo que rompe com os membros (*lusimelês pothos*), a jovem cantada lança um olhar que desvanece mais do que o sono e a morte. Arquíloco, por outro lado, não hesita em qualificar o estado secundário, em que o desejo amoroso nos mergulha, ao tomar da linguagem épica a expressão para designar o nevoeiro que priva da visão o guerreiro tombando em combate ao mesmo tempo em que seus membros se rompem. Quanto a Safo, o estado de bloqueio físico em que Eros a reduz se encerra no sentimento da morte; morte que ela deseja por outro lado ardentemente (*himeros*) em outro poema, quando ela mesma se encontra em uma situação verdadeiramente amorosa; e a *philotês* de um adolescente, para Teógnis, corre o risco de conduzir o narrador à morada de Perséfone. Para o poeta embriagado de amor – a embriaguez constituindo na Grécia outro desses estados em que o indivíduo não se pertence mais –, a única solução é saltar do alto do Rochedo de Lêucade, entre transe erótico e morte[50].

Se ele é capaz de subjugar a ponto de nos transportar para além de nós mesmos, o amor, no entanto, concede um poder ao poeta, o de se expressar em versos. Essas palavras ritmadas dirigem-se particularmente àquela ou àquele que suscita Eros. Provavelmente, o amor do cantor dos versos da *Teognideia* não

50 Álcm. fr. 3, 61s Page com os paralelos que citei em 1983, p. 403s; destacaremos que em Homero, *Od.* 20, 57 e 23, 343, o adjetivo *lusimelês* qualifica o sono, ao passo que, para Eurípides, caracteriza a morte, *Supl.* 47 (cf. também *Il.* 4, 469: a morte) Arquíl. fr. 191 West: cf. *Il.* 5, 696 ou 20, 421, *Od.* 22, 88 (morte); Safo fr. 31, 15s, bem como 94, 1 e 95, 11s Voigt, com o comentário inteligente de G. Lanata, Sul linguaggio amoroso di Saffo, op. cit., n. 2, p. 72s; Teóg. 1295s; Anacr. fr. 376 Page, comentado por G. Nagy, *Greek Mythology and Poetics*, Ithaca/London: Cornell University Press, 1990, p. 228s. Notemos que o sentimento de ausência inspirado em *pothos* pode também se dirigir a um desaparecido: Callin. fr. 1, 18 Gentili-Prato, Pínd. *Ol.* 6, 16, e, para a poesia épica, J.-P. Vernant, *Figures, idoles, masques*, p. 41s. Sobre o poder opressivo com traços da embriaguez, ver, por exemplo, Pínd. fr. 124 a.b, 11 Maehler. As correspondências estabelecidas pelos gregos entre sono e morte (principalmente na iconografia) foram estudadas particularmente por C. Mainoldi, Sonno e morte in Grecia antica, em R. Raffaelli (ed.), *Rappresentazioni della morte*, Urbino: Quattro Venti, 1987, p. 9-46; para as afinidades com Eros, ver, finalmente, E. Vermeule, *Aspects of Death in Early Greek Art and Poetry*, Berkeley/London, 1979: University of California Press, p. 145s, A. Carson, op. cit., p. 138s, e J.-P. Vernant, *L'Individu, la mort, l'amour*, p. 134s.

saberia exigir reciprocidade. Em contrapartida ao amor sofrido, o poeta pode responder com sua palavra poética, palavra de sortilégio e persuasão que se dirige tanto ao coração (*kardia*) quanto ao intelecto (*nous*). À graça evocativa do desejo amoroso, dádiva de Afrodite, responde, pois, o encanto das palavras compostas pelo poeta[51].

Na realidade, em toda poesia mélica, o vasto campo semântico da música é aquele em que, ao lado da designação de homens ou lugares em seu encanto juvenil, são mais frequentemente convocadas as qualificações referentes ao desejo amoroso. Evocadores de Eros (*eratos*) podem ser o som da lira, a voz de um coro de jovens, a melodia de flautas ou canto do poeta; a voz das flautas suscitando *himeros* aquece o coração do poeta simposiasta, assim como os cantos adoráveis (*himertai*) dos cidadãos enaltecem o vencedor dos jogos olímpicos, cofundador de Siracusa. Mas deve-se, sobretudo a Álcman, uma definição da arte da musa em suas três componentes. Cada uma delas é erotizada; Calíope, a Bela Voz, surge aí como a inspiradora de palavras desejáveis (*erata*), da melodia portadora de *himeros* e da dança graciosa (*kharieis*)[52]. Desde nosso primeiro encontro com ele, Eros mostrou-se o inspirador de uma doçura que de imediato revelou ser também a do prazer musical e poético.

De tal poder erótico do canto, o célebre relato da invenção da lira por Hermes é o melhor testemunho, se concedermos essa incursão na poesia contemporânea da mélica, mas de forma épica. Com efeito, na versão do *Hino Homérico* ao deus, a voz desejável (*eratos*) do instrumento habilmente manipulado pelo Hermes jovenzinho suscita no coração (*thymos*) de Apolo o doce desejo (*glukus himeros*), antes de o Eros invisível deslizar em seu peito. O deus que até aqui só conhecia o som sedutor (*himeroeis*) de flautas, deve reconhecer que a cítara, por sua vez,

---

51 Teóg. 1235s, 1319s e 1365s; ver também Anacr. fr. 402c Page.
52 Est. fr. 278 Page, Baqu. 17, 125, Pínd. fr. 140b, 16 s e 124ab, 1 Maehler, cf. igualmente Anacr. fr. 373, 2 Page (harpa), Teóg. 531s, Pínd. *Ol.* 6, 6s ou fr. mel. adesp. 955 Page; Álcm. fr. 27 Page (ver C. Calame, *Alcman*, p. 483s); Pínd. *Pít.* 5, 107, também emprega *kharieis* para designar o canto. Na época helenística, Eros poderá tornar-se, com as musas, o inspirador de uma poesia ou de temas bucólicos e os conteúdos amorosos que tendem a se confundir: ver, por exemplo, Bion. fr. 3, 9 e 10 Gow; cf. F. Lasserre, *La Figure d'Éros dans la poésie grecque*, p. 207s.

inspira felicidade divina (*euphrosynê*), amor (*erôs*) e sono. Essa felicidade divina é exatamente o resultado ao qual conduzem, tanto para Sólon como para Anacreonte, as obras ou as dádivas conjugadas de Afrodite, a encantadora, e das musas. Plutarco, que cita o dístico de Sólon, explica, na perspectiva moralizadora de sua interpretação, que esses dois momentos coincidem com a tranquilidade do amor matrimonial e com a prática filosófica, em contraste com as tempestades de amores pederásticos![53]

Independente de seu conteúdo, a atividade poética grega parece capaz de provocar, por si mesma, desejo e prazer eróticos. Esse poder enfeitiçante desemboca na questão da função dessas palavras amorosas dos poetas, relacionadas às circunstâncias de enunciação; esse poder convida-nos a passar da análise semântica das expressões poéticas ao estudo de práticas que poderiam fundar essas construções linguageiras e simbólicas. Mas, antes de abordar por esse intermédio o tema atribuído ao capítulo seguinte, ainda falta ao estudo discursivo a dimensão comparativa capaz de fazer surgir, nessas concepções eróticas e formas enunciativas, a eventual especificidade da poesia mélica. Praticamente contemporâneas dessa última, na forma em que chegaram até nós, as diferentes manifestações da poesia épica oferecem o leque apropriado de cenas amorosas que animam o estudo comparativo.

---

53 Hhom. *Hermes* 409s; cf. L. Kahn, *Hermès passe ou les ambiguités de la communication*, Paris: F. Maspero, 1978, p. 134s. Na poesia homérica, o desejo despertado pelo canto é provocado pela sedução mágica que ele exerce (*thelgô*, *kêlêthmos*): cf. *Od.* 12, 40 e 44 (canto das Sereias) ou 17, 514s (relato de Ulisses), Hhom. *Ap.* 161 (canto das Delíades); ver Zs. Ritoók, The Views of Early Greek Epic on Poetry and Art, *Mnemosyne*, Leiden, v. 42, n. 3-4, 1989, p. 331-348; G. B. Walsh, *The Varieties of Enchantment*, Chapel Hill/London: University of North Carolina Press, 1984, p. 1s; H. Parry, *Thelxis: Magic and Imagination in Greek Myth and Poetry*, New York/London: Lanham, 1993, p. 149s e 173s; C. Segal, *Singers, Heroes, and Gods in the Odyssey*, Ithaca/London: Cornell University Press, 1994, p. 113s, bem como 1974, p. 143s; P. Pucci, *Ulysse Polytropos*, Lille: Presses Universitaires du Septentrion, 1995, p. 263s. Anacr. fr. eleg. 2 West e Sól. fr. 24 Gentili-Prato, citado por Plut. *Diál. Amor* 751e, que refere essa reflexão à maturidade de Sólon em oposição ao fr. 16 (cf. Efeitos Pragmáticos da Poesia de Amor, infra, p. 50, n. 4) supostamente ter sido composto por um poeta ainda jovem.

2. O Eros de Poemas Épicos

Pode-se estender aos textos homéricos e aos que adotaram a dicção, a análise, sensível aos significantes, que se aplica aos poemas mélicos, com a total consciência de que os termos escolhidos estão longe de esgotar o campo léxico do amor poético da época arcaica. Não se corresponderá, pois, ao desejo de esgotamento que, no interior dessa seleção, preside o estudo da poesia mélica.

CENAS DE AMOR RECÍPROCO

Como retrucar às censuras de uma Helena que Afrodite, no auge da beleza, no colo do desejo e com olhos luminosos, conduziu ao seu amante? Páris efetivamente acaba de sofrer a pungente derrota infligida por Menelau. O jovem propõe à heroína emblemática do amor que esqueça os sofrimentos da guerra em um leito que ele pretende compartilhar com ela no gozo (*terpein*): compartilhamento marcado tanto pela forma dual do convite quanto pelo emprego do termo *philotês*, designando a relação de amor que se enlaça. Trata-se aqui de satisfazer um desejo (*erôs*) que, como o sono, literalmente envolveu o diafragma do herói, evocando a primeira união (designada pelo verbo *meignumi*) do jovem pastor com a mulher roubada de Menelau, em um leito (*eunê*) onde se estabeleceu, no amor, a relação de *philotês*. Sujeito do desejo suscitado por Helena (*seo eromai*), Páris é certamente a única vítima da doce paixão que o prende (*me himeros hairei*); mas quando se dirige ao leito seguido de sua esposa, a forma dual intervém novamente para designar o sono amoroso de dois amantes:

> "Venhamos! Deitemo-nos e gozemos o prazer do amor.
> Jamais ainda o desejo a esse ponto envolveu
>   minha alma,
> nem mesmo no dia em que, para te arrebatar
>   do amável lacedemônio,
> rumei ao alto-mar com minhas naves marinhas,
> e na ilhota de Cranae eu partilhei de teu leito
>   e de teu amor.
> jamais tanto quanto te amo neste instante
>   e o quanto o doce desejo me possui".
> Diz ele, e se dirige primeiramente ao leito; sua esposa
>   o acompanha[1].
> E enquanto dormem (*tô euêthente*)
>   no leito bordado...

Ambivalência de um desejo que submerge sua vítima antes de ser assumido por ela, desejo amoroso focalizado no sujeito, mas cuja satisfação deságua em uma relação recíproca, por uma *philotês* terminando na dupla metáfora sexual do contato íntimo num leito macio. A concepção do amor épico parece intensamente próxima dos modelos a que se referem os poetas mélicos. A não ser, porém, quando o texto homérico faz referência explícita ao gozo sentido no folguedo do leito. Quando se manifesta em uma relação de *philotês*, esse prazer amoroso é geralmente saboreado a dois, como o indicam as formas duais ou plurais empregadas nesse caso pela poesia épica[2].

---

1 Hom. *Il.* 3, 441s; ver também 3, 390s, em uma cena que lembra o encontro amoroso de Zeus com Hera na *Il.* 14, 313s: cf. A. Janko, *The Iliad*, p. 170s e 201s, bem como infra, n. 8. Convém destacar que o sujeito desejante, no emprego de *eramai*, pode ser tanto um homem como uma mulher: cf. LfgrE s. v., e G. Wickert-Micknat, *Die Frau*, p. 99s.
2 Hom. *Il.* 14, 314 (Zeus e Hera), *Od.* 5, 227 (Ulisses e Calipso), 8, 292 (Ares e Afrodite), mas em 23, 345s, quando se trata unicamente de *eunê* e do sono, o gozo é

Tal qual o texto épico de *O Escudo* atribuído a Hesíodo, o desejo (*pothos*) que se apodera de Anfitrião, por muitos anos afastado dos prazeres conjugais (*ater philotêtos ephimerou*), leva-o diretamente ao leito de sua esposa, onde o amor termina, em uma longa noite de núpcias, no gozo das dádivas de Afrodite: *terpesthai* e *dôra Aphroditês* – maneira suplementar de dizer o amor carnal. Tendo precedido exatamente como o esposo no leito de Alcmena, Zeus contenta-se em unir-se à jovem mulher "no leito e no compromisso recíproco", segundo a fórmula consagrada (*eunêi kai philotêti migê*); o desejo que ele aí sacia em sua astúcia não é senão um *eeldôr*. E no momento do plácido final da intriga da *Odisseia*, quando enfim Ulisses consegue convidar Penélope, doravante reconquistada para gozar junto de si o doce sono, o prazer (dual!) da *philotês* desejável (*erateinê*) se acompanha do prazer de trocar (*pros allêlous*) palavras ternas. Prazer amoroso e prazer de palavras se unem, tanto é verdade que o verbo *terpein* designando ambos nessa passagem é igualmente aquele que qualifica a influência encantadora da poesia[3]. Versos épicos e períodos mélicos partilham, pois, do mesmo poder de encantar, que é também o de Eros.

Melhor ainda, a primeira relação que une em um mesmo leito Helena e Páris é designada por uma expressão formulada cujos empregos e variações esclarecem o sentido de *philotês*. Denotando, na realidade, a relação paradigmática de Zeus com Hera em sua forma completa ou abrangente, a expressão "unir-se para transação amorosa em um leito" significa uma relação estreita, conduzindo naturalmente à geração de um descendente mesmo se não sancionada pelo casamento. Hesíodo particularmente fez um amplo emprego disso em sua construção da

---

experimentado somente por Ulisses! Ver também *Il.* 9, 336s, em que o gozo não compartilhado de Agamêmnon soa como uma repreensão; sobre todas essas passagens, ver presentemente F.I. Zeitlin, The Politics of Eros in the Danaid Trilogy of Aeschylus, em R. Hexter; D. Selden (eds.), *Innovations in Antiquity*, p. 19s, que traça uma distinção essencial entre *eunê* e *lekhos*. Para uma análise de *terpein* e seu campo de aplicação, ver J. Latacz, *Zum wortfeld "Freude" in der Sprache Homers*, particularmente, p. 184s e 203s, sobre o gozo sexual.

3   Hes. *Esc.* 15 e 30s; Hom. *Od.* 23, 254s e 300s. Esse emprego raro de *pothos* em um contexto erótico (cf. ainda *Trab.* 66) confirma o sentido geral de "falta", "desejo da pessoa ausente", que tem essa palavra (cf. também Hom. *Od.* 14, 144); ver igualmente os raros empregos de *eldomai* nesse sentido de desejo erótico: Hom. *Il.* 14, 276 e *Od.* 5, 210.

genealogia do cosmo e dos deuses. Se Terra produz os primeiros elementos – céu, montanha, mar ou onda – por partenogênese, ou seja, sem a relação recíproca causada pelo desejo premente (*ater philotêtos ephimerou*), ela deita-se em seguida (*eunêtheisa*) com Urano para gerar Oceano, os titãs, seus irmãos Reia e Mnemósine ou Tétis, a encantadora. Assim acontece em seguida com os amores fecundos da monstruosa Equidna com Tifão, o insolente, de Ceto com Fórcis ou de Crios com Euríbia, para citar somente esses; e acontece ainda, no *Catálogo das Mulheres*, com a união de Pandora com Zeus, de Filonis com Hermaon (Hermes) ou de Auge (filha de Aleu), a mãe de Télefo, com Héracles[4].

Ainda que repetitiva, a expressão não tem nada de redundante; ela opera geralmente uma divisão cuidadosa entre o aspecto sexual da união que designa – expressa alternativa ou conjuntamente pela ideia de leito (*eunê*) e a noção de comércio (*meignumi*) – e seu aspecto fiduciário, tornado *philotês*. De fato, quando Circe oferece seu leito a Ulisses, ela pretende estabelecer aí uma troca de confiança recíproca (*philotêti pepoithomen allêloisin*) que ela coloca sob o signo da *philotês*. A utilização do dual e a inclusão de Ulisses no leito metafórico que Circe considera como seu (*hêmeterê eunê*) suscitam uma confirmação sintática à perspectiva englobante da feiticeira. As reticências de Ulisses são marcadas, em compensação, pela ausência de referência em sua resposta à *philotês* e pela devolução do leito ao seu único detentor (*sê eunê*). Certamente, a união está destinada a realizar-se, mas sem compromisso amoroso recíproco. Por outro lado, quando Agamêmnon se defende de ter rompido o juramento no qual se comprometeu a não mais dormir com Briseis, a cativa, ele não faz nenhuma alusão à *philotês* desses amores ancilares; não obstante, o direito usual reconheça tanto aos homens quanto às mulheres essas uniões[5].

4 Hom. *Il*. 14, 295 e 15, 32s; cf. 6, 25 (um pastor e uma ninfa) ou 24, 130s; *Od*. 23, 219 (Helena e Páris); 19, 266 (Ulisses e Penélope), 8, 271 (Ares e Afrodite). Hes. *Teog*. 132s (cf. já 125), 306, 333s, 375, etc.: cf. Eros Demiurgo e Filósofo, infra, p. 183-184, n. 4; destacar-se que, no v. 374, a relação de *philotês* estabelecida entre Tia e Hiperíon, resultante no nascimento do Sol, da Lua e Aurora, é o resultado de uma "domesticação". Hes. fr. 5, 3; 64, 17 ou 165, 8s Merkelbach--West; cf. também fr. 17a, 5 e *Hhom. Hermes* 3s, bem como a interpretação da *philotês* homérica dada por Plut. *Diál, Amor* 769a.

5 Hom. *Od*. 10, 334s, 340s e 347; *Il*. 9, 132s e 274s. As relações de Ulisses com Calipso demonstram a mesma assimetria que as tentativas do herói com Circe:

É que o estabelecimento da relação fiduciária parece depender menos do caráter conjugal da união concernente do que do consentimento mútuo dos parceiros. Nas falsas acusações que a esposa de Preto formula sobre Belerofonte, o desejo de *philotês* é atribuído ao rapaz; supostamente ele apela às promessas do relacionamento amoroso que a mulher pretende recusar (*m'ethelen philotêti migêmenai ouk ethelousêi*). Já na versão do nascimento de Helena, narrado no poema épico *Cípria*, a união a qual Zeus acaba por forçar Némesis depois de uma longa perseguição é marcada, apesar de tudo, pela relação recíproca induzida pela *philotês*: porque, ainda que fugitiva, essa relação é fecunda, conduzindo à geração dos Dióscuros e de sua irmã[6].

Assim como a relação de desejo na poesia mélica, a relação sexual dos heróis homéricos pode se transformar nessa relação institucional e afetiva de solidariedade pelos serviços prestados que designa o termo *philotês*; estabelecendo-se também em outros domínios, ela nunca é desprovida de afeto. Muito intensamente erotizada, a relação que se tece entre Ares e Afrodite não é tão somente colocada sob o signo da reciprocidade mais estreita; o deus deseja ardentemente a *Philotês* de Cípris, a deusa "ama" (*phileei*) Ares e ambos sobem ao leito de Hefaistos para se deitar em *philotêti*; eles consagram aí um amor recíproco, bem expresso no dual (*phileonte*)[7].

ver *Od.* 5, 118s, 153s, e 23, 334s, com os destaques de D. Konstan, *Sexual Symmetry*, p. 170s, e o comentário sensível de R. Luca, Il lessico d'amore nei poemi omerici, *Studi Italiani di Filologia Classica*, Firenze, v. 53, p. 177s, que dá ainda outros exemplos homéricos de relações não correspondidas. Ver em contraste a relação potencial que Ulisses gostaria de estabelecer com Nausícaa (*Od.* 7, 303s), com o comentário de S. Goldhill, *Language, Sexuality, Narrative: The "Oresteia"*, Cambridge: University Press, 1984, p. 187s. Sobre o vocabulário empregado nessas cenas de relações amorosas, cf. G. Wickert-Micknat, op. cit., p. 100s.

6 Hom. *Il.* 6, 163s; encontrando-se na situação exatamente inversa diante de Calipso, Ulisses não menciona precisamente a *philotês* à união em que é coagido: *Od.* 5, 154s (*ouk ethêlôn ethelousêi*). Cpr. fr. 9 Bernabé.

7 Hom. *Od.* 8, 291s; ler também os versos 288, 309, 313 e 316; ver a esse respeito o comentário decisivo de F.I. Zeitlin, The Politics of Eros in the Danaid Trilogy of Aeschylus, em R. Hexter; D. Selden (eds.), op. cit., p. 33s, em comparação com o amor de Penélope por Ulisses. À concepção muito exclusiva, mas clássica, de uma *philotês* feita de interesse recíproco e desenvolvida por A. W. H. Adkins, "Friendship" and "Self-Sufficiency" in Homer and Aristotle, *The Classical Quarterly*, London, n. 56, 1963, p. 30-45, oporemos as análises mais nuançadas de E. Benveniste, *Le Vocabulaire des institutions indo-européennes*, 1, p. 345s, e B. Snell, *Dichtung und Gesellschaft*, Hamburg: Claassen,

Ele toma sua mão e dedica-lhe estas palavras:

> "Aqui, minha amiga, ao leito; deitemo-nos para aí deleitar.
> Hefaísto não se encontra em sua morada. Ele está sem dúvida em Lemnos
> entre os Síntios de fala selvagem".
> Assim o disse; o desejo do leito se apoderou dela.
> Ambos subiram ao leito e aí se estenderam.

CENAS DE SEDUÇÃO

Antes do amor, a sedução e o desejo: a célebre cena da *Ilíada* em que Hera chega a coagir Zeus seu esposo a deixar o campo de batalha de Troia nos reconduz às maneiras épicas de sentir o amor. Quando o rei dos deuses vê sua esposa juntar-se a ele no sono do Ida, seu diafragma é envolvido pelo desejo (*erôs*). Esse sentimento, Zeus o verbaliza imediatamente recorrendo aos enunciados que Páris já nos tornou familiares: trata-se novamente do gozo (*terpein*) em um leito partilhado na *philotês* para satisfazer um desejo (*eramai* e *himeros*) do qual Zeus é ao mesmo tempo o sujeito e o objeto. Se essa união apaixonada evoca ao narrador o primeiro encontro amoroso dos esposos, em que o dual é soberano (*emigesthên philotêti, eis eunên phoitôntê*), ela lembra a reputação do deus, sob a forma retórica de um "preâmbulo" que valoriza a paixão presente, seus amores com outras deusas ou mortais; marcadas por um desejo (*erôs*) que dominava o coração (*thymos*) do deus em seu peito e, geralmente, produtoras de um descendente, elas parecem geralmente desprovidas de *philotês*. No momento, é Hera quem subjuga Zeus para fazê-lo finalmente cair no sono desejado[8].

1965, p. 24s e 43s: ver, especialmente, Hom. *Il.* 9, 340s, em que Aquiles diz ter amado Briseis *ek thymou*, "de todo coração". Destacando com razão que, do ponto de vista dos termos empregados, a poesia homérica não faz distinção real entre relação sexual legítima e relação extraconjugal, p. Mauritsch, *Sexualität im frühen Griechenland*, Wien/Weimar: Böhlau, 1992, p. 61s e 88, desmente a pertinência da tipologia das relações sexuais através das quais ele pretende ler o mundo épico.

8 Hom. *Il.* 14, 292s, comentado por A. Janko, *The Iliad*, p. 198s; ver igualmente os versos 159s e 237. Convém acrescentar que, para enganar Afrodite (versos 200s), depois Zeus (versos 301s), sobre suas reais intenções, Hera finge

Mas para provocar Zeus, Hera não é a única nem está sozinha. A paixão do deus é despertada por adornos que vimos designados até aqui por um *eidos*, uma aparência exterior de beleza muito genérica. Na falta do espaço necessário à análise de diferentes realizações que a poesia dá a esse conceito erótico essencial, é suficiente lembrar que, para Hera, a sedução não acontece sem cuidados detalhados com a pele e uma cabeleira longamente penteada; acrescentando-se aí roupas ricamente enfeitadas, um cinto franjado, joias atrativas brilhantes, um véu branco e belas sandálias; em uma palavra, um *kosmos*, um aparato que seria por si mesmo ineficaz sem o desejo (*himerôs*) e o compromisso (*philotês*) que pertence à Afrodite. Ambos são acompanhados de palavras amorosas e propostas sedutoras que tocam o *nous*, esse *nous* que se viu atingido pelos versos de Teógnis enquanto é poupado do impacto direto de *erôs*. E materialmente, eles encarnam a faixa de sedução e o encantamento que Cípris confia a Hera; mantém-se desse ornamento tão discutido sua capacidade de *thelgein*, de manter sob o encanto, como pode igualmente encantar a música. Um breve *Hino Homérico a Afrodite* mostra que bastam roupas e joias preparadas pelas Horas para arrematar o *eidos* da deusa nascida da espuma e suscitar, em cada um dos deuses reunidos em coro encantador (*himeroeis*), o desejo (*êrêsanto*) de desposá-la. Os meios de sedução despendidos por Hera atingirão o próprio Platão de tal modo que, no *Crátilo*, ele tentou inscrever éros no próprio nome da deusa[9].

querer envolver Oceano e Tétis em uma reconciliação na *philotês* em um leito há muito abandonado: é bem na recuperação do vínculo fiduciário que conduz o amor carnal entre adultos. *Philotês* não tem, portanto, unicamente o sentido de "Beischlaf", atribuído por H.M. Müller, *Erotische Motive in der griechischen Dichtung bis auf Euripides*, p. 15 e 66s.

9 Hom. *Il.* 14, 166s e 214s, com os paralelismos indicados por A. Janko, op. cit., p. 173s; encontrar-se-á também em R. Luca, *Il lessico d'amore nei poemi omerici*, op. cit., v. 53, p. 187s, algumas referências bibliográficas sobre a fita de Afrodite; essa poderia estar próxima da fita que usam certos Eros da cerâmica clássica: cf. A. Greifenhagen, *Griechische Eroten*, p. 11s. Plat. *Crát.* 404b, também *Rep.* 390 bc, em que o desejo que aprisiona Zeus é traduzido por hê tôn aphrodisiôn epithymia. Sobre o sentido do verbo *thelgein*, cf. LfgrE s. v. e O Eros dos Poetas Mélicos, supra, p. 32, n. 53; seu emprego erótico mais impressionante encontra-se na *Od.* 18, 212s, no qual esse verbo designa o sentimento de enfeitiçamento amoroso que agarra o coração dos pretendentes, prostrando-os de joelhos diante de Penélope adornada com as dádivas de Afrodite (v. 190 s)

Mas ao se referir precisamente a Eros e a Hímeros para constituir o cortejo da deusa nascida do esperma de Urano mutilado, Hesíodo atribui a Afrodite tagarelice das jovens, sorrisos, ardis, ao mesmo tempo em que o suave deleite (*terpsis*) e as doces promessas de amor (*philotês*). Modo da sedução, as intrigas inspiradas por Afrodite, urdidora de astúcias – segundo a epiclese formulada por Safo –, conduzem, como à poetisa, ao compromisso recíproco. A relação causal que gera a reciprocidade da *philotês* do jogo da sedução esclarece um dos aspectos surpreendentes da lógica do engano, que determina a lenda hesiódica de Pandora. Adornada (*kosmêse, kosmôi*) por Atena com os mesmos atavios de Afrodite, Pandora, esse belo mal, surge ao olhar dos homens como a encarnação da astúcia; a versão mais desenvolvida do relato de sua criação em *Os Trabalhos e os Dias* explicita aí os meios: mentiras, palavras enganosas, coração astuto. Será que se trata de uma condenação irremediável da mulher? Mas, na genealogia teogônica, Engano revela-se a irmã de *Philotês*! Os artifícios da sedução amorosa constituem, pois, o inevitável prelúdio – certamente, objeto em Hesíodo de uma acirrada crítica – na conclusão de uma união conjugal que, em certas condições de prudência, pode se revelar feliz[10]. O belo corpo (*eidos*) de Pandora, a jovem da lenda fundadora, transforma-se desse modo na figura da esposa fiel ao lar, na escolha social vantajosa.

O *Hino Homérico a Afrodite* encena essa dialética da sedução e do deleite esgotando-a. Se, para a musa a quem o poeta pede a inspiração, Afrodite reina absoluta nessa paixão (*himerôs*) que sabe suscitar nos deuses, submetendo completamente tanto os mortais como os animais da terra e do mar, ele volta-se ao senhor dos deuses, ele mesmo tão frequentemente espiritual e emocionalmente perturbado pela deusa do amor, para inspirar em Afrodite a doce paixão, com seu desejo premente de se unir (*mikhthêmenai*) com

---

Hhom. 6, 5s; cf. igualmente *Cípr*. fr. 4 Bernabé, em que as vestes de Afrodite são fabricadas pelas Horas e Cárites, bem como o fr. 5, que envolve a deusa de Cárites e ninfas que encontramos ao lado de Cípris em Anacr. fr. 357 Page.

10 Hes. *Teog*. 201s (destacaremos que em outro emprego teogônico, no verso 917, *terpsis* designa o deleite que provoca o canto: cf. infra, n. 12); Safo, fr. 1, 2 Voigt; Hes. *Teog*. 573s e *Trab*. 60s: cf. P. Pucci, *Hesiod and the Language of Poetry*, Baltimore/London: The Johns Hopkins University Press, 1977, p. 88s; as relações existentes em Hesíodo entre as qualidades atribuídas às mulheres em geral e a figura de Pandora são descritas por J. Rudhardt, Pandora: Hésiode et les femmes, *Museum Helveticum*, Basel, v. 43, 1986, p. 231-246; veremos ainda *Teog*. 224 e *Trab*. 695s.

um mortal. Segundo a dupla motivação a qual os atos dos homens são geralmente submetidos na concepção dos Gregos da época arcaica, Zeus instala no coração (*thymos*) da deusa uma terna paixão por Anquises: à visão de um jovem pastor, o desejo objetivado se apodera do "diafragma" (*phrenes*) de Afrodite tornado, desde então, sujeito passional (*êrasato*). Mas, ao perceber a beleza (*eidos*) da deusa que tomou a aparência de uma jovem indômita, ao ver seu corpo maravilhoso e seus adornos arrebatadores, Anquises, por sua vez, é possuído do desejo (*erôs*); o relato da biografia enganosa elaborado por uma Afrodite que se apresenta como uma jovem que ignora a *philotês* não faz senão redobrar o *erôs* e o *himeros* em que Anquises é apanhado. O desejo de partilhar com a jovem um leito (*eunê*) na união recíproca, o jovem heroi o realiza, depois de ter tomado sua mão para conduzi-la ao tálamo onde ele retira delicadamente seus adornos (*kosmos*). Expressa unicamente pelas metáforas do leito, a união do mortal com a deusa termina em um sono que, na boca apaixonada de Anquises, torna-se até mesmo desejo mortífero a lamentar na morada de Hades.

> Por essas palavras, a deusa coloca em seu coração o doce desejo.
> O amor apodera-se de Anquises que lhe diz essas palavras
>   expressando-se desse modo:
> "Se é verdade que és uma mortal [...]
>   como afirmas,
> levarás para sempre o nome de minha esposa:
> não! ninguém, deus nem homem, poderá me impedir doravante
> de me unir a ti, aqui mesmo, agora, imediatamente;
> o grande arqueiro Apolo teria de arremessar
>   flechas dolorosas
> eu aceitaria depois, ó mulher semelhante às deusas,
> em desaparecer na morada de Hades
>   depois de ter escalado teu leito".
> A essas palavras, ele tomou sua mão;
>   Afrodite, a sorridente
> inclinou a cabeça e baixou os olhos avançando
> rumo ao leito bem enfeitado[11].

---

11 *Hhom. Afr.* 143s; ver também os versos 1s, 33s, 131s e 252s. Para uma análise comparativa (especialmente relacionada com a cena de Hom. *Il.* 14, 292s), cf. C. A. Sowa, *Traditional Themes and the Homeric Hymns*, Chicago: Bolchazy-Carducci, 1984, p. 67s, e a bibliografia citada por I. J. F. de Jong, The biter bit, *Wiener Studien*, Wien, n. 102, 1989, p. 13-26.

Sedutora perturbada por seus próprios meios de sedução, Afrodite não foi somente atingida, como Anquises, no coração, mas também em sua razão (*nous*), como Zeus foi atingido na *Ilíada* pelas palavras de amor ou como o destinatário dos versos sedutores de Teógnis.

A reciprocidade da relação amorosa, que levará ao nascimento de Eneias, encontra aqui seu reflexo na reciprocidade da vingança pelo embuste.

PALAVRAS SEDUTORAS

Melhor do que qualquer outro poema, a narrativa do *Hino Homérico a Afrodite* encena, então, a sedução exercida pelas palavras falaciosas da deusa que se apresenta sob o disfarce de uma jovem mortal ainda indômita. As palavras artificiais pronunciadas por Afrodite redobram, em Anquises, as ações de Eros suscitadas pela visão de uma beleza, ela também produzida artisticamente. Ultrapassando a conclusão da *philotês*, o erótico da palavra amorosa remete-nos novamente ao erótico da poesia que a relata.

Já evocamos, graças a Penélope, depois a Hera, as palavras de amor capazes de provocar um prazer e um êxtase (*terpein, thelgein*) que coincidem com os impactos do recital épico em seu público. Correspondência generalizada na própria *Ilíada*, pela boca de Menelau opondo-se ao desejo (*erôs*) insaciável da guerra, caracterizando os troianos, a saciedade que se pretende sono, troca amorosa, canto e dança. Assim, em alguns versos de evocação hínica de um breve poema homérico a Afrodite, o desejo premente, suscitado pela visão sorridente e beleza florescente (ambos ditos *ephimertos*) da deusa aos doces presentes, reflete-se na qualidade erótica (*himeroessa*) do pedido do poeta a Cípris de lhe conceda o canto. Encarnação da poética arcaica, as musas hesiódicas – é preciso lembrar? – produzem na vizinhança de Hímero e de Cáritas uma melodia cantada e um ritmo de dança cujo eco suscita o Eros; qualidade personificada no próprio nome da musa Érato, que desperta o desejo[12].

12 Hom. *Il.* 13, 636s; Hom. 10; Hes. *Teog.* 65s e 78 (cf. também 916s). Sobre o *terpein* amoroso, cf. supra, n. 2, e sobre o erótico das palavras amorosas, ver os

E de maneira inversa, as imagens áticas do início da época clássica não hesitam em colocar nas mãos de Eros a lira ou o aulo, designando assim as competências musicais que o adolescente alado desenvolverá posteriormente no tíaso dionisíaco[13].

Desse modo, amor e poesia compartilham, na representação religiosa da poética arcaica, afinidades que só poderiam deixar indiferente o erudito em busca de função a ser marcada à poesia erótica.

De volta, por estratégias amorosas interpostas, ao efeito sedutor do discurso poético em sua concepção grega, pode-se tentar uma resposta à questão em suspenso no limiar desta incursão pelas narrações épicas. Em suas aspirações eróticas, o poeta mélico arrisca extrair da própria execução poética um prazer, senão uma saciedade na medida do poder sedutor de seus versos.

textos citados por H.M. Müller, op. cit., p. 53s. Para a *thelxis* do amor, cf. Sóf. *Traqu.* 355, Eur. *Hip.* 1274, etc., e sobretudo Ap. Rod. 3, 1s que, jogando com o sentido da denominação de Érato, religa explicitamente o encanto da poesia ao do amor: cf. R. L. Hunter, *Apollonius of Rhodes: Argonautica 3*, Cambridge: University Press, 1989, p. 85s. Referências a propósito do deleite provocado pela música ou dança, ver J. Latacz, op. cit., p. 208s, e sobre o encanto do canto, O Eros dos Poetas Mélicos, supra, p. 32, n. 53; a relação entre encanto erótico e encanto poético aparece também na comparação de Baq. 17, 130, com Álcm. fr. 59a Page. Destaca-se que na poesia épica, como na mélica, os adjetivos *eratos* e *eroeis* qualificam, em geral, tanto a beleza de uma mulher como o encanto de um canto: cf. *LfgrE* s. vv. assim como s. v. *himeroeis*, "que suscita o desejo" (geralmente dito das musas ou de Afrodite).
13 *Corpus* de imagens constituído por A. Hermary, Eros, LIMC, p. 907s.

Segunda Parte:

Práticas Simbólicas de Eros

3. Efeitos Pragmáticos da Poesia de Amor

Mencionei o meu desejo de evitar a ilusão realista: criações literárias, as relações amorosas dos heróis épicos ou dos poetas mélicos podem provavelmente conduzir à reconstrução de uma representação do amor, mas, certamente, não à restituição de uma prática da sexualidade. No entanto, os modos de enunciação de textos que encenaram essas relações oferecem um eventual meio de romper o círculo da referência interna, abrindo um acesso ao extralinguístico ou ao extradiscursivo – particularmente nas diferenças que separam esses textos em sua enunciação; efetivamente – à custa, na verdade, de certo esquematismo – o modo mélico parece divergir desse ponto de vista do modo épico. A atenção com a enunciação dos versos eróticos estudados e com algumas de suas funções poderá, pois, abrir um acesso aos aspectos institucionais das práticas gregas da sexualidade.

Se nos contentarmos em retomar a distinção enunciativa elaborada por Platão e reorientada por Aristóteles, em suas respectivas tentativas de definir as formas da mímesis, o modo épico poderá coincidir com uma representação de tipo narrativo, ao passo que o modo mélico se revelará próximo da representação dramática. Contudo, com essa diferença de que se, no primeiro caso, o narrador desaparece por trás dos atores do espetáculo, no segundo, a ausência dessa delegação de formas do *eu* aos atores – como na tragédia ou comédia – faz do narrador o protagonista principal da ação narrada. Razão pela qual essa poesia do *eu*, mélica, é apagada, justamente por Platão e por Aristóteles! Quando, na poesia mélica, o narrador-locutor assume, pelas diferentes formas do *eu*, uma parcela das ações enunciadas, o discurso não comporta mais a distância instituída pela narração épica ou pela representação cênica da tragédia; não se trata mais da ordem do mimético propriamente e, portanto, da poesia. Ele se confunde com a ação: torna-se poema de ação, senão ato de linguagem. O poeta que diz: "quanto a mim, eu desejo Cleóbulo" não somente fica sujeito a ser realmente tomado por Eros, como tenta também seduzir o jovem amado com essas palavras. Isso significa, portanto, que os pronomes do narrador, simples entidades textuais, remetem a um poeta "extralinguístico" – homem histórico ou autor ideal que pode ser assumido por muitos recitantes; isso quer dizer também que os modos de enunciação podem proferir a eficácia de versos pronunciados[1].

FUNÇÕES ERÓTICAS DOS VERSOS MÉLICOS

Do ponto de vista das modalidades eróticas, a linha divisória entre poesia épica e poesia mélica parece passar pela realização do amor: de um lado, um amor que encontra satisfação em um doce leito, na reciprocidade; de outro, um desejo condenado à insatisfação sendo dada a assimetria da relação amorosa que ele postula. Tanto os protagonistas da primeira como os da segunda são todos submetidos à força dominadora intitulada

---

1 Plat. *Rep.* 392cs e Aristót. *Poét.* 3, 1448a 19s, bem como 24, 1460a, 5s; a reorientação aristotélica, tendendo a confundir os dois modos de narrativas distintas em Platão, é bem descrita por R. Dupont-Roc; J. Lallot, *Aristote: La Poétique*, Paris: Seuil, 1980, p. 160s; sobre os modos de enunciação da poesia arcaica, cf. C. Calame, *Le Récit en Grèce ancienne*, Paris: Belin, 2002, p. 17s e 49s. Os termos do debate sobre a identidade biográfica ou ficcional do narrador-locutor foram colocados em questão ultimamente pela poesia "monódica" na obra editada por S. R. Slings (ed.), *The Poet's 1 in Archaic Greek Lyric*, Amsterdam: VU University Press, 1990.

Eros, a essa força terrível que não deixa nenhuma escapatória, para retomar duas qualificações da poesia épica[2].

No entanto, em um exame atento, a distinção entre amores saciados e amores insatisfeitos coincide antes com uma linha divisória entre modos de enunciação: narração de um lado – épica, mas também mélica; enunciado do *eu* de outro – essencialmente mélico. Assim, os atores da narração são deuses ou heróis – Zeus e Hera ou Páris e Helena na *Ilíada*, assim como Zeus e Europa ou Pélias e Hipólito em Píndaro. Para eles, Eros torna-se rapidamente um desejo premente (*himeros*) que se satisfaz na união em um leito macio; os poetas mélicos, em seu papel de narrador-locutor, devem, na maior parte do tempo, contentar-se em sofrer os efeitos deletérios de um Eros lancinante que não conseguem satisfazer. Ali, onde os primeiros não sentem senão uma força que os impele inevitavelmente à ação, os segundos apreendem um poder com o qual eles se põem a dialogar como se fosse com um deus. Os primeiros são jovens adultos, homens e mulheres; munidos das dádivas de Afrodite e sensíveis aos encantos da deusa, eles se comprazem a dois dos prazeres que ela lhes oferece, em uma relação geralmente fecunda. Do ponto de vista erótico, a relação entre os dois gêneros é aqui espantosamente simétrica. Ela pode assumir a forma de um casamento legítimo que – lembremo-nos – não constitui na época arcaica o único modo de constituição do casal[3]. Os segundos, poetas adultos, são apaixonados por um adolescente, muito frequentemente do mesmo sexo; eles não podem exigir de seu parceiro o prazer compartilhado mais fecundo reservado aos homens e às mulheres maduras. É, pois, no interior do gênero masculino, até mesmo do feminino, que

---

2 Hes. fr. 298 Merkelbach-West (amor de Teseu por Egle), *Hhom. Hermes*, 494 (desejo provocado no coração de Apolo pelos sons da lira: cf. O Eros dos Poetas Mélicos, supra, p. 32, n. 53). Eros assumindo na *Teogonia* um papel fundador particular, o estudo de suas qualificações nesse poema é destacado no último capítulo deste estudo: ver Eros Demiurgo e Filósofo, infra, p. 181-197. A diferença semântica que F. Lasserre, *La Figure d'Éros dans la poésie grecque*, p. 21s, extrai da distinção morfológica entre *eros* ("o desejo de") e *erôs* ("o desejo" eventualmente personificado) não foi mantida pelos eruditos (cf. K.J. Dover, *Greek Homosexuality*, p. 43), a não ser por S. Fasce, *Eros*, p. 10s.
3 J.-P. Vernant, *Mythe et société en Grèce ancienne*, p. 57s, mostrou judiciosamente tanto a diversidade dos modos de coabitação do casal quanto a ausência na Grécia de uma categoria definida de casamento.

se desenham a assimetria e o deslocamento constitutivos que descrevemos.

Não é que somente aos poetas mélicos toda esperança de satisfação amorosa seja excluída. A relação tão desejada pode se realizar no leito evocado por Mimnermo ou em meio ao canteiro de flores cantado por Arquíloco. Porém, na realização do desejo sexual, os gregos da época arcaica parecem ter distinguido claramente os rigorosos comportamentos sexuais em suas relações com as mulheres adultas da prática conveniente ao amor por jovens. A alusão do desejo de coxas no fragmento de Sólon que evoca a "pedofilia" é amplamente confirmada pela iconografia. As relações sexuais com os adolescentes exigem, assim sendo, uma posição específica. Em pé diante do jovem, o adulto ajoelha-se ligeiramente para sentir prazer entre as coxas do amado, enfim, condescendente. Em compensação, Arquíloco estende a jovem, com a qual ele vai fazer amor, em um prado florido; e é preciso especificar que nessa união, a jovem cobiçada, de *paternos* tornar-se-á mulher (*gyne*)[4].

Desse modo, os protagonistas da lenda se beneficiam da relação de compromisso recíproco (*philotês*), que envolve a união em um leito comum, enquanto os narradores da poesia mélica devem, geralmente, contentar-se em postular essa relação em resposta a um desejo erótico que o jovem adolescente possa eventualmente satisfazer em uma posição particular, mas que somente ele saberia sentir. À reciprocidade de situações divinas ou heroicas opõe-se, portanto, a assimetria já evocada das relações formuladas e, provavelmente, vividas pelos poetas mélicos ou por aqueles que cantam seus versos. Quer dizer

---

4 Mimn. fr. 7 Gentili-Prato (cf. O Eros dos Poetas Mélicos, supra, p. 22, n. 33); Arquíl. fr.l 196a, 44s West (cf. O Eros dos Poetas Mélicos, supra, p. 23, n. 34, e p. 29, n. 48, em que a união da jovem com o narrador é objeto de um relato no passado!), Sól. fr. 16 Gentili-Prato. Essa posição, exclusiva da relação sexual entre adultos e adolescentes, é designada por Aristófanes, *Av*, 669, pelo termo técnico de *diamerizein*; ela parece estar subtendida na relação de homofilia entre Aquiles e Pátroclo presente nos *Mirmidones* de Ésquilo; fr. 135 e 136 Radt, com os comentários de W. M. Clarke, Achilles and Patroclus in Love, *Hermes*, Wiesbaden, v. 106, 1978, p. 381-396, e de D.M. Halperin, *One hundred Years of Homosexuality*, p. 86s. Ela é amplamente atestada na iconografia: coleção de documentos de K.J. Dover, op. cit., p. 98s, e C. Reinsberg, *Ehe, Hetärentum und Knabenliebe im antiken Griechenland*, p. 194s; ver particularmente a inscrição "conceda-me uma relação em tuas coxas", no vaso (lécito) ático, col. Lord Guilford (*ABV* 664, *Paralip*, 317), representando atletas.

que existiria um modo heroico e um modo humano de fazer amor, claramente separados? Acabamos de indicar, a diferença realçada implica tanto a qualidade dos protagonistas da relação amorosa – amor recíproco entre jovens adultos, tal como também existe na prática social dos homens da época arcaica, e amor assimétrico entre adultos e adolescentes – quanto os modos distintos de dizer o amor, em determinadas circunstâncias de enunciação.

No entanto, aos gêneros literários diferentes e, sobretudo, às situações poéticas divergentes, exceto para as posições específicas do ato sexual, linguagem comum; tal é o paradoxo ao qual o linguista é conduzido, em sua leitura comparativa dos poemas épicos, com as composições mélicas. Com algumas pequenas variações que lembramos, o desejo passional que o Páris de Homero sente por Helena recebe a mesma formulação que aquele inflamando o coração dos jovens coreutas de Álcman. No interior mesmo da poesia mélica, a mesma linguagem amorosa é empregada por protagonistas que ocupam as posições enunciativas mais diversas. Se o parceiro evocado através da figura de Eros nos dois poemas eróticos de Íbico não tem sexo, Anacreonte ou seu narrador podem se apaixonar tanto por um adolescente como por uma jovem. Os versos eróticos compostos por Teógnis dirigem-se igualmente a um *pais*, talvez genérico, enquanto Safo narra seu amor pelas jovens que, precisamente sob sua égide, estão prestes a adquirir os encantos da mulher destinada ao casamento. Mimnermo atribui inquietação com o leito, dádivas de Afrodite e compromissos secretos com homens e mulheres para quem é desejável a flor da juventude; na perspectiva enunciativa indireta adotada pelo narrador, essa juventude tão desejável encarna-se tanto nos rapazes quanto nas mulheres. E, em Álcman, essas relações são propostas em uma perspectiva duplamente diferente na medida em que um poeta adulto coloca na boca das jovens as palavras amorosas dirigindo-se, segundo toda probabilidade, a uma mulher prestes a atingir a maturidade.

Ficará entendido, procurar traçar uma distinção determinante no domínio da expressão amorosa, na Grécia arcaica, entre relações heterossexuais e relações homossexuais definitivamente não tem sentido; mesmo porque, ainda no plano linguístico e poético, a diferença de gênero parece desaparecer na medida em que homens e mulheres adotam a mesma linguagem diante das ações de Eros. Toda tentativa de distinção segmentada destacaria o anacronismo e a projeção eurocêntrica. Não obstante, o caráter singular da relação entre adulto e adolescente de cada um dos sexos nos levará a falar doravante de "homofilia", abandonando, aliás, o termo "pederastia", bem geral, que a convenção linguística restringe à relação masculina[5]. Seja qual for, a paixão desencadeada em relação a um adulto atribuído dos encantos de Afrodite se expressa da mesma maneira que o desejo suscitado, em uma pessoa madura, pela ternura de um adolescente em flor: nos dois casos Eros conduz à *philotês* ou à *philia*.

Em compensação, as relações assim tecidas divergem não somente nos modos de realização que se mostrou, mas, sobretudo, nos modos de enunciação. As primeiras se encerram na união fiduciária; elas são enunciadas unicamente sob a forma do relato, seja esse épico ou mélico. Elas destacam, portanto, através da literatura, esse passado narrativo lendário, remetendo-nos, como assinalamos, ao mundo de heróis e deuses. Não encontrando satisfação senão de maneira ocasional e em particular quando o casal é homófilo e masculino, as últimas não se estabelecem em compensação senão através do desejo expresso pelo locutor no presente da enunciação de seu poema. Tudo se passa, portanto, como se, em lugar de uma realização sensual completa, as palavras do poeta viessem a substituir o ato para sublimar – por assim dizer – a impossibilidade. Beneficiando-se do poder de sedução próprio da música, a poesia erótica arcaica seria, desde então, considerada como uma tentativa de restabelecer o desequilíbrio inerente à relação entre uma pessoa mais madura, que deseja, e um ou uma adolescente, provocando esse amor, esquivando-se completamente dele. Toda retórica das estrofes de amor dos poetas mélicos

---

[5] D.M. Halperin, op. cit., p. 30s, destacou intensamente a falta de pertinência, na Atenas clássica, da distinção entre "homossexualidade" e "heterossexualidade"; ele substitui aí uma divisão entre o papel ativo e papel passivo que não corresponde nem aos amores da lenda, nem mesmo à realidade sexual da relação de homofilia; cf. Eros no Masculino, infra, p. 92, n. 18. Observemos que uma lei sagrada de Cós, datada do século IV (151 A 42 Sokolowski), trata no mesmo plano as impurezas das relações heterossexuais e homossexuais: ver o comentário filológico de R. Parker, *Miasma*, p. 86 e 94.

tenderia a compensar, pelo ato de linguagem, os efeitos insistentes da dissonância amorosa que descrevemos. A estratégia do amor mélico é essencialmente a estratégia da palavra poética, na resposta repetitiva; e, em parte, a fórmula de um desejo lancinante que parece confundir os gêneros[6]. Assim, o desfecho amoroso seria substituído pelo deleite poético, de sedução e encantamento, do poeta e dos seus ouvintes prisioneiros dos mesmos tormentos de amor: substituição facilitada pelas afinidades com o encanto que amor e poesia compartilham.

AMORES DE ESCRITORES ALEXANDRINOS

Essa função pragmática da poesia erótica arcaica não seria também aquela que se teria o direito de assinar no epigrama helenístico, depois romano – na outra extremidade do arco colorido desenhado pela literatura antiga? Peças curtas em dísticos elegíacos como os versos de Teógnis, manifestações poéticas de um *eu* possuído pelos tormentos do amor, recados a um destinatário envolvido em uma situação precisa, ainda que possivelmente fictícia, os epigramas eróticos de um Asclepíades, Meleagro, e muito mais tarde de um Estratão, parecem reiterar esse papel de tentativa de sedução, senão de substituto assumido pela poesia do momento amoroso inatingível. A impressão é reforçada pela referência a uma fisiologia do desejo da qual a poesia arcaica estabeleceu a tradição.

6 Por último, A. Carson, *Eros the Bittersweet*, p. 117s, retomou o dossiê desses inúmeros poemas eróticos começando pelo advérbio *dêute*, que remete ao vívido enunciado do poema no modo do presente às experiências do passado; mas na época de Álcman ou de Safo, essa referência ao passado não seria considerada senão uma objetivação de Eros em episódio de escrita. O Eros poético é ato porque é proferido e repetido, parece que, independentemente, de categorias e pontos de vista do gênero; dessa forma, o estudo de M. B. Skinner, Woman Language in Archaic Greece, or, Why is Sappho a Woman?, em N. S. Rabinowitz; A. Richlin (eds), *Feminist Theory and the Classic*, New York/London: Routledge, 1993, p. 125-244, é bem rude no plano da análise linguística para justificar o reconhecimento na poesia de Safo de uma perspectiva tipicamente feminina. Ver, através de uma crítica de M. Foucault, P. du Bois, *Sappho is Burning*, p. 152s, com o estudo equilibrado de M. Williamson, *Sappho's Immortal Daughters*, p. 90s, e as observações sensíveis de L.H. Wilson, *Sappho's Sweetbitter Songs*, p. 103s; contrariamente a essas últimas, E. Stehle, *Performance and Gender in Ancient Greece*, p. 289 e 323s, tenta fazer dos poemas de Safo *Rollengedichte* criando situações ficcionais com os recursos da escrita.

Variações Temáticas

Para Meleagro de Gadara particularmente, Eros é ainda – no Mediterrâneo oriental do século I a.C. – esse ser terrível, essa criança selvagem, alado e armado com o arco e as flechas; um tagarela de doces lágrimas, misturadas com sorrisos, tão rápido quanto imprudente. Ele continua a ser percebido por seus atos físicos como a potência do contraste. Doravante, o poeta erudito sente a necessidade de comentar ao mesmo tempo em que joga com o sentido das qualificações. Tão doce-amargo é Eros porque mistura ao mel o amargor na medida em que lança dardos atiçando o fogo do amor; pois é um mel amargo que saboreiam os amantes infelizes que conheceram a chama do amor pelos jovens: para extinguir esse fogo, um único remédio – uma água gelada; ainda que por outro lado, o mesmo Meleagro se espante que, por sua origem, Cípris seja capaz de conceber o ardor no elemento úmido[7].

Em todos os epigramas evocados aqui, o caráter picante do amargor erótico, encarnado no fogo das setas de Eros, é associado ao olhar. Seja pela tocha arder nos olhos do jovem provocador, seja pela ocultação pessoal de Eros, o arqueiro – de olhar agudo – aos olhos da amada, seja ainda pelo atirador fincar uma mecha acesa e afiada nos olhos mesmo do narrador cujo coração (*kardia*) acaba pegando fogo, pois na poesia arcaica, o coração é o alvo privilegiado de Eros; esse coração atingiu doravante tal autonomia que pode se tornar metaforicamente a bola que Eros travesso envia ao campo da amada, companheira de jogo de Poto. E o amor acaba por atingir o próprio sopro da vida (*psyches pneuma*). À semelhança de Eros e de sua ação contrastada, o olhar do amado – capaz de falar até aos cegos – pode provocar tanto as nuvens do inverno como as flores da primavera:

7 Ant. Pal. 5. 177 e 178: cf. F. Lasserre, op. cit., p. 205s, destacando que essas qualificações se inscrevem no "tema" do antagonismo entre a criança alada e Afrodite (cf. Ap. Rod. e 3, 91s); 12, 154, 109, 81 e 5, 176: A. S. F. Gow; D. L. Page, *The Greek Anthology* 2, Cambridge: Cambridge University Press, 1965, p. 663, 641, 654, 611, etc., não param de destacar o caráter tradicional, com algumas variações, dessas qualificações de Amor em Meleagro; ler igualmente P.A. Rosenmeyer, *The Poetics of Imitation*, p. 181s. Ver também 12, 84, em que o poeta compara o fogo de Eros, que o aprisiona no arrebatamento da onda de Afrodite, mais salobra ainda (*pikroteron*) do que a água do mar cujas correntezas ele acaba de deixar: terceiro uso metafórico da polissemia de *pikros*.

À ti, Myiscos, minha vida está ligada por todas amarras,
és tu que reténs o pouco sopro que ainda resta
à minha alma
Ó! teus olhos, belo infante, teus olhos que até ao surdo
se fazem ouvir,
ó! O arco luminoso de tuas sobrancelhas
Seja sombrio teu olhar ao pousar no meu, é
o inverno que vejo;
será que teu olho sorri? A doce primavera acaba de florir[8].

Aliás, entre Eros, o arqueiro, e o jovem desejável, geralmente há perfeita coincidência. Por exemplo, quando o jovem Myiscos, o próprio amado de Meleagro, arremessa com seu olhar as flechas que têm por alvo o peito (*sterna*) do poeta: o epigrama finaliza precisamente com uma comparação do adolescente com Eros arrebatando o próprio Zeus; ou quando o poeta declara não poder distinguir Eros de seu jovem amado senão pelas asas e pelo arco que o primeiro carrega: a própria Afrodite se enganaria[9]. Além do mais, para Meleagro e para seus predecessores, Asclépiades de Samos ou Alceu de Messene, o amor por esses jovens tão semelhantes a Eros é submetido à mesma dissonância da época arcaica. Se o delicado Diodoro literalmente baniu o fogo dos rapazes para ficar, por sua vez, cativo dos olhos de Timarios, é sua vez de ser a vítima do dardo de Eros, o doce-amargo. Ouvindo Alceu de Messene

---

8 *Ant. Pal.* 12, 159, 12, 63 (em que o narrador é atingido pelas palavras de fogo visuais ou interiores de dois jovens ao mesmo tempo!), 5, 177 e 178, 12, 83 (cf. também 5, 179 e 12, 82, sobre as setas de Eros; ou, para o olhar ativo do amante, 12, 60) e 5, 214 (ver ainda o epigrama 12, 161, atribuído a Asclepíades, em que o olho da jovem de modos masculinos lança cintilações de desejo (*himeros*); sobre as afinidades de Eros com Hades, ver 16, 213); mas o olhar suscitando o desejo pode também ser concebido como um fluxo úmido e doce: 12, 68. H. Maechler, Symptome der Liebe im Roman und in der griechischen Anthologie, em H. Hofmann (ed), *Groningen Colloquia on the Novel 3*, Groningen: Egbert Forsten Publishing, 1990, p. 1-12, destaca alguns casos de explicações psicologizantes para essa fisiologia tradicional do amor; ver também K.J. Gutzwiller, *Poetic Garlands*, Berkeley/Los Angeles/London: University of California Press, 1998, p. 122s e 276s.

9 *Ant. Pal.*12, 101; 12, 76, 77 e 78 (o epigrama 12, 75 de Asclepíades opera a mesma assimilação; ver ainda 12, 97, atribuído a Antípatro de Tessalônica): cf. W. Ludwig, Die Kunst der Variation im hellenistischen Liebesepigramm, em *L'Épigramme grecque: Entretiens sur l'Antiquité classique* XIV, Vandoeuvres/Genève: Fondation Hardt, 1968, p. 299-334. Para uma colaboração entre Eros, Poto e Cípris, cf. ainda 12, 167; quanto ao nome de Myisco, cf. Eros no Masculino, infra, p. 100-101, n. 35;

declarar que se o belo Protarco recusar agora, desejará em breve, lembraremos de Safo e das referências ao caráter passageiro da flor da juventude. O próprio destinatário de Asclepíades, acabará, ele também, como "solicitante": doravante suas faces estarão cobertas de uma leve penugem:

> Agora pedes, quando em tuas têmporas escorre
> uma delicada penugem
> e surge em tuas coxas o picante pelo!
> "É mais prazeroso para mim", dizes depois...?
> Mas quem ousaria falar melhor da palha seca do que dos feixes de espiga?[10]

Repetição de modos tradicionais de dizer o amor, de conceber os efeitos, na variação. Mas, orientado para a ponta, o jogo do sentido, caro à poesia culta, torna-se também explicação. Assim, um epigrama célebre de Calímaco atribui ao poema substituto do amor a função de um encantamento. O poeta alexandrino encontrou a inspiração dessa transferência quase infalivelmente em um idílio de seu colega Teócrito: na arte das musas, Polifemo, o pastor apaixonado por Galateia, encontrou o *pharmakon*, o remédio para a lesão provocada pela seta de Cípris. Para Calímaco, igualmente, a palavra poética é o melhor antídoto – remédio efetivo e fórmula mágica – contra os ferimentos de Amor. Poema substituto de efeito catártico, mas também poema moeda de troca: em uma prece de Alceu de Messene a Zeus, o poema dádiva de musas é oferecido em troca do amor do segundo Ganimedes amado pelo poeta[11].

Reforçando uma concepção de Eros já bem estabelecida, será que o poema erótico helenístico teria, na simples *variatio*, ganho em eficácia?

---

10 *Ant. Pal.* 12, 36; com um provável jogo de palavras com o termo *aitês*; ver também 12, 109 e 29; em 12, 144, é Eros que, em um jogo sutil, é de algum modo a vítima dessa mesma diferença amorosa.

11 Teócr. 11, 1s e 80s: cf.F.H. Erbse, Dichtkunst und Medizin in Theokrits 11, *Idyll*, *Museum Helveticum*, Basel, v. 22, 1965, p. 232-236. Cal. *Epigr.* 46 Pfeiffer = *Ant. Pal.* 12, 150, com o comentário A. S. F. Gow; D. L. Page, op. cit., n. 7, p. 157s, e as observações de G. Giangrande, Kallimacheische Beiträge, *Hermes*, Wiesbaden, 91, 1963, p. 151-159; cf. também 12, 100. Alceu de Messene: 12, 64; a comparação do jovem amado pelo poeta com Ganimedes é frequente no epigrama erótico alexandrino: cf. S. L. Tarán, *The Art of Variation in the Hellenistic Epigram*, Leiden: Brill, 1979, p. 7s.

Jogos Eróticos

Afirmar a eficácia direta da palavra poética helenística seria contar sem o sutil efeito de distância crítica que envolve a arte do buril. Eros é capaz, em sua engenhosidade, de colocar em xeque o apelo do poeta; Eros, o fogo concebido por Afrodite nascida da onda úmida. Nesse final da época alexandrina, Meleagro junta à coroa de epigramas de seus predecessores suas próprias produções; e aí ele reorienta a concepção tradicional do amor. Agora, o poeta é capaz de hesitar entre o amor da mãe, Afrodite, a adulta, ou do filho, Eros, o adolescente. A equivalência desde então explicitamente proposta entre o amor no feminino e o amor no masculino, mesmo se na ponta que fecha o epigrama, a própria Afrodite acaba rompendo-a em favor da criança. Graças à identidade do vocabulário que continua a qualificar esses dois modos do amor, não se distingue mais as respectivas funções. O fato de ser atingido pelo raio do ardor masculino, mais do que pelo desejo suscitado por uma mulher, deve-se à simples vontade de Eros. Mas o narrador pode também se desviar, para preferir o amor das mulheres (*stergê thêlun erôta*), de lascivos de traseiro felpudo que ele deixa ao pastor prestes a cobrir cabras. Ele privilegia então a bela esposa, companheira de leito (*parakoitis*) dos heróis épicos. No emprego de um vocabulário que a Comédia Antiga vai nos tornar familiar, o gozo "homossexual" da sodomia é substituído pelo prazer especificamente homófilo encontrado entre as coxas[12]. A identidade na expressão de um desejo referindo-se, na época arcaica e clássica, a dois amores de

12 *Ant. Pal.* 5, 176; 12, 86 e 87; 12, 41 e 5, 208: outros paralelismos em A. S. F. Gow; D. L. Page, op. cit., n. 7, p. 613 e 658. No mesmo sentido da recusa jocosa, seja de jovens, seja de mulheres, ver ainda 12, 17 (o desejo experimentado por um homem é proporcional à sua força física), 12, 90 (o narrador, anônimo, leva adiante o combate amoroso com uma cortesã, uma jovem e um jovem) ou 5, 277 (fundado na *philia*, o amor da mulher é mais duradouro). A mudança da posição do adulto se deleitando com um jovem é marcada também em 12, 7, 38, 206, 245, etc.: enraizado em sua perspectiva sincrônica, K.J. Dover, op. cit., p. 99s, errou em inserir essas práticas "homossexuais" no mesmo plano que as dos sátiros, que formam na época clássica uma categoria completamente singular (cf. Pragmática da Iconografia Erótica, infra, p. 72-73); confusão do mesmo tipo em E. Cantarella, *Secondo natura*, p. 44s. Para a Comédia Antiga da época clássica e para a sodomia, ver Disputas Dionisíacas do Amor, infra, p. 131s. A arte do buril no epigrama erótico alexandrino é mostrada por D. H. Garrison, *Mildfrenzy*, Wisbaden: Steiner, 1978, p. 33s.

função completamente diferente torna-se equivalência entre os termos intercambiáveis de uma alternativa: quer os jovens, quer a mulher, quanto a ela, possivelmente capaz de garantir uma relação mais duradoura.

Paralelamente, a relação amorosa entre o poeta adulto e os jovens que ele persegue perde sua assimetria. Particularmente em Meleagro, o olhar permanece o veículo privilegiado de Eros, mesmo se ele se transformar em piscadela e puder ser acompanhado de um beijo furtivo.

> Boa gente, socorro! Chegado do alto mar,
>   mal desembarco de uma primeira viagem
>   e ponho o pé na terra,
> Que o brutal Eros me arrasta de lado. Como se fizesse
>   surgir um farol, ele faz romper
>   diante de mim a beleza de um jovem adorável.
> Eu caminho no seu rastro, passo a passo, e a doce visão
>   desenhada pelos ares,
>   eu a agarro, meus lábios beijam-na docemente.
> Pois que! salvo do mar cruel, será que vou atravessar em terra,
>   bem mais cruéis ainda, as torrentes de Cípris?

Mas o poeta pode também se dirigir aos seus próprios olhos, esses caçadores de jovens, que acabam secando no fogo da beleza, por vontade do cozinheiro Eros. Nessa atividade cinegética do olhar daquele que ama se delineia uma relação de reciprocidade: se o jovem não é senão piscar de olhos sedutores, o olhar de cobiça que ele suscita de volta pode conduzir à paralisia do amoroso[13]. Ao golpe de vista inspirador do desejo responde o olhar daquele que o procura.

É a uma reciprocidade desconhecida até aqui que se refere Dioscórides ao lançar uma advertência relativa a esses beijos que seu juveníssimo amado enviará aos seus amantes, quando tiver atingido a idade adulta. A mudança é marcada desde o início da época alexandrina para prosseguir nos séculos seguintes. Para Estratão, dos doze aos dezessete anos, cada

---

13 *Ant. Pal.* 12, 84, cf. 12, 68: sobre os efeitos paralisantes do olhar dos jovens, ver igualmente 12, 93 (Rhianos); 12, 92 e 94, cf, ainda 72. Invariáveis do olhar amoroso na literatura pós-alexandrina: M. Bettini, *Il ritratto dell'amante*, Torino: Eunaudi, 1992, p. 167s; particularmente no romance: F. Létoublon, *Les Lieux comuns du roman*, Leiden/New York/Köln: Brill, 1993, p. 137s.

faixa etária tem seu encanto singular; quem procura o desejo de um rapaz mais velho está em busca – na repetição alusiva da fórmula homérica designando a réplica verbal – de uma resposta, e, portanto, da reciprocidade. O amor do jovem torna-se então o real equivalente do amor de mulheres[14].

Nesses deslizes, o epigrama erótico consiste provavelmente em um puro jogo literário, destinado a distrair os cenáculos de intelectuais em busca de divertimentos poéticos refinados. Provavelmente, o poema de amor pode ainda se apoiar em uma situação sentimental real, mas dificilmente se vê o estilo alusivo e erudito desses poemas de gabinete ter, sobre os jovens parceiros masculinos ou sobre a mulher amada, o efeito sedutor dos dísticos elegíacos da poesia arcaica. O encanto dos versos eróticos continua a se exercer, mas em um público diferente, com uma nova função[15].

Mais significativa ainda é, provavelmente, a mudança evocada no ato sexual homoerótico por um poeta sonhando não mais com as coxas do jovem, mas com a relação anal mais crua. Será que não poderíamos considerar nessa mudança de comportamento sexual o índice físico do abandono da relação de *philia*? Construída na poesia mélica arcaica, essa relação caducou por um amor que, ainda de natureza pederástica, não perdeu menos as funções educativas a serem definidas. Além da época helenística, Plutarco está possivelmente envolvido nesse movimento de transferir para relação conjugal os valores de confiança recíproca e de educação, atribuídos pelos poetas arcaicos ao amor do erasta pelo erômeno[16].

---

14 *Ant. Pal.* 12, 14, bem como 12, 4, para o amor masculino que se prolonga além da adolescência, cf. também 12, 10, e E. Cantarella, op. cit., p. 58s. Reciprocidade aguardada: 12, 183. Para um jogo da ausência de reciprocidade deplorada especialmente por Safo: 12, 203. Paul Silentiaire, em 5, 255, chega até a descrever a opressão de um amor fusional. D. Konstan, La rappresentazione dei rapporti erotici nel romanzo greco, *Materiali e discussioni per l'analisi dei testi classici*, Roma, n. 19, 1987, p. 9-27, destaca que, posteriormente, no romance, sob o efeito da igualdade nas relações amorosas entre homens e mulheres, os papéis sexuais tendem a se tornar equivalentes.

15 Ao mesmo tempo em que atualizava as numerosas relações temáticas e estilísticas que unem o epigrama alexandrino e pós-alexandrino à tradição da poesia simposíaca arcaica, G. Giangrande, Sympotic Literature and Epigramm, em *L'Épigramme grecque: Entretiens sur l'Antiquité classique* xiv, Vandoeuvres/Genève: Fondation Hardt, 1968, p. 93-174, mostrava habilmente que a destinação e o público de um e de outra não são os mesmos.

16 Plut. *Diál. Amor.* 751cd, 767ef e 769a, especialmente; passagens comentadas muito rapidamente por M. Foucault, *Histoire de la sexualité*, p. 224s; cf. também E. Cantarella, op. cit., p. 102s;

Amores de Romance

A confirmação – tardia – mais espantosa dessa mudança de atitude diante das relações de homófilas e do deslize concomitante em suas funções, encontramos, sem dúvida alguma, no romance da época imperial e – para tomar somente um exemplo – em *Dáfne e Cloé* de Longo. Enquanto o amor constitui o motor da intriga de todos os romances gregos que chegaram até nós, homofilia e homossexualidade não ocupam aí senão um lugar marginal; ela é da ordem do acidental e anedótico.

No romance de Longo, o amor que Ganatão, o cidadão barbudo, sente pelo jovem e terno guardador de cabras Dáfne tem apenas um efeito retardador da intriga, conduzindo à união conjugal do belo adolescente com a graciosa e ingênua Cloé. Certamente, na evocação do seu sentimento e para justificá-lo, Ganatão refere-se aos modelos míticos: amor de Apolo por Branco, de Afrodite por Anquises, de Zeus por Ganimedes, todos deuses apaixonados por jovens pastores. Melhor, aparentemente inspirado por lembranças platônicas, ele se diz amoroso da beleza aprisionada nesse corpo de simples cabreiro. Pouco importa sua encarnação, ainda que servil, o que conta é a beleza associada à qualidade de homem livre; uma beleza que se materializa por outro lado nos cabelos de jacinto, nos olhos brilhantes, nas pedras preciosas engastadas em ouro, em uma boca e nos dentes de marfim chamando por beijos... A justificativa de Ganatão é tanto mais facilmente denunciada que a de um "sofista" na medida em que o personagem foi apresentado com traços de um beberrão e glutão inveterado; ele é designado por seu próprio nome como uma queixada, depois como um ventre correspondendo – além da alusão aos mendigos homéricos – ao seu estatuto de parasita[17]. Grande amador de banquetes e bacanais, Ganatão comporta-se, por assim dizer, como um sátiro, e seu amor por um cabreiro de condição servil pesa tanto mais intensamente do

---

17 Long. 4, 10s e 16s; a alusão homérica contida na qualidade de *gastêr*, atribuída a Gnathon, foi reconhecida por O. Schönberger, *Longos: Daphnis und Chloe*, Berlin: Akademie-Verlag, 1989, p. 211s; a figura homérica do mendigo--"ventre" foi estudada especialmente por J. Svenbro, *La Parole et le marbre*, Lund: Sutendlitteratur, 1976, p. 50s.

lado da animalidade que pretende usufruir de Dáfne violentamente, como o bode avançando numa cabra! Em sua alusão à sodomia, essa redução mesmo do cidadão ao animal é julgada antinatural, uma vez que jamais se viu o bode avançar sobre o bode, nem o carneiro sobre o carneiro, nem o galo sobre o galo. Nesse século II de nossa era, a natureza tem suas regras e serve de fundamento aos fantasmas de uma nova civilização em que a *tekhnê* inspira-se na *physis*. Tendendo à valorização de um amor conjugal que reencontrara suas raízes naturais, o romance de Longo não podia senão proscrever, na própria derrota de Ganatão, a relação entre o erasta cidadão adulto e o jovem erômeno cabreiro rejeitando-a no aspecto de práticas "antinaturais". A relação de homofilia é reduzida à ordem da relação homossexual contrária à natureza[18].

Mas será que o romance *Dáfne e Cloé* não foi percebido por uma boa parte da crítica contemporânea como o romance da iniciação por excelência? E se provavelmente não for o relato alegórico de uma iniciação ritual a um culto de mistério, em todo caso, sua intriga segue o desenho de uma entronização ao amor; ela tem por objetivo, na própria confissão do narrador, servir de *propaideusis*, de propedêutica ao leitor ainda inocente da experiência amorosa[19]. No entanto, o operador dessa iniciação amorosa não é mais para o adolescente um homem adulto que por esse meio contribui à sua educação, mas Lycenion, uma mulher da aldeia (!). Depois da sedutora cidadã ter aprendido os diferentes gestos e carícias capazes de excitar seu ardor sexual e os

---

18 Essa relação é, portanto, condenada, como já fora ridicularizada na época clássica a relação sexual entre adultos: cf. S. Goldhill, *Foucault's Virginity*, p. 48s; e Disputas Dionisíacas do Amor, 1, infra, p. 132-136. D. Teske, *Der Roman des Longo als Werk der Kunst*, Münster: Aschendorff, 1991, p. 43s, expôs corretamente as interferências entre os dois conceitos de *tekhnê* e de *physis* na construção do espaço do romance e na concepção da própria obra.

19 A mais recente das interpretações iniciáticas de *Dáfne e Cloé* foi apresentada, como palinódia, por R. Merkelbach, *Die Hirten des Dionysos*, Stuttgart: De Gruyter, 1988; ver, a esse respeito, as observações críticas de R. Turcan, Le Roman initiatique, *Revue de l'histoire des religions*, Paris, n. 143, p. 149-199, endereçadas à primeira versão dessa leitura em um sentido místico. A ideia da *paideusis* dos protagonistas da ação e de seu leitor enquadra propriamente falando o romance de Longo: *Praef.* 3 e 4, 40, 3. Os aspectos de iniciação ao amor e ao casamento dessa propedêutica foram destacados por H. H. O. Chalk, Eros and the Lesbian Pastorals of Longo, *Journal of Hellenic Studies*, London, v. 90, 1960, p. 32-51; cf. também J.J. Winkler, *The Constraints of Desire*, p. 101s.

meios (*entekhnôns*) de encontrar o caminho de seu sexo, Dáfne não tem que senão se deixar instruir pela natureza[20]. O conjunto do romance reduz-se, sob a égide de Eros, a uma iniciação heterossexual nos gestos, nas palavras e nas solicitações de um amor cujo casamento assegura a permanência. O amor de jovens, rejeitado pelo aspecto da animalidade satírica e da antinatureza, perdeu todas as funções educativas que lhe dispensavam – como veremos – poesia e instituições da época arcaica. Se, em seus procedimentos, a prosa culta de Longo retoma as ações encantatórias e de enfeitiçamento da poesia arcaica capazes de apresentar o próprio romance como uma propedêutica[21]; se o romance tardio reproduz, pois, a coincidência arcaica entre experiência do desejo amoroso e enunciação erótica, o amor pelos jovens torna-se a antífrase dessa correspondência.

Mas a função da poesia helênica não poderia se apoiar em um *terpein* que não a constitui senão como uma das influências. Para formular e se apoiar em algumas hipóteses sobre a função da poesia erótica arcaica que acabamos de aludir, convém voltarmos doravante para outras formas da manifestação simbólica.

---

20 Long. 3, 15s; sob a influência conjugada de *physis* com a *tekhnê* na educação amorosa de Dáfne e de Cloé, ver D. Teske, op. cit., p. 35s, e, sobretudo, o estudo de F.I. Zeitlin, The Poetics of Eros: Nature, Art, and Imitation in *Longus' Daphnis and Chloe*, em D.M. Halperin; J.J. Winkler; F.I. Zeitlin (eds.), *Before Sexuality: The Construction of Erotic Experience in the Ancient Greek World*, Princeton: Princeton University Press, 1990, p. 417-462. A marginalização do amor homoerótico no romance grego transmite, pois, menos da referência ao modelo homérico, como defende B. Effe, Der griechische Liebesroman und die Homoerotik, *Philologus*, Berlin, v. 131, p. 95-108, do que de modificações profundas na concepção do amor (e da educação) nessa época. O romance grego transmite, antes de tudo, o amor recíproco no casamento, cuja lenda de Acôncio e Cidipe oferece o paradigma desde Calímaco (Aitia fr. 67 Pfeiffer): cf. M. Fusillo, *Il romanzo greco*, Venezia: Marsilio, 1989, p. 56s, 186s e 228s; ver também D. Konstan, *Sexual Symmetry*, p. 79s.
21 Influências perfeitamente descritas por F.I. Zeitlin, The Poetics of Erôs: Nature, Art, and Imitation, in *Longus'Daphnis and Chloe*, em D.M. Halperin; J.J. Winkler; F.I. Zeitlin (eds.), op. cit., p. 425, n. 20, e D. F. Kennedy, *The Arts of Love*, p. 77s.

4. Pragmática da Iconografia Erótica

Na Grécia antiga, outra manifestação do trabalho simbólico da cultura transmite-nos uma imagem do amor. Particularmente no final da época arcaica, a iconografia é rica de representações que aos nossos olhos, ao menos, apresentam os signos muito concretos da abordagem, contato e da relação sexuais. É deliberadamente que eu introduzo aqui a noção moderna de sexualidade. O caráter icônico dessas manifestações simbólicas situa-nos no polo oposto ao das representações literárias: de um lado, um amor reduzido semioticamente aos índices mais concretos da estimulação sexual; de outro, um amor transfigurado pelas possibilidades da "ficcionalização" literária. Será que as imagens nos mostrariam, desde então, muito direta e cruamente o que a poesia só faz evocar metaforicamente? A frequente intervenção de uma figura alada de Eros nas cenas amorosas da cerâmica vai no sentido de uma resposta negativa. Entre cenas de amor divino, marcadas pela presença de Eros e relações sexuais no banquete, o *corpus* iconográfico arcaico e clássico é tão vasto, apresenta um leque figurativo tão variado que deveremos nos contentar aqui com um sobrevoo de coleções já compostas; lembrando-nos, sobretudo, que, paralelamente às representações plásticas, as imagens da cerâmica constituem uma ordem simbólica própria; pode ser comparada com a das representações textuais, na condição de não procurarmos nesta a origem e o fundamento daquela[1].

REPRESENTAÇÕES FIGURADAS DO AMOR

Na ausência de uma chave que permita determinar índices provavelmente menos aparentes, a iconografia do amor revela-se, seja pelas marcas – evidentes nos homens – da excitação sexual, seja pela figuração – mais fluida com a possível confusão com outros seres alados – do próprio Eros. No seio de um imaginário erótico abundante, a primeira demarcação a traçar é de ordem histórica. Parece, de fato, que isso que pudemos chamar de arte erótica grega surge e conhece seu apogeu ao final da época arcaica. Ao serem encontradas confirmações, desde 570-560, na iconografia lacônia, essas imagens de aparência, às vezes pornográfica, manifestam-se na cerâmica ática por volta de 530 para conhecer seu florescimento em torno de 470[2]. O sobrevoo tentado aqui se deterá essencialmente nesses dois pontos de passagem já que, não somente eles, coincidem com o último período de desenvolvimento da poesia mélica e correspondem igualmente às reorientações essenciais do conteúdo das representações.

Perseguições, Raptos e Acasalamentos

Primeira constatação, paradoxal se lembramos de textos: na imagética, são os homens e não os deuses que fazem amor! Mas essa é uma constatação a ser imediatamente nuançada.

---

1 Ver as proposições metodológicas formuladas por C. Bérard, Iconographie – Iconologie – Iconologique, *Études de Lettres*, Lausanne, v. 4, 1983, p. 5-37; para mencionar somente um exemplo de um dos estudos utilizados aqui, S. Kaempf-Dimitriadou, *Die Liebe der Götter in der attischen Kunst des 5. Jahrhunderts v. Chr*, p. 43s, recorre constantemente ao desenvolvimento de formas dramáticas para analisar as reorientações conhecidas pela iconografia erótica dos deuses.

2 Para essas datas, ver O. J. Brendel, The Scope and Temperament of Erotic Art in the Graeco-roman World, em T. Bowie; C. V. Christenson (eds.), *Studies in Erotic Art*, p. 19s, A. Hermary, Eros, LIMC, p. 934s, e C. Reinsberg, *Ehe, Hetärentum und Knabenliebe im antiken Griechenland*, p. 105s.

Na poesia épica, os deuses e os heróis encontram-se naturalmente em um leito macio para brincar a dois, em relação adulta e simétrica, com prazeres de Afrodite. Desde o final da época arcaica, a cerâmica oferece-nos uma profusão de cenas em que um deus, até mesmo uma deusa como Éos, persegue uma jovem ou um jovem. Rapto divino de uma ou de um mortal foi a etiqueta habitualmente colocada nessas cenas; deveríamos falar mais genericamente em perseguição: perseguição de uma jovem, geralmente uma ninfa ou um adolescente com qualidade de herói. Na medida em que inscrições ou emblemas característicos autorizam identificações seguras, Zeus tenta nessas imagens alcançar Egina, a filha de Asopo, a Nereide Tétis ou a cadmeia Sêmele, além de, muito frequentemente, Ganimedes: nesse caso, a perseguição deságua às vezes no rapto propriamente dito. Apolo igualmente mostra-se ativo no assédio de jovens ninfas que gostaríamos de identificar com Marpessa, Creusa ou Cirene. Mas no trono de Amicleu, é Poseidon que se encontra ao lado de Zeus na perseguição das filhas de Atlas, Taígete e Alcíone; e se o deus do tridente se interessa às vezes pelos jovens, ele tenta preferencialmente perseguir as adolescentes, tais como Amimone, a filha de Danao em Argos, ou Etra, a filha de Piteu em Trezena. Mas veremos também Poseidon lançar-se em perseguição daquela que é chamada para se tornar sua esposa legítima, Anfitrite![3]

Ou seja, será que, ao menos na iconografia, os deuses reproduzem o jogo de perseguição e esquiva nos quais, entregam-se com seus amados os locutores da poesia mélica arcaica? Para dizer a verdade, a coincidência é apenas parcial. Certamente, a diferença de idade, que distingue deus adulto predador do adolescente ou da jovenzinha perseguidos, reproduz a assimetria da

---

3 Ver o *corpus* constituído e comentado por S. Kaempf-Dimitriadou, op. cit., p. 7s e 76s, bem como H. Hoffmann, *Sexual and Asexual Pursuits*, London: Royal Anthropological Institute, 1977; para os textos, cf. D. Lyons, *Gender and Immortality*, p. 77s. Em um catálogo mais completo de cenas do rapto de Ganimedes por Zeus, K. W. Arafat, *Classical Zeus*, Oxford: Oxford University Press, 1990, p. 64s, destaca a frequente relação dessas cenas com o simpósio. As representações ornamentando o trono de Amicleu são descritas por Paus. 3, 18, 10; se o *corpus* de imagens apresentado por Kaempf-Dimitriadou não remonta a mais do que 490, datamos em geral o monumento laconiano do final do século VI: cf. D. Musti; M. Torelli (eds), *Pausania: Guida della Grecia III*, Milano: Mondadori, 1991, p. 236.

relação familiar aos textos. Em compensação, a perseguição ou o rapto evocados na imagética conduzem geralmente – a crer pelos textos – a uma união que, sem forçosamente assumir a forma da permanência conjugal, é geralmente produtiva. Sêmele torna-se a mãe de Dioniso, Cirene dá a luz a Aristeu e Etra gera Teseu[4]. De maneira constante, ao mesmo tempo em que é repugnante mostrar os acasalamentos dos deuses e heróis, os desenhistas se interessam pelas relações sexuais que conduzem à idade adulta.

Tudo acontece, portanto, como se a iconografia do início da época clássica renunciasse à representação das uniões desses seres lendários, os deuses e heróis, para se fixar nas fases que constituem um prelúdio disso. Se os deuses em seus percursos eróticos recorrem à violência e atingem seus fins melhor do que os homens, a iconografia parece privilegiar a representação de amores divinos para deixar aos textos a descrição das uniões humanas. Mas esse deslocamento, ligado tanto à mudança de suporte semiótico quanto à variação na história, é acompanhado de uma distinção bem mais determinante. Na poesia mélica do final da época arcaica, Eros não se manifesta em geral para os mortais senão como desejo insaciável. Em compensação, a cerâmica contemporânea e clássica é rica – desde que se trate de seres humanos – de representações de acasalamentos tão diretas que, frequentemente, condenaram os objetos referidos aos infernos de museus que os acolheram. Sabe-se doravante, desde meados do século VI, de pé ou deitados em um leito, os gregos representados pelos ceramistas parecem rivalizar em imaginação ao adotar as posições mais sofisticadas no amor. Do jogo erótico, os desenhistas fornecem-nos uma variedade que não tem nada a invejar do Kama Sutra desviado pela pornografia contemporânea, ainda a categoria da obscenidade (ver a da derrisão) designaria mais adequadamente o caráter público dessas cenas[5].

---

4 O sentido dessas cenas de perseguição e de rapto é evocado em Eros no Feminino, infra, p. 117s. Poderíamos acrescentar a cena especificamente ática do rapto de Orítia por Bóreas: cf. Pradarias e Jardins Lendários, infra, p. 155, n. 3.
5 Além do repertório constituído por J. Boardman; E. La Rocca, *Eros in Grecia*, Milano: Mondadori, 1975, serão vistas as coleções recentes publicadas por E. Keuls, *The Reign of the Phallus*, p. 153s (sob o signo da prostituição), por I. Peschel, *Die Hetäre bei Symposion und Komos in der attischrotfigurigen Vasenmalerei des 6-4. Jahrh. V. Chr.*, passim (em relação com o simpósio e o *komos*),

Sexualidades Polimorfas

Todavia, essa sexualidade à primeira vista desenfreada não é inteiramente livre, nem em suas formas, nem em seus espaços. A frisa de uma taça ática de figuras negras, datadas cerca de 540, opera nessa perspectiva uma primeira distinção, determinante: as posições adotadas pelos quatro casais de homens e mulheres alinhadas aos nossos olhos opõem-se à outra unindo um homem adulto com um adolescente; esta última adapta-se, de fato, ao esquema do "entre-coxas", revelado como o apanágio da relação de homofilia[6]. Se nos casais heterossexuais o olhar frequentemente trocado entre os dois parceiros poderia indicar o compartilhamento do prazer amoroso, a esquematização iconográfica do casal homófilo é aparentemente colocada sob o signo da assimetria. Muitas representações justapõem, à maneira de uma faixa desenhada, os momentos que precedem o encontro sexual desenhando uma prática em três tempos, na qual o adulto assume em relação ao adolescente um papel determinante; seja ao procurar seduzir o jovem pela dádiva de um animal, seja ao suscitar sua afeição acariciando-lhe a barbicha e os órgãos genitais, seja ainda ao brincar entre suas coxas. A cena representada na ânfora ática de figuras negras, da metade do século VI e proveniente de Vulci, mostra minuciosamente que nessas três situações típicas somente o adulto tem experiência, na ereção, da excitação sexual[7]. Em compensação, na ausência de gozo comum, a indicação ocasional da correspondência no olhar poderia remeter à relação de *philotês* buscada pelos poetas; ao adolescente não seria reservada desde então uma atitude puramente passiva. Veremos ser possível interpretar conforme o sentido as cenas

---

por C. Reinsberg, op. cit., p. 80s (sob o emblema da hetera), e finalmente por M. F. Kilmer, *Greek Erotica on Attic Red-Figure Vases*, London: Duckworth, 1993; cf. também A. Stewart, *Art, Desire, and the Body in Ancient Greece*, Cambridge: University Press, 1997, p. 156s e 255s. J. Henderson, *The Maculate Muse*, p. 6s, distingue finamente o caráter extrovertido da obscenidade da pornografia introvertida.

6   Cylix ática, Berlin Staatl. Mus. 1798 (pl.I). Para a iconografia do "entre-coxas", ver Efeitos Pragmáticos da Poesia de Amor, supra, p. 50, n. 4.

7   Ânfora ática, London Brit. Mus. W 39 (*ABV* 297, 16; pl. 2); ver ainda a cylix ática 500 *circ.*, Berlin Staatl. Mus. 2279 (*ARV*² 115, 2 e 1626, *Paralip*. 332; pl. III). Para outras cenas do mesmo tipo, cf. G. Koch-Harnack, *Knabenliebe und Tiergeschenke*, p. 147s, E. Keuls, op. cit., p. 279s, e C. Reinsberg, op. cit., p. 165s.

em que um adulto e um adolescente são representados juntos sob o mesmo manto. Efetivamente, na iconografia, nada distingue esse manto da *khlaina*, que simboliza geralmente a união nupcial. O manto compartilhado seria, pois, um índice da correspondência (sexual?) entre *philoi*[8].

Destacaremos, por outro lado, que ainda que aí não se inscreva uma sequência dos diferentes momentos, as cenas de sedução de uma mulher recorrem, às vezes, na época arcaica, aos mesmos esquemas do presente e de gestos eróticos dirigidos aos jovens. Se abstrairmos a realização carnal do amor, as imagens apresentam sob esse prisma analogias "lexicais" que não existem sem lembrar aquelas constatadas nos textos. Não obstante, no que concerne à representação dos amores heterossexuais ou homófilos entre mortais, a iconografia recorre a uma "linguagem" expressiva certamente muito mais direta do que a poesia. Às delicadas evocações polissêmicas da metáfora se substituem os gestos inequívocos. Contudo, homem adulto, adolescente imberbe, mulher ou uma jovem, vestidos ou nus, os parceiros de cenas eróticas da iconografia são geralmente marcados pelos traços físicos harmoniosos que caracterizam também a representação de deuses e heróis[9].

É que o registro de representações icônicas da sexualidade não se esgota nas abordagens e brincadeiras, ainda assim, regradas desses casais de graciosos mortais e de encantadores jovens. Atestando inventividade, as relações desses belos casais parecem pelo menos obedecer às constantes de esquemas que os pintores lhe impõem. Em contraste, as práticas que aos nossos olhos passariam como desregradas, as imagens

---

8   Cenas de união sob o mesmo manto: G. Arrigoni, Amore sotto il manto e iniziazione nuziale, *Quaderni urbinati di cultura classica*, p. 8s, G. Koch-Harnack, op. cit., p. 138s, e Eros no Feminino, infra, p. 113, n. 19, e p. 116, n. 22. Porém, a cena analisada por K.J. Dover, *Greek Homosexuality*, p. 98bs, representa na realidade um homem e uma mulher.

9   Ver a esse respeito os paralelismos iconográficos estabelecidos pelo olhar segundo C. Reinsberg, op. cit., p. 189s: cf. também A. Schnapp, Éros en chasse, em *La Cité des images*, p. 71s. A distinção entre expressão direta da iconografia e da linguagem metafórica de textos deve ser nuançada na medida em que, por exemplo, a união sexual do casal pode ser evocada no beijo sob um mesmo manto; correspondente aproximado da metáfora textual do leito, esse modo da representação coincide por outro lado com o hábito textual de cobrir os folguedos sexuais com a *khlaina*, em uma metáfora relativa à tecelagem, cf. supra, n. 8.

gregas reservam-nas naturalmente, desde meados do século VI, igualmente, aos sátiros. Caracterizados no Vaso Francês já por um itifalismo correspondente à sua natureza semianimal, esses seres próximos do asno partilham de sua lubricidade. Ela os leva desde essa época a todos os excessos: jogos fálicos, assédio sexual, masturbação, exibicionismo, zoofilia, felação, *cunilingus* (com um animal!), sem esquecer, entre sátiros, o coito anal, cuidadosamente evitado, na mesma época, nas representações de relações sexuais entre um adulto e um jovem; nas épocas arcaica e clássica, a sodomia parece desgastar exclusivamente a animalidade satírica[10].

Será que conviria a partir daí distinguir na iconografia arcaica e clássica, ao lado de preliminares ao amor dos deuses e de imaginativas relações sexuais dos mortais, uma terceira categoria incluindo as cópulas exuberantes dos sátiros? Satisfazendo provavelmente a necessidade de classificação própria ao espírito acadêmico, uma nomenclatura tão nítida não daria conta dessas cenas em que sátiros parecem compartilhar com uma mênade um prazer erótico mais comedido. Tão pouco faria justiça a essas imagens em que humanos se entregam a excessos sexuais análogos aos apreciados pelos sátiros; às felações e aos coitos anais somam-se os jogos com falo artificial e sexo grupal, fora práticas sadomasoquistas. Para marcar a diferença com cenas sexuais não menos cruas, mas aparentemente mais policiadas, há geralmente o sexo em pé e desmesurado desses mortais, que, por seu viés priápico, juntam-se à categoria do sátiro[11]. Mas propor a questão de tais desdobramentos

---

10 Ver, por exemplo, a cratera de Clítias (dito "Vaso François" e datando de 560 *circ.*), Florença 4209 (*ABV* 76, 1) ou a cylix ática de figuras vermelhas, Berlim, 1964, 4 (*ARV*² 1700, *Paralip.* 334; pl. 4), com o dossiê comentado por F. Lissarrague, De la sexualité des satyres, *Mètis*, v. 2; cf. também E. Keuls, op. cit., p. 357s. K.J. Dover, op. cit., p. 127s, dá uma descrição miúda dos traços fálicos caracterizando os sátiros da iconografia. Sobre o tratamento reservado à sodomia, ver Disputas Dionisíacas do Amor, infra, p. 136s.

11 Ver, especialmente, em contraste com a cena de amor satírico comedido da ânfora de figuras vermelhas de Boston MFA 76, 40 (*Paralip.* 144, 1), as cenas representadas na cylix de 510 *circ.*, Paris Louvre G 13 (*ARV*² 86, *a*; pl. v) e a cylix de uns vinte anos posteriores, Florença Mus. Arq. 3921 (*ARV*² 372, 31): ver I. Peschel, op. cit., p. 61s e 118s, bem como C. Reinsberg, op. cit. p. 98s, p. 11, 50 e 51, e as observações de C. Bérard, Phantasmatique érotique dans l'orgiasme dionysiaque, *Kernos*, Liège, n. 5, 1992, p. 13-26, visando matizar a oposição radical construída por F. Lissarrague, De la sexualité des satyres, op. cit.

já é adotar a perspectiva do contexto, tanto psicocultural como institucional e do espaço de tais orgias. Os pintores não se mostraram, nessa perspectiva, demasiadamente avaros em indícios determinantes. Contentemo-nos em destacar no momento: basta que um sátiro tome as aparências de um erasta e apresente a um adolescente uma dádiva de natureza pederástica para que esse jovem experimente a ereção ausente de cenas de sedução por um mortal[12]. Se o sátiro se humaniza, o jovem humano de sua parte se "satiriza".

Intervenções de Eros e de Afrodite

Qual é então, na figuração dessas uniões polimórficas, o papel reservado a Eros, esse Eros que a iconografia honra com a representação mais concreta que se possa desejar? À primeira vista, a presença ou ausência do adolescente, depois da criança alada travessa, parece operar uma divisão entre a primeira e as duas outras das três categorias icônicas aproximativas das quais acabamos de traçar os contornos[13]. É ali onde Eros se manifesta mais naturalmente, nessas cenas de perseguição e de rapto, implicando uma divindade e uma heroína, até mesmo um jovem herói. A este respeito é emblemática a cena de um alabastro do início do século V em que Zeus, prestes a colocar a mão em Ganimedes que brinca com um galo, é literalmente fisgado por um Eros alado; figurado em voo, este último com a mesma altura adolescente da jovem vítima do deus amoroso. O gesto de desejo do rei dos deuses depende, pois, inteiramente da ação do poder encarnando a paixão. E desde o início da época clássica, é a vez de Afrodite de inspirar, às vezes com a colaboração direta de Eros, essas mesmas cenas de perseguição

---

12 Péliké, Leningrado 734 (ARV² 531, 33); cena mencionada por F. Lissarrague, *De la sexualité des satyres*, op. cit., p. 77, mas sem que seja realçada a ereção do adolescente.
13 A própria demarcação de Eros em relação às outras figuras aladas não acontece sem problemas de identificação bem considerados por A. Hermary, Eros, LIMC, p. 933s; o recurso ao contexto expõe-se nesse caso à acusação de circularidade. Cf. igualmente A. Greifenhagen, *Griechische Eroten*, p. 34s, que mostra que a figuração de Eros pode se alternar com a de Poto ou Hímero.

amorosa[14]. Aqui, ainda a presença de Eros ao lado daquela que persegue e, consequentemente, ama, sublinha a assimetria caracterizando nos textos as relações entre o narrador-locutor e seu destinatário.

Mas, para provar a ilusão da aspiração por limites definidos, convém acrescentar algumas cenas nas quais Eros parece enfrentar sozinho uma mulher ou um jovem: cenas de perseguição ou sedução no decorrer das quais Eros toma o lugar do amante oferecendo, por exemplo, um presente. O contexto é então o da vida dos homens; é o caso de quando Eros se desdobra, nessa cratera ática de colunetas, para adejar simultaneamente atrás da mulher e atrás do homem em conversação amorosa. Nessa forma plural, atestada desde o início do século v, o jovem alado pode até encarnar o desejo recíproco[15].

Em compensação, se nos ativermos ao período considerado aqui, observaremos que Eros não intervém nas cenas de relações sexuais nem nos amores desenfreados dos sátiros. Aliás, não é senão por volta de 420 que o vemos se inserir diretamente no domínio dionisíaco[16]. Caso não acontecesse o mesmo com Afrodite, poderíamos imaginar que, representando o desejo, Eros pertencesse somente às cenas do prelúdio amoroso – sedução, perseguição, rapto. Será que isso significa desde então que nem Eros, nem Cípris participam da sexualidade propriamente dita? Se for preciso buscar uma explicação, provavelmente podemos encontrá-la nessa concepção grega que faz do desejo amoroso mais premente um estado segundo, um estado próximo do sono e da morte. No momento do gozo erótico, as potências do amor atingiram seu objetivo; elas não vão mais intervir.

14 Alabastro de fundo branco e figuras negras, Berlim F 2032 (pl. vi), cf. S. Kaempf-Dimitriadou, op. cit., p. 7s, bem como H. A. Shapiro, Eros in Love: Pederasty and Pornography in Greece, em A. Richlin (ed.), *Pornography and Representation in Greece and Rome*, New York/Oxford: University Press, 1992, p. 53-72; imagens atestando a intervenção de Afrodite: A. Delivorrias, Afrodite, LIMC 2. 1, Zürich/München: Artemis, 1984, p. 2-151 (p. 142s).

15 Cratera de colunetas com figuras vermelhas datando c. de 485, Roma, Villa Giulia 1054 (ARV^2 275, 50; pl. 7): cf. A. Greifenhagen, op. cit., p. 40s, que vê aí a encarnação de Eros e Anteros; outros certificados A. Hermary, Eros, LIMC, p. 902s. Sobre a multiplicação dos Eros, ver O Eros dos Poetas Mélicos, supra, p. 26, n. 42.

16 Cf. A. Hermary, Eros, LIMC, p. 922s, e, para as cenas representando sátiros, Lissarrague, 1989, p. 78s.

FUNÇÕES DAS IMAGENS ERÓTICAS

Qualquer que seja a tentativa sumária de nomenclatura iconográfica de atitudes amorosas por volta do final da época arcaica, seguida das circunstâncias que clamam por Eros, coloca-se para essas representações eróticas a questão já proposta relativa aos poemas de amor: qual a finalidade dessas imagens simbólicas, com qual função? Para as mais obscenas delas, não faltaram interpretações. Preocupação com uma representação da realidade, expressão da agressividade masculina, veículo de uma sátira social quando não se tentou, em uma tradição infelizmente muito estabelecida, considerar aí o simples relato imagético de práticas de escárnio literário próprias do iambo e da comédia[17].

Se considerarmos agora essas imagens de confrontos e acasalamentos eróticos em seu aspecto espacial, os poucos objetos figurados nessas cenas inserem-nos seja no quadro do ginásio, seja no do banquete ou do cortejo (*kômos*) que o acompanha; e as proezas sexuais de sátiros são acompanhadas normalmente de indícios da consumação de vinho. Porém, há mais. Quando constatamos que os objetos em cerâmica com essas figurações são todos utensílios indispensáveis à mistura e à partilha do vinho, podemos transferir a interrogação funcional da cena descrita sobre o objeto que a apresenta[18]. Desde então cântaro, cratera ou *cylix*, o utensílio da bebida poderia oferecer uma estranha semelhança com o poema erótico: versos que narram o amor ao mesmo tempo em que tentam seduzir enquanto poema, versos naturalmente apresentados em homenagem à jovem ou ao jovem amados.

O retorno da iconografia erótica à poesia de amor em sua eficácia prática evoca três comparações complementares.

---

17 Na ordem foram citadas as hipóteses formuladas por C. Reinsberg, op. cit., p. 91s, E. Keuls, op. cit., p. 160s, O. J. Brendel, The Scope and Temperament of Erotic Art in the Graeco-roman World, em T. Bowie; C. V. Christenson (eds.), op. cit., p. 26s, e por K.J. Dover, op. cit., p. 152s.

18 A relação existente até o início da época clássica entre as cenas eróticas e a utilização dionisíaca de objetos que as carregam foi esboçada por O. J. Brendel, The Scope and Temperament of Erotic Art in the Graeco-roman World, em T. Bowie; C. V. Christenson (eds.), op. cit., p. 29s, que destaca na p. 19 o contexto geralmente simposíaco das próprias cenas. O desenvolvimento da excitação sexual parece garantir a passagem do simpósio ao *kommos*: cf. I. Peschel, op. cit., p. 27s e 89s.

Lembraremos primeiramente que, para a poética do final da época arcaica, pintura e literatura não diferem a não ser em seus respectivos modos de expressão; abstração feita da formalização falada, há nessa perspectiva antiga conversibilidade entre desenho e poesia. Em todo caso, foi a equivalência que já não deixou de estabelecer Simônides, nas palavras de Plutarco. Mais sugestiva ainda é essa concepção arcaica que assimila a atividade do poeta à do ceramista tornando dependente a criação poética de um saber de tipo artesanal (*sophia*); desde então o poema produzido pelo poeta artesão que o marca com sua assinatura é homólogo ao vaso modelado e ilustrado pelo artista que apõe aí seu selo[19].

Essa primeira homologia entre produto fabricado pelo poeta e objeto adornado pelo pintor pode ser ainda desenvolvida em duas direções suplementares. Do ponto de vista de cenas que vaso ou poema oferecem a seu público para ver ou ouvir, a distinção iconográfica que eu acreditei poder traçar entre amor ritualizado (nas cenas de corte, de perseguição ou de toques) e cópulas desenfreadas (na imitação da sexualidade satiresca) poderia coincidir com a dicotomia fundamental marcando a poética arcaica e já reconhecida por Aristóteles. À representação de belos corpos de deuses, heróis ou de jovens com nudez geralmente decentemente velada, corresponderia essa poesia do elogio que tende a imitar, no respeito da nobreza, "as belas ações, executadas pelos homens de idêntica qualidade". Ao desenho de cópulas inspirando-se na animalidade itifálica de sátiros na imaginação liberada pelo consumo do vinho, poderíamos assimilar a poesia da reprovação pela qual "os autores vulgares imitam as ações de maus". O que para nós é obscenidade se tornaria derrisão; isso, na condição de poder atribuir à iconografia simposíaca uma função de crítica e derrisão sociais análoga à da poesia iâmbica: questão que devo deixar para decisão de iconólogos[20].

19 Simôn. em Plut. *Glór. At.* 346f e *CJOP.* 17f (especialmente). Sobre a representação da poética arcaica que faz do poema um produto artesanal, ler-se-á as reflexões de M. Detienne, *Les Maîtres de vérité dans la Grèce archaïque*, p. 106s, e B. Gentili, *Poesia e pubblico nella Grecia antica*, p. 7 e 210s (que destaca as implicações econômicas desta assimilação).
20 Aristót. *Poét.* 4, 1448b 24s. Já Píndaro, *Pít.* 2, 54s, opõe à poesia de elogio (*epainos, egkômion*) a da reprovação (*psogos*): cf. B. Gentili, op. cit., p. 141s, que

De um lado, portanto, com recursos semióticos muito diferentes, a celebração heroizante da beleza de homens que, possivelmente na medida de uma convivência controlada, comportam-se como deuses; de outro, a sátira e a caricatura depreciativas de comportamentos sexuais que, sob influência da bebida, fazem os homens virar do lado dos animais mais lúbricos. Queremon, o Trágico, não assimilou a boa mistura do vinho ao bom uso de Eros? Comedido, Eros é bem-vindo; excessivo, ele perturba da maneira mais nociva[21].

Mas para que serve nas cenas representadas ou nas palavras cantadas essa bipartição entre o belo e o inconveniente duplicado no elogio ou reprovação de uma valorização ética? Aqui convém lembrar que por sua vez – e precisamente desde o final da época arcaica – os vasos falam. A volubilidade que lhes conferem as frequentes inscrições integradas à imagem pode assumir inúmeros papéis: identificação de protagonistas da cena representada, breve comentário de repente saído da boca de um ator, pura ornamentação gráfica completando o traçado do desenho. Mas certas inscrições, de enunciação, tornam-se enunciativas, não mais relativas ao relato icônico, mas ao próprio objeto e ao seu processo de fabricação (de enunciação!) e fruição: assinaturas, dedicatórias, recados ao bebedor, de fato, marcas de propriedade, geralmente secundárias porque gravadas depois do cozimento da louça. Ou o tipo mais bem definido no interior de um conjunto gráfico ainda fluido inclui todas as inscrições assegurando a beleza de um jovem; longe de remeter, a um dos atores da cena representada, seu nome próprio refere-se a um personagem exterior. O vaso e as cenas que ele apresenta funcionam como uma mensagem laudatória, endereçada a um adolescente cuja denominação gráfica é provavelmente genérica; a levada laudatória desses enunciados

>mostra que cada um desses tipos de poesia corresponde aos gêneros poéticos definidos; ver também M. Detienne, op. cit., p. 25s, que retrata as origens dessa oposição reduzindo-a a uma polaridade contraditória entre a verdade e o esquecimento; devem ser lidas as precisões apresentadas a esse propósito por G. Nagy, *The Best of the Achaeans*, p. 222s, e por J.-P. Vernant, *Mythe et société en Grèce ancienne*, p. 67s. Possivelmente se encontrará um indício de uma prática cômica de zombaria própria da iconografia satiresca na cena da cylix ática de figuras vermelhas (cf. supra, n. 10) em que um sátiro itifálico enfrenta uma Esfíge que, delimitando a representação, faz parte de seu cenário!
>21 Querem. fr. 787 Nauck², citado especialmente por At. 13, 562e.

é possivelmente tão mais intensa que, pelo percurso das coleções de vasos que os apresentam, eles estão ligados às cenas de luta de heróis civilizadores contra monstros, de combate heroico de tipo homérico, de exercício na palestra ou de participação no simpósio quando não se trata de cenas de corte homófila[22].

As "aclamações pederásticas" abrem assim a terceira entre as perspectivas e comparações indicadas, em um sentido agora funcional. A quem a aclamação pode se dirigir senão a um ou a outro dos participantes da celebração em que o objeto é utilizado, ou seja, no aspecto simposíaco do banquete? Ora, precisamente no simpósio, deviam ser cantados os versos de desejo amoroso dos poetas arcaicos. A aclamação parece fazer do objeto de cerâmica um presente sedutor análogo ao do poema erótico.

Há fortes probabilidades do elogio inflamado dirigido por Píndaro à beleza do jovem Teóxenes de Tenedos ter sido classificado pelos alexandrinos no livro dos *Egkômia*, de cantos de louvor; o conteúdo desses poemas revela que sob tal denominação eram reunidos efetivamente os poemas destinados ao simpósio. Igualmente chamados *skolia*, esses poemas de louvor pontuavam os divertimentos simposíacos. Efetivamente, segundo o testemunho de Dicearco, cada conviva cantava por sua vez o próprio canto antes dos mais inteligentes entoarem, individualmente em uma ordem menos regular e,

---

22 Um catálogo dessas inscrições de louvor pederástico foi organizado por D.M. Robinson; E.J. Fluck, *A Study of the Greek Love-Names, including a Discussion of Paederasty and Prosopographia*, p. 66s, e por J. D. Beazley, *Attic Black-figure Vase-painters*, Oxford: Oxford University Press, 1956, p. 664s, *Attic Red-figure Vase-painters*, Oxford: Oxford University Press, 1963, p. 1559s, e 1698s, e *Paralipomena*, Oxford: Oxford University Press, 1971, p. 317s, e 505s. Uma primeira tentativa de classificação das inscrições icônicas será encontrada em F. Lissarrague, Paroles d'images, em A. M. Christinat (ed.), *Écritures* 2, Paris: G. Blanchard, p. 71-89. Em Apprendre à boire, apprendre à manger, *La Part de l'oeil*, Bruxelles, n. 5, 1989, p. 45-53, tentei mostrar o processo de fruição do objeto por seu receptor, tal como ele é induzido pela imagem e por suas inscrições. Segundo F. Buffière, *Éros adolescent*, p. 143, que investiga essas inscrições "pederásticas", tratar-se-iam de convites amorosos; ver E. D. Francis; M. Vickers, Leagros Kalos, *Proceedings of the Cambridge Philological Society*, Cambridge, n. 207, 1981, p. 96-136. Convém destacar que em alguns casos raros, esses enunciados de elogio homófilo são inscritos em cenas representando sátiros ou ménades; será que, desde então, eles tenderiam à crítica irônica expressa diretamente em alguns grafites que acusam o jovem de ser um sodomizado (cf. Disputas Dionisíacas do Amor, infra, p. 135, n. 15)?

portanto, mais tortuosa (*skolion*), um canto acompanhado da lira, primeiro escólio propriamente dito. Como a taça de vinho, o canto, encadeado em sequências tortuosas, circula entre os convivas[23]. Por outro lado e de maneira mais segura, as estrofes elegíacas atribuídas a Teógnis são explicitamente destinadas a serem recitadas diante dos convivas da reunião simposíaca, assim como várias das composições curtas de Anacreonte. Mas a ocasião simposíaca não é reservada à execução de poemas de elogios erótico ou de parênese ética[24]. Um Arquíloco ou um Hipônax se apropriara da forma elegíaca e, sobretudo, da forma iâmbica para criticar através da zombaria e caricatura, no polo oposto do elogio magnífico, o comportamento político e sexual de seus concidadãos.

Assim, alguns fragmentos de um poema de Alceu nos fazem entrever as implicações políticas da ruptura provável, por um belo adolescente, do contrato erótico com o poeta. Referindo-se ao mesmo tempo ao contexto simposíaco, a invectiva associa a traição do *pais* a uma falsa acusação. Mas a polaridade mais espantosa, encontramo-la na poesia de Anacreonte, essencialmente cantada no simpósio. Ao se tratar de um único poema, a jovem de belas faces que se esquiva do poeta torna-se alguns versos abaixo Herotima, "frequentada

---

23 Pínd. fr. 123 Maehler; cf. O Eros dos Poetas Mélicos, supra, p. 11s. Os *skolia* de Píndaro são estudados por B. A. Van Groningen, *Pindare au banquet*, Leiden: A. W. Sythoff, 1960, p. 11s e 51s, e M. Vetta, Poesia simposiale nella Grecia arcaica e clássica, em M. Vetta (ed.), *Poesia e simposio nella Grecia antica*, p. XXVIS. Dicearco, fr. 88 Wehrli; cf. igualmente Aristox. Fr. 125 Wehrli, que acrescenta que os escólios, cuja circulação "curva" era determinada pela disposição das mesas e dos leitos, eram também cantados na ocasião dos repastos de casamento e comportavam temas sentenciosos e eróticos. As relações existentes entre amor dos jovens, poesia e banquete são também descritas nas anedotas relatadas por At. 13, 163f a propósito de Sófocles: Sóf. test. 75 Radt, e R. Buffière, op. cit., p. 149s.

24 E. L. Bowie, Early Greek Elegy, Symposium, and Public Festival, *The Journal of Hellenic Studies*, London, v. 106, 1986, p. 13-35, demonstrou que a elegia breve, qualquer que fosse o conteúdo, dificilmente teria outro contexto de execução que não o do simpósio; ver também G. Tedeschi, Solone e lo spazio della comunicazione elegiaca, *Quaderni Urbinati di Cultura Classica*, Roma, n. 39, p. 33-46; na sequência deste artigo, R. Pretagostini, Anact. 33 Gent. = 356 P., ibidem, p. 47-55, destacou os dois aspectos opostos, comedido e desenfreado, do simpósio. Para as relações da poesia de Anacreonte com o banquete, ver F. Lasserre, Les erôtiká d'Anacréon, em R. Pretagostini (ed.), *Tradizione e innovazione nella cultura greca da Omero all'età ellenistica* 1, Pisa: Gruppo editoriale internazionale, 1993, p. 365-375.

pelo povo" – uma qualificação dirigida a uma prostituta, acrescentam os comentadores antigos. Na melhor veia da injúria trocista própria da tradição iâmbica, a destinatária do poeta vê-se acusada em uma série de metáforas desprezíveis de bebedeira, escarro ou ninfomania: ela é "terra fértil depreendida que se oferece a todos"[25].

Se, em uma homologia certamente esquemática, poema e imagem podem circular em meio aos convivas do simpósio como instrumentos, seja do elogio, seja da crítica, eróticos, qual pode ser a função desses enunciados tanto poéticos como icônicos? Poderíamos, perseguindo a analogia, atribuir às imagens de elogio e acompanhadas de aclamações pederásticas o mesmo papel de corte e homenagem amorosas do que o desenhado pelos versos eróticos – versos destinados, lembremos, a encantar os jovens amados, a convencê-los a ingressar na *philia* proposta por um poeta adulto, oferecendo de todo modo uma satisfação parcial a um desejo amoroso condenado à assimetria. Certamente, separadas entre a representação dos prelúdios rituais de um amor lendário ou assimétrico e a figuração de acasalamentos em que Eros está ausente, as cenas apresentadas pelos objetos da bebida parecem oscilar entre a procura do elo contratual de *philotês*, significado pelos presentes de corte amorosa ou possivelmente pelo olhar, e a função de derrisão sexual relativa aos convidados pouco a pouco dominados pela bebida e, em breve, reduzidos ao estado animal de sátiros; é assim que a relação sexual parece vir coincidir com uma relação de poder, em favor do macho[26]. Mas, se nos ativermos em conferir ao objeto de cerâmica e a sua ornamentação ilustrada,

25 Sobre o contexto de execução dos poemas de Arquíloco, ver B. Gentili, op. cit., p. 249s, e M. Vetta, Poesia simposiale nella Grecia arcaica e clássica, em M. Vetta (ed.), op. cit., p. XVIS. Quanto a Alceu, ver o fr. 306A, b Voigt, comentado por M. Vetta, Il P. Oxy. 2506 fr. 77 e La poesia pederótica di Alceo, *Quaderni Urbinati di Cultura Classica*, Roma, n. 39, 1982, p. 7-20, bem como W. Rösler, *Dichtung und Gruppe*, München: Fink, 1980, p. 37s, 94s e 240s. Ver Anacr. frr. 346.1, 3 e 13 (cf. O Eros dos Poetas Mélicos, supra, p. 13s), 455, 480 e 446 Page: outros exemplos e comentário em E. Degani, La Donna nella lirica greca, em R. Uglione (ed.), *La donna nel mondo antico*, Torino: Celid, 1989, p. 73-91.
26 Sobre o compromisso que figuram as cenas de presentes "pederásticos" cf. G. Koch-Harnack, op. cit., p. 66s, e C. Reinsberg, op. cit., p. 174s. Para E. Pellizer, Outlines of a Morphology of Sympotic Entertainment, em O. Murray, *Sympotica*, p. 178-184, o próprio simpósio seria o lugar do exercício de paixões e da regulação de desejos.

às vezes duplicada com uma inscrição, a mesma função performativa do poema, será preciso ir além; será preciso interrogar-se sobre os fundamentos institucionais do simpósio do final da época arcaica, e lembrando que ele é tanto local de debate cívico quanto local educacional. A questão institucional desemboca, pois, na questão do papel social desempenhado por Eros e por Afrodite.

Terceira Parte

Eros nas Instituições

5. Eros no Masculino: A Pólis

A questão do papel de Eros na instituição proposta leva a ampliar o ponto de vista semântico adotado até agora. Convém nesse momento examinar a função desse Eros institucionalizado. As práticas eróticas do simpósio introduziram-nos a uma forma social de orientação essencialmente masculina. Porém, o voo de Eros não se detém ali e leva-nos igualmente a uma cerimônia ritualizada, centrada antes de tudo na mulher. Na realidade, se os textos e as imagens que permitem reconstruir o desenrolar dessa cerimônia foram produzidos por homens, o casamento tem como protagonista principal a jovem esposa; um casamento que seria preciso evitar apresentar de imediato como o homólogo feminino das reuniões simposíacas. Cerimônia única, aquele se opõe à reiteração dessas últimas. O primeiro marca para as jovens uma passagem que as segundas somente preparam para os jovens. Mas já que há continuidade institucional, de qual passagem se trata exatamente?

Objeto recentemente de uma remissão em questão tanto interna quanto externa, as instituições da pólis grega oferecem em sua realização ética uma imagem que varia no espaço e com o tempo[1]. Oponhamos à representação idealizada da homogeneidade de um corpo social submetido a uma justiça distributiva e igualitária as dissensões e rivalidades da *stasis*: a polaridade entre o elogio e a reprovação permite, no plano da poesia, colocar em relação dialética essas formas de realização cívica. À ampliação do grupo de homens participando da gestão do poder político na promoção de valores comunitários, oponhamos o suposto surgimento de indivíduos criadores, legisladores, poetas ou pintores: os últimos utilizam uma língua tradicional que permite aos membros do grupo assumir coletivamente essas "criações" inventivas individuais, até mesmo de se identificar com elas. Quer façamos disso o símbolo de uma coesão distributiva ou o emblema de uma decisão dialética, a construção flutuante das relações sociais na pólis entre diferentes grupos "aristocráticos" implica a reorientação, ou ainda a metamorfose e criação de numerosas instituições[2]. Se isso assim acontece da repartição do poder hierarquizado da monarquia em novas estruturas, da extensão da produção e da circulação de bens por inovações técnicas ou da transformação de práticas religiosas em cultos poliádicos ou pan-helênicos, as instituições relativas à passagem dos futuros cidadãos da infância à idade adulta são também atingidas.

Questionadas, do ponto de visa institucional, as relações entre adultos e adolescentes – erotizadas ou não – remetem-nos às práticas da educação, e a antropologia social nos ensinou que uma sociedade não conhecendo o sistema escolar para garantir a passagem à idade adulta dos futuros membros da comunidade dispõe de processos ritualizados; seus traços comuns conduziram à definição desse conceito antropológico abstrato do rito de iniciação tribal. Porém, na ausência de documentos atestando-os, a existência, nas comunidades da Grécia pré-política, de ritos de iniciação tribal só pode ser uma

---

1 Cf. N. Loraux, Repolitiser la cité, *L'homme*, Paris, n. 97-98, 1980, p. 239-254, e S. Scully, *Homer and the Sacred City*, Ithaca/London: Cornell University Press, 1990, p. 6s.
2 Ver a esse respeito as colocações de A. M. E. Snodgrass, *Archaic Greece*, London /Melbourne: J M Dent; Sons Ltd, 1980, p. 84s, e de I. M. Morris, *Burial and Ancient Society*, Cambridge: Cambridge University Press, 1987, p. 171s, ou os ensaios de O. Murray, Cities of Reason, e de C. Sourvinou-Inwood, What is Polis Religion?, em O. Murray; S. Price (Eds), *The Greek City from Homer to Alexander*, Oxford: Oxford University Press, 1990, p. 1-25 e 295-322.

hipótese; hipótese formulada a partir do postulado da antropologia moderna quanto à universalidade de tal instituição. Quer dizer também que a análise das instituições educativas da pólis em formação não saberia recorrer à iniciação tribal com seu esquema ritual tripartite (segregação, margem, agregação) enquanto categoria do pensamento antropológico moderno, a não ser na qualidade de instrumento formal e operatório. Os traços que poderiam evocar não serão jamais interpretados em termos históricos de sobrevivências, mas na perspectiva antropológica de uma função social cuja forma e conteúdo são reorientados; com variações de uma cidade à outra, de um período a outro, de um gênero a outro[3].

De maneira mais específica, destacaremos ainda: questionadas quanto a seus aspectos institucionais, as relações amorosas da poesia mélica com sua função prática movem-nos, não somente para certas formas institucionais da educação, mas em espaços bem definidos; o espaço do banquete certamente, mas ainda o da palestra, antes daquele do casamento. Um simples sobrevoo de cenas de corte erótica, geralmente mais explícitas em seu próprio contexto de encenação do que as declarações de poetas, faz alternar os signos distintivos remetendo ao simpósio com esses evocando os espaços do exercício físico, da palestra ou do ginásio[4].

PRÁTICAS PROPEDÊUTICAS DO SIMPÓSIO

Retornemos, pois, em um primeiro momento ao banquete, para destacar que até aqui eu prudentemente utilizei seja o termo

---

[3] O conceito da iniciativa tribal elaborado a partir do trabalho de A. van Gennep, *Les Rites de Passage*, Paris: Émile Nourry, 1909, é explicitado particularmente por A. Brelich, *Paides e Parthenoi*, p. 14s, que apresenta uma crítica da noção da sobrevivência (p. 49 s). Ver J. Davidson, *The Greeks and the Greek Love: A Radical Reappraisal of Homosexuality in Ancient Greece*, p. 68s.

[4] Cf. C. Reinsberg, *Ehe, Hetärentum und Knabenliebe im antiken Griechenland*, p. 174s; é pouco provável que se possa afirmar, depois de J. N. Bremmer, Adolescents, *Symposium* and Pederasty, em O. Murray, *Sympotica*, p. 145, que a palestra é substituída cronologicamente pelo banquete como moldura dessas cenas de corte. Ver ainda o *corpus* constituído por A. Schnapp, Éros en chasse, em *La Cité des images*, assim como *Le Chasseur et la cité*, Paris: Albin Michel, 1997, p. 345s. Para a distinção espacial e arquitetônica entre palestra e ginásio, cf. infra, n. 33.

genético, seja o *symposion*, que designa de maneira mais específica os regozijos da bebida na sequência do próprio banquete; e, para nós, estar apaixonado unicamente em reuniões amigáveis em que se cantavam os poemas citados de Alceu, Anacreonte, Teógnis ou Sólon. Restringiremos essas observações às pequenas cidades que se desenvolveram no decorrer do século VI, tais como Mitilene, Mégara ou Atenas, afastadas dos grandes agrupamentos rituais conhecidos, por exemplo, em Esparta com as sissítias. De fato, os gregos parecem ter traçado uma distinção nítida, ao lado de outras formas ritualizadas de banquete, entre o *dais* e o *symposion*; designando os ágapes dos deuses, o primeiro termo evoca também a refeição humana em que são distribuídas e consumidas as partes do sacrifício, ao passo que o segundo denota as reuniões onde, em manipulações ritualizadas, circulam entre os convidados as taças de vinho. Ou, a crer nas representações icônicas dessas reuniões de convivência, a lira – consequentemente, a música e a poesia – encontra-se presente no banquete sacrificial, enquanto no simpósio se dá preferência à flauta[5]. Seria evidentemente tentador projetar nessa distinção a oposição operada pelos gregos entre poesia de elogio e poesia da reprovação com seus eventuais prolongamentos na cerâmica: no *dais*, a eulegia; no simpósio, a crítica.

Os raros testemunhos literários que chegaram a esse respeito afastam-nos, não obstante, de tal projeção. Se, em seu poema elegíaco sobre a partilha feliz, Sólon faz do *dais* o modelo do regozijo apreciado na moderação, é para opô-lo ao comportamento injusto daqueles que, ultrapassando os limites, destroem a cidade. Do mesmo modo, na célebre elegia de Xenófanes, o respeito das regras do simpósio e do estado de pureza compartilhado que daí decorre é rompido quando, aos hinos endereçados aos deuses nas fórmulas piedosas e nos relatos sem mácula, sucedem as lendas que colocam em cena seres monstruosos e violentos como os titãs, os gigantes e os centauros ou os relatos presumidos de lutas intestinas. No mais, se o banquete sacrifical

5 Ver a esse respeito o relatório e a exposição apresentados por P. Schmitt-Pantel, Sacrificial Meal and Symposion, em O. Murray, *Sympotica*, 1990, p. 14-33, e *La Cité au banquet*, Roma: École française de Rome, 1992, p. 4s e 59s. Para as relações entre música e partilha das carnes no *dais*, faremos referência a G. Nagy, *Greek Mythology and Poetics*, Ithaca/London: Cornell University Press, 1990, p. 269.

modelo de Sólon pode ser interpretado como a representação em microcosmo da cidade perfeita, podemos simultaneamente perceber aí uma alusão às circunstâncias de enunciação dos versos elegíacos cantados pelo legislador de Atena[6].

Condutas Eróticas e Compromisso Cívico

Possivelmente o banquete sacrificial e, em todo caso, a reunião simposíaca representam os lugares da recitação de poemas que, pelos exemplos tirados da lenda ou do elogio direto de valores éticos fundadores da via comunitária na pólis, apresentam-se geralmente como imperativos parenéticos. Genérico ou singular, lembremo-nos do apelo premente que o narrador de dísticos teognicos envia a seu destinatário:

> Bem intencionado a teu respeito, é por ti que vou
> propor esses princípios;
>   eu mesmo conheci (*emathon*) os bons, ainda
>   adolescente...
>   ...evite frequentar os maus, mas liga-te
> sempre aos bons.
> Beba e coma com eles, acerque-se deles,
>   agrade aqueles cujo poder é grande.
> Das pessoas de valor com efeito aprenderás (*matheseaí*) o
>   valor...
> Tendo aprendido (*mathôn*) isso, frequente os bons e um dia
> Afirmarás
>   que quanto a mim dou bons conselhos aos amigos
>   (*philoisin*)[7].

---

6   Sól. fr. 3, 5s Gentili-Prato, com as duas interpretações, a meu ver, complementares de W. J. Slater, Peace, the Symposium and the Poet. *Illinois Classical Studies*, Champaign, n. 6, 1981, p. 205-214, e de G. Tedeschi, Solone e lo spazio della comunicazione elegiaca, *Quaderni Urbinati di Cultura Classica*, Roma, n. 39, p. 38s. Xenof. Fr. I Gentili-Prato, comentado particularmente por P. Giannini, Senofane fr. 2 Gent.-Pr e la funzione dell'intelletuale nella Grecia arcaica, *Quaderni Urbinati di Cultura Cassica*, n. 39, p. 57-70, e por G. Cerri, Platone sociologo della comunicazione, Milano, 1991, p. 39s; D.B. Levine, Symposium and the Polis, em T.J. Figueira; G. Nagy (eds.), *Theognis of Megara*, p. 176-196, mostrou os jogos linguísticos e semânticos que, na poesia de Teógnis, fazem da pólis um simpósio.

7   Teóg. 27s, apoiando-se ainda em outros textos, de J. N. Bremmer, Adolescents, *Symposium* and Pederasty, em O. Murray, op. cit., p. 137bs, acaba de repetir os valores didáticos da poesia simposíaca; cf. também M. Vetta, Poesia simposiale nella Grecia arcaica e clássica, em Vetta, M. (ed.), op. cit., p. xxxvs. Em geral,

O banquete, provavelmente como refeição e, sobretudo, como simpósio, é o lugar de um aprendizado; aprendizado pelo exemplo, mas igualmente, pela poesia, na eulogiia de valores aristocráticos ou na narração de relatos exemplares, provavelmente também na contemplação de belos corpos e de cenas heroicas representadas nos objetos da partilha do vinho. Para um Píndaro, há entre o (*ep-*) *ainein* do louvor e o *parainem* do preceito somente a diferença marcada pelo pré-verbo que remete ao convite. Mas, ainda seguindo o poeta de Tebas, quem diz *epainos* diz também *mômos*: a derrisão pela palavra ou pela imagem das deformidades do animal e os excessos conduzindo à *hybris* é complementar do elogio[8].

Logo os valores cantados, mostrados e, portanto, ensinados no banquete das pequenas cidades do século VI são fundados nos laços de *philia*, de ligação e confiança recíprocas que agrupam os cidadãos em um mesmo lugar para compartilhar das carnes e dos vinhos. Nem todos os cidadãos, aliás, já que as qualidades sociais e morais exigidas do *philos hetairos* excluem do círculo de "amigos" o *kakos*, o mau, que ele deve evitar como um porto pouco seguro; a solidez da *philia* é medida, para além das variações de humor, com a vara do vínculo fraternal. Esse grupo de *hetairoi* reunidos como *philoi* no banquete deseja ser a expressão, na celebração dos deuses e na definição de valores comuns, da comunidade cívica ideal[9]. Desde então, a relação de *philotês*

---

ver J. Latacz, Die Funktion des Symposions für die entstehende griechische Literatur, em W. Kullmann; M. Reichel (eds.), *Der Übergang von der Mündlichkeit zur Literatur bei den Griechen*, Tübingen: Gunter Narr Verlag, 1990, p. 227-264.

8   Compararemos Pínd. *Nem.* 7, 61 (em que o objeto da *ainein* é um *philos*) e *Ol.* 6, 12 à Pít. 6, 23, e *Istm*, 6, 68, passagens que leremos com o comentário de G. Nagy, *The Best of the Achaeans*, p. 238s, e *Pindar's Homer*, p. 147s e 196s; ver também Pínd. fr. 181 Maehler.

9   Teóg. 113s e 97s. Os inúmeros dísticos teognicos glorificando a *philia*, que funda a hetairia, foram analisados por W. Donlan, *Pistos philos hetairos*, em T. Figueira; G. Nagy (eds.), *Theognis of Megara*,p. 223-244. A constituição e composição das hetairias na Atenas do século VI são estudadas, subestimando seu papel político, por F. Sartori, *Le eterie nella vita política ateniese Del VI e V secolo A.C.*, Roma: "L'Erma" di Bretschneide, 1967, p. 53s; seu surgimento e suas funções políticas diferenciadas nas muitas cidades arcaicas são destacadas por P. Schmitt-Pantel, *Histoire des femmes en Occident*, p. 59s, n. 5, que destacam o papel da educação para cidadania assegurada pelas manifestações simposíacas (p. 70s e 76s). Ver também O. Murray, The Symposon as Social Organization, em R. Hägg (ed.), *The Greek Renaissance of the Eight Century B.C.*, Stockholm, 1983, p. 195-199.

que o narrador da poesia simposíaca tenta tecer com o jovem a quem ele se dirige pode ser só a prefiguração do vínculo fiduciário e político unindo uns com outros os membros da hetairia. Quando de parênese moral a poesia de um Teógnis ou de um Anacreonte se torna convite erótico, ela recorre às seduções de Afrodite para fazer do futuro cidadão um *philos*. Tornado o *philos* de um jovem, o narrador das teognideias eróticas considera-se então seu *hetairos pistos*, seu fiel companheiro; porém, se o adolescente abandona a *philotês* do poeta para cobri-la de opróbrio reunindo-se com outro grupo, o elogio transforma-se em reprovação e o jovem suporta – como vimos – a imprecação de um poeta que o condena a não mais suscitar (pelo olhar, *eisorôn*) o "amor" (*philein*) de nenhum homem. Quando se trata de inserir os futuros cidadãos no tecido social da hetairia, os caminhos da *philia* são afetivos, correspondendo particularmente ao olhar erótico; e a educação aí dispensada passa pela dialética do elogio e da reprovação[10].

Esclarecidas pela natureza política e afetiva de vínculos unindo os *hetairoi* aos deleites do simpósio, as relações de homofilia postulada pela poesia erótica arcaica surgem para seus destinatários como uma propedêutica, como uma entronização às relações entre cidadãos adultos. A inversão de signos da sexualidade que elas apresentam constitui a própria marca de sua função iniciática. Provavelmente, a reformulação de ritos de iniciação na moldura de uma instituição cívica em que se confundem as categorias modernas do privado e do público não permite mais apreender a primeira fase ritual, a da ruptura; ela

---

10 Teóg. 1311s, cf. igualmente 1241s ou 1377s e O Eros dos Poetas Mélicos, supra, p. 16-18; sobre a relação entre *philia* e consideração (*timé*), ver M. Vetta, *Teognide*, p. 49s e 95. Se as contribuições de G. Nagy, Theognis of Megara: A Poet's Vision of his City, e de L. Edmunds, The Genre of Theognidena Poetry, em T. Figueira; G. Nagy, op. cit., p. 22-81 e 96-11, valorizam os aspectos políticos da parênese nos versos simposíacos de Teógnis, a de J. N. Bremmer, Adolescents, Symposium and Pederasty, em O. Murray, *Sympotica*, destaca o papel educativo das práticas "pederásticas" do banquete; sobre os valores pedagógicos do *paidophilein* reivindicados por Teógnis, ver J. M. Lewis, Eros and the Polis in Theognis Book 2, in T. Figueira; G. Nagy (eds.), op. cit., p. 216s, e também W. Jaeger, *Paideia 1*, Paris: Gallimard, 1964, p. 236s. Na sequência de F. Frontisi-Ducroux, La Bomolochia, *Recherches sur les cultes grecs et l'Occident*, Naples, v.2, 1984, p. 29-50, lembraremos que os jovens espartanos eram convidados às sissítias para ouvir falar de política e para habituar-se a zombar e passar por sarcasmos sem se ofender, a despeito de palavras e de gestos indecentes; cf. Plut. *Lic.* 12, 6.

deveria preceder – segundo o esquema canônico dos antropólogos – o período de margem marcado por uma série de inversões de regras regendo a comunidade adulta, particularmente no domínio sexual. Por outro lado, se esses amores homófilos, com sua função propedêutica, são, por essência, passageiros e transitórios (no próprio sentido do termo), a comparação antropológica leva-nos a não ter mais a menor dúvida sobre a realidade dos sentimentos e das práticas que elas colocam em jogo[11].

Ao procurar metamorfosear-se em uma relação permanente de *philia* com os deveres recíprocos que implica, "o amor (grego) de jovens" utiliza a inversão e assimetria própria do rito de passagem para criar esse vínculo com a ajuda de Eros. A pretendida "homossexualidade" helênica só pode ser compreendida como prática inerente a procedimentos educativos resgatando ainda amplamente ritos da iniciação tribal[12].

Não deixa de impressionar a coincidência entre a atividade poética erótica de um Íbico, de um Teógnis ou de um Anacreonte, o florescimento de grupos de cidadãos – *hetairoi*, e a difusão de cenas de amor homófilo em meados do século VI e inícios do século V[13]. Em ordens simbólicas e semióticas inteiramente diferentes, essas manifestações todas resgatam da ideologia ainda muito aristocrática fundando as primeiras formas de vida política na cidade. O sistema educativo destinado a reproduzir essas formas parece fazer uma grande parte de práticas de tipo iniciático; entre essas últimas, parece ter privilegiado a da homofilia.

O número de comentários da qual foi objeto dispensa-nos de retomar aqui em detalhes o costume cretense que, na época

---

11 Somente para Papua-Nova Guiné, serão mencionados os estudos comparativos de G. Ehrenberg, *Mannbarkeitsriten*, Frankfurt/Wien: Ullstein, 1980, e de G. H. Herdt (ed.), *Ritualized Homosexuality in Melanesia*, Berkeley: University of California Press, 1984.

12 Fundamentada essencialmente nos textos filosóficos de Xenófones e Platão, a análise de M. Foucault, *Histoire de la sexualité*, p. 237s, subestima amplamente esse aspecto de ritualização iniciática do amor dos cidadãos adultos pelos adolescentes, filhos de cidadãos: cf. as excelentes observações críticas de L. Edmunds, Foucault and Theognis, *Classical and Modern Literature*, Terra Haute, v. 8, 1988, p. 79-91; cf. também D. Cohen, *Law, Sexuality and Society*, p. 192s.

13 Concentrando-se exclusivamente nas imagens de corte "pederástica" cujos atestados remontam, até 560 cic., H. A. Shapiro, Courtship Scenes in Attic Vase-Painting, *American Journal Archaeology*, New York, n. 85, 1981, p. 133-143, restringe essas manifestações à Atenas e à política "aristocrática" prometida pelos Psístratos.

clássica ainda, leva o adolescente de valor na andria de seu erasta, somente antes de um período de caça, preparar a integração do adolescente na pólis. Em seu retorno da "floresta" e, consequentemente, no final do período de "margem", a dádiva de um equipamento militar faz dele um soldado, a de um boi permite-lhe oferecer um sacrifício a Zeus e a de uma taça marca sua inserção nas celebrações simposíacas do grupo de homens adultos. A estrutura triádica e as funções de tal passagem poderiam fazer daí o próprio emblema do cânon da iniciação tribal[14]. Manteremos, sobretudo, o fato de que se o erômano que se beneficia desse tratamento iniciático receber um título (*kleinos*) que consagra a reputação adquirida por essa escolha privilegiada, a denominação de *philêtôr*, da qual se beneficia o adulto, sancionará, quanto a ela, a relação de *philotês* instituída pelo amor que o erasta experimenta.

Papéis Sexuais e Relações Sociais

Alguns versos de Safo convidam-nos a não restringir somente aos homens o vínculo fiduciário e recíproco estabelecido pela relação assimétrica do amor entre adultos e adolescentes. Provavelmente, é à relação de *philotés* evocada pela própria Afrodite no hino à deusa já mencionado e ao desequilíbrio causado por sua ruptura que convém referir os recados poéticos de Safo à suas *philai* ou às suas *hetairai*. Pelo jogo de citações justapostas, que lhe é familiar, Ateneu apresenta como modelo dessas relações a amizade que liga Leto e Níobe: a própria Safo qualifica a deusa e a heroína de *philai hetairai*. Citando a poetisa de Lesbos, o autor erudito tenta distinguir, ao lado do sentido trivial de hetaira tomado pelo segundo termo, o que designa uma relação fundada numa *philia*, ou seja, em uma fidelidade sem artifício e sob a proteção de Afrodite, uma intimidade tal que

14 Ef. FGrHist. 70 F 149, 21, citado por Estrab. 10, 4, 21; cf. os comentários de H. Jeanmaire, *Couroi et Courètes*, Lille: Bibliothèque Universitaire, 1939, p. 450s, e de A. Brelich, op. cit., p. 197s, e depois de E. Bethe, Die dorische Knabenliebe, *Rheinisches Museum für Philologie*, n. 67, p. 438s. Cf. também os paralelismos comparativos recolhidos por B. Sergent, *L'Homosexualité dans la mythologie grecque*, p. 15s e 84s; sobre o papel da caça nas cenas de corte erótica da iconografia clássica, ver A. Schnapp, Éros en chasse, op. cit., p. 318s.

podem conhecê-la não somente os homens, mas também as mulheres de condição livre ou jovens[15]. Quando a narradora de um dos poemas de Safo, senão a própria Safo, se apresenta como uma "amiga fiel" (*phila ekhura*, expressão que encontra eco na forma verbal *philêsô* utilizada em seguida), ela confirma o aspecto fiduciário realçado alhures pelo autor de *Déipnosophistes*. Mas se esse último é igualmente sensível à cor erótica desta relação de *philia*, ele tende a torná-la uma relação dual. Relendo a obra de Safo em um sentido historicizante, o biógrafo da poetisa, não obstante, bem reconheceu nos nomes das jovens mencionadas em seus poemas várias *hetairai kai philai*[16].

Como entre os homens, a relação de *philia* entre uma adulta e uma adolescente se estabelece no interior de um grupo de *hetairai*; como entre os homens, essa relação movida por Eros duplica-se da função pedagógica que permitiu ao biógrafo da poetisa reconhecer em algumas das jovens destinatárias de seus poemas *mathêtriai*, alunas. No entanto, o "círculo" de jovens reunidas em torno de Safo e sua poesia não é o simples decalque, na Mitilene do início do século VI, da hetairia à qual são destinadas as estrofes de Alceu. O antropólogo contemporâneo, em busca de uma diferenciação de papéis sociais de sexo, não ficará devendo: análogas em suas formas e funções, locais de

---

15 Safo fr. 43. (possivelmente, em um canto de casamento), 160 e 142 Voigt; esses dois últimos fr. são citados por At. 13, 571cd. A separação entre esses dois sentidos de *hetaira* (cf. Eros no Feminino, infra, p. 104-105, n. 3) está, além do mais, na origem de toda tradição biográfica que, ao distinguir Safo, a poetisa, de Safo, a hetaira, tentou inocentar Safo da acusação de *aiskhra philia*: cf. Elien *Hist. Var.* 12, 19 = Safo test. 4 Campbell, *Ant. Pal.* 5, 2546, etc.; ver A. Lardinois, Lesbian Sappho and Sappho of Lesbos, em J. Bremmer (ed.), *From Sappho to De Sade*, p. 21s.

16 Safo fr. 88a, 17 e 24 bem como 126 Voigt; cf. também fr 94, 34. *Sud. S. v. Sappho* (s 107 Adler) = test. 2 Voigt. A esses termos relacionais, seria preciso ainda acrescentar o *sunzux* (fr. 213 Voigt), que tentei explorar o sentido em *Les Choeurs de jeunes filles en Grèce archaïque*, v. 1, p. 370s e 428s. Sobre a "interação comunal" no interior do "círculo" de Safo, ver L.H. Wilson, *Sappho's Sweetbitter Songs*, p. 117s; em compensação, E. Stehle, *Performance and Gender in Ancient Greece*, p. 31s e 262s, nega aos poemas de Safo e de Álcman todo valor educativo a despeito de sua dependência no que se refere a uma cultura do canto e da "performance". A relação de *philia* estabelecida pela relação homoerótica feminina poderia ser representada pela iconografia nas cenas em que duas mulheres se encontram unidas sob o manto, que é também o da iniciação matrimonial: imagens em G. Koch-Harnack, *Knabenliebe und Tiergeschenke* p. 143s, cf. Eros no Feminino, infra, p. 114-115, n. 19, e Pragmática da Iconografia Erótica, supra, p. 68, n. 8 , para representações de homens sob a *khlaina*.

desdobramento de uma linguagem erótica amplamente indiferenciada do ponto de vista do *gender*, essas estruturas educativas distinguem-se por seu conteúdo. No grande debate aberto nos Estados Unidos, pelos estudos feministas, sobre a especificidade feminina dos poemas de Safo no que diz respeito aos papéis sociais sexuais em que eles se baseiam, senão mesmo sobre a especificidade da sensibilidade erótica da própria poetisa, não se insistiu suficientemente na função social e pedagógica das composições poéticas destinadas a ser cantadas e dançadas em ocasiões de caráter ritual e comunitário. Às alusões políticas, às qualidades cívicas e sociais dos *agathoi*, às máximas éticas sobre a fidelidade, justiça ou riqueza, substituem-se nos poemas cantados pelas mulheres a evocação de uma beleza destacada pela aparência e pelas vestes, o apelo ao encantamento e à elegância da maturidade feminina, o convite à intimidade com Afrodite. E não é no simpósio que ressoam os cantos evocando a lembrança das graciosidades eróticas das jovens doravante adultas; eles animam seja os locais de culto em que se espera a epifania da deusa do amor, seja esta "casa de servas de musas" que constitui a moldura espacial do "círculo" atribuído à poetisa[17].

Se a *philia* transitória estabelecida pela relação erótica assimétrica de tipo iniciático tende, como nos homens, ao estabelecimento de uma relação estável de *philotés*, esta última não funda para as mulheres um grupo político, mas a união conjugal.

Incluída em sua função propedêutica manifestada em uma inversão de tipo iniciático, a relação de homofilia na Grécia pré-clássica apresenta uma assimetria que não seria interpretada em termos de papel passivo (do adolescente) e de papel ativo

17 Ver, particularmente, Safo fr. 2 e 150 Voigt, e Pradarias e Jardins dos Poetas, infra, p. 171, n. 6. A questão do círculo de Safo, em relação à educação amorosa e musical aí dispensada e seus locais de exercício, é repetida em detalhes por A.P. Burnett, *Three Archaic Poets*, p. 209s; ver ainda G. Lanata, Sul linguaggio amoroso di Saffo, *Quaderni urbinati di cultura classica*, p. 65s, e C. Calame, *Les Choeurs de jeunes filles en Grèce archaïque*, t. 1, p. 367s e 427s, com a boa exposição de A. Lardinois, Lesbian Sappho and Sappho of Lesbos, em J. Bremmer (ed.), op. cit., p. 25s; a tentativa de H. N. Parker, Sappho Schoolmistress, *Transactions of the American Philological Association*, Cleveland, n. 123, 1993, p. 309-351, de assimilar o grupo de Safo a uma simples *hetaireia* não me convenceu: ver a resposta de A. Lardinois, Subject and Circumstance in Sappho's Poetry, *Transactions of the American Philological Association*, Cleveland, n. 124, 1994, p. 57-84, bem como L.H. Wilson, op. cit., p. 109s; sobre a questão da linguagem erótica de Safo, cf. O Eros de Poemas Épicos, supra, p. 53, n. 6.

(assumido pelo adulto): nem a transformação ativa exigida da jovem ou do jovem, nem mesmo a posição adotada pelo adolescente no contato sexual com o homem maduro autorizam tal conclusão. A passividade e sua reprovação concernem aos gregos da época clássica, como se verá, à homossexualidade fixa do efeminado. Por outro lado, mesmo que os papéis atribuídos pela idade adulta a cada sexo sejam claramente distintos e definam gêneros separados, a homologia entre os processos que conduzem a cada um deles – de maneira autônoma – impede relatar a assimetria constitutiva desses processos sobre a diferença entre os sexos. Outro preconceito da antropologia contemporânea do sexismo, mesmo se se pudesse mostrar recentemente que os poemas de Safo têm os indícios de um controle especificamente feminino das relações e dos papeis sexuais. Somente quando esses papeis marcados e diferenciados entram em conflito que a facção masculina, prevalecendo do privilégio da palavra pública, pode depreciar as funções (ativas) reservadas à mulher[18].

Assim do mesmo modo que desenha o espaço reservado à mulher adulta entre *oikos* e lugares de culto, o processo de educação iniciática através do amor situa o homem entre salas de banquete e a ágora; ágora que tem, para os adolescentes, seu equivalente espacial na palestra.

---

18 A homofilia grega foi interpretada em termos de polaridade ativa/passiva nos papéis sexuais tanto pelos eruditos que se inspiraram nos filósofos antigos, tais como K.J. Dover, *Greek Homosexuality*, p. 81s e 100s, M. Foucault, op. cit., p. 246s (que fala mais em "escapada", ver ainda p. 55s) ou L. Brisson, *Le Sexe incertain*, Paris: Belles Letres, 1997, n. 41s, quanto pelos eruditos influenciados pelo movimento feminista, como E. Keuls, *The Reign of the Phallus*, p. 274s, ou E. Cantarella, L' omossessualità maschile nel diritto ateniese, em P. Dimakis (ed.), *Eros et droit en Grèce classique*, Paris: Les Belles Lettres, 1988, p. 13-41, com as referências fornecidas em 1988, p. 76s: passivo, o jovem assumiria então o mesmo papel da mulher (cf. D.M. Halperin, *One Hundred Years of Homosexuality*, p. 104s, p. 30s: Efeitos Pragmáticos da Poesia de Amor, supra, p. 48s). Para a expressão do desejo feminino em Safo, ver P. du Bois, *Sappho is Burning*, p. 127s, com uma crítica de Foucault, e para o controle da sexualidade, ver L.H. Wilson, op. cit., p. 87s; cf. também A. Carson, Putting Her in Her Place: Women, Dirt, and Desire, em D.M. Halperin; J.J. Winkler; F.I. Zeitlin (eds.), *Before Sexuality: The Construction of Erotic Experience in the Ancient Greek World*, Princeton: Princeton University Press, 1990, p. 135-170.

PRÁTICAS ERÓTICAS DA PALESTRA

Desde Platão até o Ateneu, não há dúvida; a reflexão filosófica sobre o papel de Eros situa os contatos homófilos entre adultos e adolescentes nos ginásios, ou em "outros locais de reunião", acrescenta prudentemente o *Fedro* de Platão.

Eros no Ginásio

A prova mais notável do lugar reservado a Eros nos locais do exercício e da educação física? É esse altar erigido ao deus do desejo amoroso à entrada do ginásio de Atenas, no próprio santuário de Atena a quem é, por outro lado, consagrado esse local elevado da emulação atlética e musical. Fixada em um dístico decorando esse altar, a lenda etiológica dessa fundação liga diretamente à homofilia o culto prestado a esse Eros de mil maquinações. Não proclama ela, na realidade, que esse altar foi erigido pelo polemarca Carmo, célebre por ter sido o erasta de Hípias, o filho de Pisístrato? Foi amor propedêutico, já que a lenda acrescenta que Hípias desposou depois a filha de Carmo![19] Foi nos jardins que cercavam o ginásio da Academia que Platão fundou sua escola, em um perímetro provavelmente reservado à instalação do estabelecimento de tipo escolar. Diz a lenda que, na véspera do encontro com Platão, Sócrates viu um jovem cisne levantar voo perto da estátua de Eros diante da Academia; desde o primeiro contato com o filósofo, ele reconheceu que o cisne do sonho só poderia ser o jovem[20].

Na vizinhança de Olímpia, a pequena cidade de Elis impressiona o viajante pelo fato de não apresentar menos de três ginásios. No mais antigo deles, reservado ao treinamento dos Jogos

---

19 Plat. *Fedro* 255bc, At. 13, 561de e 609d = *PA* 15520, que tira sua informação de uma *Atthis*, possivelmente de Cleidemo (FGrHist. 323 F 15), Paus. I, 30, 1, cf. igualmente Plut. *Sól.* I, 7, que faz de Carmo o amante de Pisístrato e menciona a esse respeito uma estátua de Eros: ver N. Robertson, The Origin of the Panathenaea, *Rheinisches Museum für Philologie*, Frankfurt, n. 128, 1985, p. 231-295 (p. 258s).

20 Cf. J. Travlos, *Bildlexikon zur Topographie des antiken Athen*, p. 42s; a lenda é relatada, com o detalhe da estátua de Eros, por Apul. *Plat.* I, 1 e Hermias in *Plat. Fedr.* 7: cf. F. Lasserre, Le Chant du cygne, *Études de Lettres*, Lausanne, n. 3, 1986, p. 49-66.

Olímpicos, erguem-se os altares de Héracles do Ida, de Deméter e sua filha, de Eros e Anteros. Quanto ao ginásio "de chão úmido", mais particularmente destinado aos efebos, admira-se um busto de Héracles; em uma de suas palestras, vê-se também um relevo que representa Eros e Anteros disputando uma palma. A epiclese de Auxiliar (*Parastatês*), sob a qual Héracles é venerado no velho ginásio de Élis, não existe sem lembrar a denominação de erômenos (*parastathentes*) honrados nos costumes cretenses relatados por Éforo. Além do mais, Ártemis deve à proximidade de seu santuário com o terceiro desses ginásios o fato de ser chamada "Fiel aos jovens" (*Philomeirax*)[21].

A presença diante de Eros de um Anti-Eros não nos desvia, para dizer a verdade, do caráter assimétrico da homofilia consagrada nas práticas cultuais do ginásio. Longe de encarnar a reciprocidade amorosa como se disse muito frequente e idealmente, Anteros é a figura da rivalidade erótica que representa, por exemplo, o baixo-relevo de Elis. A famosa anedota que serve de lenda fundadora ao culto a Anteros pelos metecos de Atenas apresenta esse deus não como a encarnação de sentimentos do erômeno pelo erasta, mas como o demônio que vingou o amante desesperado. Eros encontra-se do lado do erasta, Timágoras, o meteco; mesmo que haja reciprocidade no gesto do erômeno que acaba também por se suicidar, o relato etiológico apresenta, antes de tudo, um caso de antagonismo (amoroso) entre um meteco adulto e um jovem livre. E mesmo em Platão, quando o desvio da fisiologia tradicional do desejo amoroso permite esboçar uma resposta em reciprocidade da parte do erômano, quando um *erôs* torna-se especular, parece ser capaz de assumir o nome *anterôs*, o próprio erômeno vê aí menos uma influência de Eros do que uma consequência de *philia*. Como se verá, a assimetria obriga, mesmo em filosofia[22].

21 Paus. 6, 23, Is: cf. Strab 10, 4, 21. Sobre os amores masculinos de Héracles, ver F. Buffière, *Éros adolescent*, p. 375s; para Eros no ginásio, ver ainda S. Fasce, *Eros*, p. 39s e 175s.
22 Paus. I, 30, 2; Plat. *Fedro* 255de. Diferentes interpretações da figura de Anteros no sentido da reciprocidade são citadas por S. Fasce, op. cit., p. 41, 128n; cf. sobre esse tema ver Eros Demiurgo e Filósofo, infra, p. 195-196 e n. 15. Se for verdadeiro que o verbo *anteraô* pode denotar a mudança "amorosa", isso quer quando se referir ao domínio do amor não erótico da pátria (Es *Ag.* 544 s), quer quando designar o amor recíproco entre um homem e uma mulher (Xen. *Banq.* 8, 3). Quanto ao termo *anterastês* somente designa o rival no amor: cf.

Homofilia e Atividades Gímnicas

A relação das práticas do ginásio com o amor dos jovens é ainda uma lei de Sólon que a confirma completamente fazendo-nos remontar ao início do século VI. Citada pelo próprio Ésquino no século IV, essa disposição interditava aos escravos a prática dos exercícios do ginásio e o estabelecimento de relações amorosas (*paiderastein* ou *erân*) com adolescentes de condição livre. A anedota relata que o tirano Policrates de Samos teria mandado destruir as palestras para dar um fim às relações eróticas e, consequentemente, aos *philiai* que aí se estabeleciam. Paradoxal para quem leu Íbico, o relato anedótico anda no mesmo sentido[23]. Quantos aos metecos, homens livres sem serem cidadãos, acabamos de ver que o culto lhes reserva um Eros rival.

Evidentemente, é na perspectiva dessa referência institucional que convém ler as numerosas lendas de desaparecimentos prematuros de adolescentes, erômenos mortos acidentalmente ou raptados por seu erasta durante um exercício no ginásio. Quer se tratasse do terno Jacinto, atingido pelo disco lançado da mão de seu erasta Apolo; de Crisipo o filho de Pélops raptado por Laio, que se apaixonou pelo jovem ensinando a ele a arte da condução do carro; ou, bem depois, do jovem troiano Anteu amado de Páris e morto por seu amante durante os jogos

---

Aristf. *Cav.* 733s, e o próprio Platão, *Rep.* 521b, bem como Plut. *Diál. Amor* 761c; ver ainda o termo *anterômenos* utilizado por Eupol. Fr. 428 Kassel-Austin; cf. K.J. Dover, op. cit., p. 52s, e a útil exposição fornecida por D.M. Halperin, Plato and Erotic Reciprocity, *Classical Antiquity*, v. 5, p. 66,n. 14. A ideia da reciprocidade e da simetria amorosas atravessa ainda os estudos de F. Frontisi-Duroux; J.-P. Vernant, *Dans l'oeil du miroir*, Paris: Odile Jacob, 1997, *passim*.

23 Além de Ésquino. I, 138s, essa lei (fr. 74 Ruschenbusch) é parafraseada por Plut. Sól. I, 6, *Diál. Amor* 751b, etc.; cf. M. Manfredini; L. Piccirilli (eds.), *Plutarco: La Vita di Solone*, Milano: Mondadori, 1977, p. 113s, que analisam os numerosos testemunhos, atestando o amor do próprio Sólon pelos adolescentes; At. 13, 602d. Lembremos que ainda no século II, uma lei macedônica concernente aos ginasiarcas (SEG XXVII, 261 e XXXII, 634), interditando o acesso ao ginásio não somente aos escravos, aos alforriados, aos débeis mentais ou aos bêbados, mas também aos prostitutos (*hetaireukôs*)! Cf. L. Moretti, Sulla legge ginnasiarchica di Berea, *Rivista di filologia e di istruzione classica*, Torino, v. 110, 1982, p. 45-53, e E. Cantarella, *Secondo natura*, p. 48s, com as observações críticas de P. Gauthier; M. B. Hatropoulos, *La Loi Gymnasiarchique de Beroia*, Athènes: Centre de recherches de l'antiquité grecque et romaine, 1993, p. 84s. Sobre o problema da homossexualidade assentada, cf. Disputas Dionisíacas do Amor, p. 138s.

gímnicos, uma morte ou um rapto menos iniciático, as narrativas chamam a atenção do ouvinte para a combinação da relação de homofilia com a educação recebida pelas práticas do ginásio[24]. Aqui também é o local que lembra a figura de Iolau, o jovem tebano amado e assistente de Héracles. Venerado particularmente em Tebas por um festival atlético com seu nome, ele tinha aí seu túmulo; situado fora da porta Proetida, esse *mnêma* ficava próximo ao estádio e a um ginásio igualmente batizado com o nome de Iolau. É ali, Aristóteles nos informa, que erastas e erômanos prestavam juramento de fidelidade (*pisteis*)[25].

Por outro lado, a iconografia do final da época arcaica e início da clássica desenha, pelos signos distintivos do ginásio, o segundo espaço, ao lado daquele do banquete, servindo de cenário às cenas de corte e de amor homófilo. Cenas geralmente marcadas pela presença de um animal, animal silvestre ou selvagem, porém domesticado. Dádiva do adulto ao erômeno, esse animal parece materializar o contrato de *philia* proposto ao jovem, ele mesmo domesticado daí em diante. Encontraríamos assim, na dádiva do animal, o correspondente icônico da metáfora textual: o jugo e a domesticação do erômeno por seu erasta. Certamente, ao nos fazer assistir preferencialmente à caça desses animais domesticados nas cenas de corte, os ilustradores do período arcaico parecem ter sido sensíveis a uma fase anterior do contrato erótico entre adulto e adolescente. Todavia, o próprio fato dessas panteras ou lebres serem caçadas, depois domesticadas não por adolescentes, mas pelos adultos, impede de conceder a essas imagens a interpretação iniciática direta que elas nos enviam[26]. Se há iniciação, ela acontece não na caça, mas no ginásio ou em sua vizinhança!

---

24 Ver essencialmente Eur. *Hel.* 1465s, At. 13, 602fs, e Apol. 3, 5, 3, Tzétz. *ad* Lic. *Alex.* 1342, comentados por B. Sergent, op. cit., p. 199s, p. 97s, 84s e 280s, bem como o poema elegíaco recuperado por P. *Oxy.* 3723.

25 Aristót. fr. 44 e 1008 Gigon, citados por Plut. *Pel.* 18, 4 e *Diál. Amor* 761de, Paus. 9, 23, 1, cf. já Pínd. *Ol.* 9, 98s; sobre essa figura heroica polimorfa, ver C. Calame, op. cit., t. 1, p. 423 s, e B. Sergent, op. cit., p. 199s, p. 171s; sobre o festival de Iolaeia, ver a hipótese historicista de A. Schachter, Cults of Boeotia 2, *Bics Suplement*, London , n. 38, v. 2, 1986, p. 17s e 64s. Píndaro, *Ol.* 1, 25s, imagina uma relação análoga entre Pélops e Poseidon: cf. E. Krummen, *Pyrsos Hymnon*, Berlin/New York: de Gruyter 1990, p. 184s.

26 Ver o *corpus* constituído e analisado por A. Schnapp, Éros en chasse, op. cit., p. 67s, que, em sua exposição de perspectiva histórica, tende a projetar no domínio selvagem as cenas de corte homófila. Ver ainda T. F. Scanlon, *Eros and Greek Athletics*, p. 199s.

Além da distância satírica que assumem em relação às práticas homoeróticas e sobre as quais retornaremos, os textos do próprio Aristófanes testemunham a influência de atividades do ginásio sobre o desenvolvimento de relações homófilas. Evidentemente, na areia da palestra em que a decência ensinada pela boa velha educação impedia com que os órgãos dos adolescentes deixassem marcas, capazes de despertar o desejo dos erastas. Mas, na cidade utópica imaginada por Pistetero, impedir a sedução, por palavras doces e por carícias comprometedoras de uma criança completamente embonecada saindo do ginásio, deveria provocar a censura mais impressionante. Através do corifeu e da parábase interpostos, o próprio Aristófanes gaba-se duas vezes de não mais frequentar as palestras para evitar aí corromper os jovens. Interrogando-se sobre a origem do amor de belos jovens, Cícero com toda naturalidade encontra esse início nos ginásios dos gregos "in quibus isti liberi et concessi sunt amores"*[27].

Grafites e "Aclamações Pederásticas"

Sobre Eros e o ginásio dispomos de testemunhos ainda mais diretos. Quem ignora doravante, no mundo erudito, os famosos grafites "pederásticos" de Tera que remontam ao século VI? O mais explícito deles toma como testemunho Apolo Delfínio pelo fato de que, nesse mesmo local, Crimon fez amor com o filho de Baticles. Designando em outro lugar o coito mais normal com uma conotação às vezes satírica, em Santorini o verbo *oiphein* passa por *erasthai* em um caso; a estrutura desses enunciados gravados faz pensar que o antropônimo sujeito desses verbos corresponde a um homem adulto. Ao lado dessas inscrições concernindo a uma performance sexual, outra série de grafites acompanha simples nomes próprios de uma qualificação tal como *agathos* ou *aristos*, referindo-a, às vezes, à

---

* Em tradução livre: "onde este gênero de amor é livre e permitido" (N. da E.).
[27] Aristóf. *Nuv.* 973s, *Av.* 137s, *Paz* 762s e *Ves.* 1023 s; Cíc; *Tusc.* 4, 70; para outras referências, cf. J. Henderson, *The Maculate Muse*, p. 216s. K.J. Dover, op. cit., p. 54s e 154s, lembra que, nos diálogos de Platão, o ginásio é geralmente o local de encontros entre os jovens amigos de Sócrates e os jovens desejados; reléremos particularmente as exposições do *Cármides* (154as) e *Lísis* (206es).

atividade da dança[28]. Agora, esse segundo tipo de inscrições "pederásticas" encontrou recentemente um paralelo com os grafites mais tardios (meados do século IV), decifrados na ilha de Tassos: enunciados análogos aos de Santorini, mas vangloriando menos as virtudes morais ou sociais dos jovens do que suas qualidades físicas. Aètés, por exemplo, não é somente declarado belo (*kalos*), mas também, em outra inscrição, na flor da idade (*hôraios*), atencioso (*euprosôpos*), doce (*hêdus*), encantador (*eukharis*); em outra parte dispensam-lhe boa aparência (*eurythmos*) ou um rosto "citadino" (*asteoprosôpos*)[29]. E mesmo em Nemeia, o local dos jogos pan-helênicos cantados por Píndaro, um grafite do mesmo tipo acompanha um comentário de segunda mão indicando que o belo Acrotato é (o amado) de quem gravou a inscrição. O enunciado pederástico recebe assim um enunciador: trata-se do erasta![30]

Pelo emprego do advérbio dêitico e do local da demonstração, os grafites de Tera fazem o espaço de sua localização coincidir com o desenrolar do ato que eles designam. Esse *hic* possui uma realização local, longe de ser indiferente. Essas inscrições homófilas encontram-se, na realidade, gravadas nos

[28] *IG* XII. 3, 537a = *SGDI* 4788, que podemos também traduzir da seguinte maneira: "C. copulou nesse lugar com um jovem, o irmão de Baticles", cf. também 538 =1411; 542; para as inscrições com *agathos*, ver 540 = 1413, 541, 543 =1414; cf. E. Bethe, Die dorische Knabenliebe, op. cit., p. 460s; sobre o problema da datação dessas epígrafes, cf. E. Cantarella, *Secondo natura*, p. 22, n. 12; sobre sua forma, ver B. B. Powell, *Homer and the origin of the Greek alphabet*, Cambridge: Cambridge University Press, 1991, p. 171s. Parece que ao menos duas dessas inscrições (536 e 552) foram objeto, *a posteriori*, de comentários depreciativos, tratando o *erasta* de *pornos*! Traduzindo-o por "sodomizar", F. Buffière, op. cit., p. 58, interpreta o sentido do verbo *oiphein*: cf. Teócr. 4, 62s com sch. ad. Loc. (p. 152 Wendel) que traduzindo esse verbo por *sunousiazein* assim como Plu. *Psyrrh*. 28, 6 que relata a recomendação de um espartano em que o ato designado *oiphein* tem por consequência a geração de belas crianças para a cidade! Ver D. Bain, Six Greek Verbs of Sexual Congress, *Classical Quarterly*, London, v. 41, 1991, p. 51-77, e Disputas Dionisíacas do Amor, infra, p. 135, n. 15.

[29] *SEG* XXXII, 847; as diferentes qualificações são muito bem comentadas pelos editores dessas inscrições, Y. Garlan; O. Masson, Les Acclamations pédérastiques de Kalami, *Bulletin de correspondance hellénique*, Paris, v. 106, 1982, p. 3-22. A localização nas fronteiras dos exercícios destinados aos efebos é bem descrita por P. Vidal-Naquet, *Le Chasseur noir*, p. 151s. Outras inscrições "pederásticas" de Tassos foram republicadas em *SEG* XXXI, 763-772: a primeira delas, mais tardia, combina os elogios dirigidos à beleza de moças e de rapazes.

[30] *SEG* XXIX, 349: grafite publicado por S. G. Miller, Excavations at Nemea, 1978, *Hesperia*, Cambridge, n. 48, 1979, p. 73-103 (p. 100s).

rochedos que confinam a grande esplanada construída na mesma época diante do templo de Apolo; ela será transformada posteriormente em ginásio. Que esse Apolo de Tera tenha sido celebrado como Delfínio ou Carneio como parecem indicar as inscrições mais tardias, esplanada e epicleses remetem-nos às práticas gímnicas rituais da adolescência[31]. Não surpreende encontrar desde então os grafites de Nemeia no túnel que conduz ao estádio. Quanto às inscrições de Kalami em Tassos, sua localização na orla marinha, nos rochedos de uma pequena angra próxima das ruínas de um fortim, permite que seus editores suponham que foram escritas pelos amantes efebos que montavam guarda na "fronteira" da ilha. Em Tera e em Nemeia, em todo caso, a coincidência é certamente surpreendente entre a localização dos grafites consagrando a prática da homofilia aos arredores de locais do exercício gímnico e a palavra que, dispensada ao altar de Eros ao lado da Academia de Atenas, situa esse monumento – por dêitico interposto – "aos limites sombreados do ginásio"[32].

Consequência de práticas do ginásio e da palestra, o desejo erótico assimétrico se realiza, pois, às margens desses lugares; mas em suas cercanias imediatas, e não em terreno selvagem, como faria supor uma projeção estrita do esquema ritual da iniciação tribal. Às vezes situados nas vizinhanças do muro que cerca a vila, os ginásios da época arcaica estão incluídos no perímetro da cidade. Sua relação espacial com a pólis tanto mais estreita na medida em que são, e permanecerão por muito tempo, os locais da educação grega tradicional, fundada no ensinamento da música e da ginástica[33]. Consta-se novamente

---

31 Localização do templo e da esplanada: cf. F. Hiller Von Gaertringen, Thera, *Paulys Realencyclopädie der classischen Altertumswissenschaf Supplb*. Stuttgart: A. Druckenmüller, 1934, col. 2289s (col. 2260-2302). As poucas informações que possuímos sobre as Carneia de Esparta, a metrópole de Tera, permitiram a A. Brelich, op. cit., p. 148s e 179s, que considera nessa festa a celebração da integração dos neoiniciados na comunidade política espartana; em Esparta, o templo de Apolo Carneio situava-se perto do Dromos, onde aconteciam as corridas dos *neoi*; C. Calame, op. cit., t. 1, p. 351s. As relações de Apolo Delfínio com os efebos são estudadas por F. Graf, Apollon Delphinios, *Museum Helveticum*, Basel, v. 36, 1979, p. 2-22.
32 Inscrição citada por At. 13, 609d (cf. supra, n. 19).
33 A situação em geral periférica dos ginásios, diferenciados de espaços mais restritos como as palestras, é definida por S. L. Glass, The Greek Gymnasium, em W. J. Raschke (ed.), *The Archaeology of the Olympics*, Madison/London:

que se a inversão ritual, tendo em vista um processo de educação de tipo iniciático, é realizada na Grécia no plano sexual, do ponto de vista espacial e social, o sistema ressemantizado, sob a influência do desenvolvimento de estruturas da cidade, não inverte completamente os valores que serão os do adulto.

Mas essas pedras que falam e designam não o fazem sem fazer voltar à cena os objetos ilustrados e epigrafados circulado no banquete. Logo, no decorrer de uma abordagem já operada por muitos eruditos, teve-se pouca sensibilidade ao fato de que em ambos, as declarações aí inscritas são enunciadas pelo erasta[34]. Subestimou-se, portanto, o valor definitivamente pedagógico de inscrições que tendem pela escrita a tornar, seja a cena imagética (ou da própria taça?), seja o próprio local do acasalamento, em alguma espécie de "monumento" da relação erótica e educativa nascida no banquete ou no ginásio. Quer dizer que na qualidade de palavras performativas ou de asserções consagrando uma performance, esses enunciados epigráficos se inscrevem também na dialética do *epainos* e do *mômos*, do elogio ou da reprovação. E isso com tão mais evidência na medida em que as aclamações de Kalami, em Tassos, adquirem uma feição crítica. Se o belo Myiscos é encantador, merecendo em sua doçura com que o locutor (e provavelmente o enunciador) da inscrição o considere seu (*emos*), em determinada ocasião, em todo caso, ele se torna um selvagem, um mal talhado (agreos/agreios). O próprio nome do jovem, diminutivo de um apelido, poderia remeter à sexualidade exagerada atribuída pelos helenos aos ratos (*mues*)[35].

<ul style="list-style:none">
<li>University of Wisconsin Press, 1988, p. 155-173; ver também o estudo clássico de J. Delorme, *Gymnasium*, Paris: E. de Boccard, 1960, p. 51s e 253s. Para os fundamentos da educação ateniense tradicional, cf. H.I. Marrou, *Histoire de l'éducation dans l'Antiquité*, Paris: Seuil, 1964, p. 69s.</li>
<li>34 Ver especialmente K.J. Dover, op. cit., p. 114s: ao mesmo tempo em que rejeita a interpretação que faria desses objetos oferendas do erasta ao erômeno, o erudito não propõe explicação coerente. A propósito das "aclamações pederásticas" inscritas nos vasos, ver as referências em Pragmática da Iconografia Erótica, supra, p. 75, n. 22; acrescenta-se que D.M. Robinson; E.J. Fluck, *A Study of the Greek Love-Names, including a Discussion of Paederasty and Prosopographia*, p. 21s, abordam essas declarações das inscrições de Thera.</li>
<li>35 Essa é, em todo caso, a hipótese avançada por J. Taillardat, MUIKKOS AGREIOS ou AGRIOS?, *Bulletin de correspondance hellénique*, Paris, v. 107, 1983, p. 189-190, que por outro lado confere a *agreios,* interpretado em *agrios,* o sentido positivo de "apaixonado", "assanhado"; o nome do erômeno estaria então</li>
</ul>

Preso na dialética do louvor e da crítica própria de uma cultura em que o estatuto do cidadão prende-se à sua reputação, à relação passageira entre um adulto e um adolescente pode ultrapassar os limites da conveniência presente na homofilia grega; ela cai então nas imperfeições denunciadas pelas zombarias da comédia que não tardaremos em abordar. No momento, nos limitaremos a repetir que é precisamente no domínio da sexualidade que a instituição educativa nas cidades da Grécia arcaica e, provavelmente, ainda clássica se adapta da maneira mais fiel ao cânon do rito de iniciação tribal como o define a antropologia cultural e social. Não há desde então o menor motivo para colocar em dúvida o aspecto sexual da função iniciática da homofilia helênica[36].

Desse lugar privilegiado deixado a Eros no processo da educação iniciática grega, poderá ser citado, em conclusão, o testemunho dos versos anônimos cantados em Cálcis. Eles representam a sanção de uma dessas inúmeras anedotas erigindo como exemplo ao jovem erômeno, a morte em combate do erasta adulto, amado (*philêtheis*) do adolescente e levado pelo desejo às proezas paradigmáticas:

> Jovens que tendes recebido graças (*kharites*) compartilhadas e virtudes paternais,
> Não recusais aos valorosos (*agathoi*) de frequentar vossa tenra idade.
> Nas cidades dos calcídios floresce com a coragem (*andreia*)
> Amor que rompe os membros (*lusimelês*)[37].

próximo deste querido ao qual Meleagro dirige alguns de seus epigramas: Myiscos, ardente de prazer "como um rato", cf. Efeitos Pragmáticos da Poesia de Amor, p. 55-56, n. 9.
36 Isso rapidamente dito para responder tanto às objeções levantadas por H. Patzer, *Die griechische Knabenliebe*, Wiesbaden: Franz Steiner Verlag, 1982, p. 43s e 125s, contra a natureza sexual das instituições iniciáticas gregas, como à tese formulada por K.J. Dover, Greek Homosexuality and Initiation, em *The Greeks and their Legacy* 2, Oxford: Oxford University Press , 1988, p. 115-134, sobre o caráter sobreposto da relação pedagógica concernente à relação amorosa entre erasta e erômeno. Poder-se-ia até atribuir um valor iniciático à nudez de belos corpos de adolescentes exercitando-se no ginásio e solicitando a eulogia dos ceramistas: cf. L. Bonfante, Nudity as a Costume in Classical Art, *American Journal of Archaeology*, New York, v. 93, 1989, p. 543-570.
37 *Carm. pop.* 873 Page, um canto citaródico arcaico provavelmente destinado ao banquete; cf. G. Tedeschi, Lo *skólion* per gli *erômenoi* calcidesi, em K. Fabian

Com seu valor etiológico, o relato dá conta tanto da função desse Eros, que se desenvolve com a "qualidade humana"(*andreia*), quanto da estima (*etimêsan*) rodeando um *paiderastein*, no início reprovado (*en psogôi*). É na relação amorosa e fiduciária com um mais velho que se pode tornar, na lenda de Cálcis, soldado e cidadão; e isso no decorrer das práticas do banquete e do ginásio. Em ambos os casos, a palavra poética sanciona o Eros propedêutico a uma *philia* política.

(ed.), *Oinera teukhe*, Alessandria: Dell'Orso, 1992, p. 85-94. A anedota é relatada por Plutarco, *Diál. Amor* 760s, que a atribui a Aristóteles, fr. 44 Gigon (provavelmente confundido com o historiador Calcídio do mesmo nome); cf. também At. 13, 601e. Frequentemente citadas, outras anedotas fazem do amor homófilo a mola de virtudes exemplares: cf. F. Buffière, op. cit., p. 366s, e B. Sergent, op. cit., p. 199s; elas encontram seu correspondente social nas práticas guerreiras atribuídas a certas cidades: cf. K.J. Dover, *Greek Homosexuality*, p. 190s. A relação de homofilia (Plat. *Banq.* 182c) entre os tiranicidas Aristogíton (*erôs*) e Harmódio (*philia*) mostra que a "pederastia" propedêutica não se limita ao domínio dório nem, provavelmente, ao indo-europeu: cf. K.J. Dover, *Greek Homosexuality*, p. 194s, e J. Bremmer, An Enigmatic Indo--European Rite: Paederasty, *Arethusa*, Baltimore, v. 13, 1980, p. 279-298.

6. Eros no Feminino: O Oikos

Do ponto de vista amoroso, o que acontece com os jovens e as jovens educados por Eros quando atingem a idade adulta? Tentar uma resposta é antes de tudo ser obrigado a uma mudança de perspectiva, uma vez que, para os adultos, as vítimas de Afrodite e de Eros são geralmente mulheres. Essa tentativa leva-nos também, se permanecermos em Atenas, a um ligeiro deslocamento cronológico: também não, por falta de documentos, ao final da época arcaica, mas ao coração do período clássico, em plena ampliação do sistema da democracia. No entanto, é preciso reconhecer que não se encontra mais dessa época os vestígios da existência de um sistema de educação para as jovens de caráter iniciático, análogo ao que se pode reconstruir na Esparta ou na Mitilene do final do século VII. Em compensação, alguns indícios remetem-nos a uma sequência de categorias etárias, e à participação cultual de meninas ou adolescentes atenienses em celebrações como as Brauronia ou as Arreforias evoca os ritos da iniciação tribal. O ritual das arréforas, em particular, mantém uma relação intensa senão com a homofilia, pelo menos com a sexualidade em geral; retornaremos a isso a propósito dos espaços cultuais de Eros[1].

---

1 Ver a esse respeito o relatório cuidadosamente retomado por P. Brulé, *La Fille d'Athènes*, p. 79s e 240s; sobre as arréforas em particular, cf. Pradarias e Jardins de Poetas, infra, p. 174, n. 10.

Tornada adulta, a filha do cidadão ateniense – qualquer que tenha sido a forma de sua educação – é devotada ao casamento. No entanto, na Atenas do século v, o lugar matrimonial, na medida em que é fundado na coabitação, é suficientemente maleável para que outras mulheres possam ser integradas às relações de parentesco tecidas na estrutura do *oikos*, da família; a mulher não cidadã pode, por exemplo, inserir-se aí como concubina. Se não é possível relacionar aqui os aspectos jurídicos e afetivos desse estatuto feminino singular[2], em compensação o estado de *hetaira*, geralmente, é tão mais interessante que assume traços próprios ao estatuto intermediário conhecido especialmente pelas jovens alunas de Safo, orientando-se completamente, sexual e socialmente, para os homens.

UM ESTATUTO INTERMEDIÁRIO: A HETERA NO BANQUETE

Da cortesã, as fontes clássicas nos restituem uma imagem complexa. Ela oscila entre o retrato de uma Aspásia que, por sua beleza e inteligência, chegou a ocupar o lugar, ao lado de Péricles, da esposa legítima e a da tocadora de flauta que se aluga ocasionalmente para os serviços sexuais. Com amplo espectro semântico, o próprio termo *hetaira* tem seu emprego oscilando entre os dois polos, perfeitamente resumidos em uma glosa de Hesíquio: a hetera é uma amiga de coração (*philê*) ou uma prostituta (*pornê*). A prostituição masculina é objeto da mesma distinção; veremos que se a lei intervém para regulamentar a *hetairêsis*, na invectiva lançada pelo orador Ésquino, a *hetirekôs* torna-se um *peporneumenos*: tudo depende do número de clientes frequentados pelo prostituto[3].

---

2 Ler a esse respeito A. R. W. Harrison, *The Law of Athens*, Oxford: University Press, 1968, p. 1s, e as numerosas referências dadas por E. Cantarella, *L'ambiguo malanno*, Roma: Riuniti, 1985, p. 68s; L. Gallo, La Donna greca e la marginalità, *Quaderni urbinati di cultura classica*, Roma, n. 47, 1984, p. 7-51 (com a bibliografia anterior), W. Schuller, *Frauen in der griechishcen Geschichte*, Konstanz: Universitätsverlag, 1985, p. 44s, e D. Cohen, *Law, Sexuality and Society*, 1991, p. 149s, corrigem a imagem tornada tradicional da reclusão da mulher ateniense no gineceu: cf., por exemplo, S. B. Pomeroy, *Goddesses, Whores, Wives and Slaves*, New York: Schocken 1975, p. 79s.
3 Hsq. *s. v. hetera* (E 6480 Latte); Ateneu, 13, 571bs, procede a mesma distinção apoiando-se em Anaxilas, fr. 21 Kassel-Austin. Sobre os diferentes aspectos

Frequentemente analisado, o discurso, atribuído a Demóstenes e acusando Neera de usurpar seu estatuto de esposa, ilustra perfeitamente a ascensão social que podia conhecer uma cortesã, passando do estatuto de prostituta escrava ao de esposa de um cidadão. Ligado a uma liberdade relativa como alforriada ou filha de meteco, o estado da hetera situa-se precisamente entre essas duas condições. Independente de um estatuto social flutuante e podendo conhecer impressionantes variações ao sabor das circunstâncias, a hetera se caracteriza na Atenas clássica por sua participação no banquete masculino, como atesta o mesmo discurso. É por conta disso que os arqueólogos leitores de imagens, provavelmente abusivamente, classificam na única categoria de heteras todas mulheres jovens que, ricamente vestidas ou nuas, encontram-se junto aos homens – efebos ou adultos – em seus leitos do simpósio[4].

Em todo caso, a hetera participa do banquete. Depois de tê-la resgatado de sua mãe proxeneta em Corinto e tê-la alforriado, Prinion leva a Atenas a jovem Neera que tornou célebre o discurso de acusação atribuído a Demóstenes. Desde então, ela vem seguindo o cidadão devasso em todos os festejos báquicos, no simpósio e no *kommos*. Na demonstração do autor do discurso, a participação da jovem no banquete prova sua qualidade de cortesã[5]. Os papéis da hetera nessas reuniões de cidadãos, ainda que subordinados, não se resumem às atitudes passivas de simples objeto sexual. Certamente, ao subir na *klinê* para aí ficar junto de um simposiasta adulto, ela ocupa sempre a segunda posição; mas às incontestáveis prestações sexuais que lhe são solicitadas somam-se o toque de flauta e a dança. Tocado por mulheres e homens, o aulo não

---

do estatuto da *hetera*, ver C. Mossé, *La Femme dans la Grèce antique*: Albin Michel, Paris, 1983, p. 62s; e C. Reinsberg, *Ehe, Hetärentum und Knabenliebe im antiken Griechenland*, p. 80s; a distinção entre *pornê* e *hetera* é delineada por L. Kurke, Inventing the *Hetaira*, *Classical Antiquity*, p. 108s; para as prostitutas, cf. Disputas Dionisíacas do Amor, infra, p. 136s.

4 Ps. Dem. 59, 18s. Ver o *corpus* de imagens reunidas por I. Peschel, *Die Hetäre bei Symposion und Komos in der attischrotfigurigen Vasenmalerei des 6-4. Jahrh. V. Chr*, que se contenta (p. 19s e 25) com uma definição muito ampla da *hetera*; mesma insuficiência em C. Reinsberg, op. cit., p. 91s; ver atualmente o bom comentário de L. Kurke, Inventing the *Hetaira*, op. cit., 1997, p. 133s.

5 Ps. Dem. 59, 33, cf. também 24, 25, 34, etc.; sobre a carreira de Neera e sobre os diferentes estatutos que ela usurpa, cf. C. Calame, Entre rapports de parenté et relations civiques, em F. Thélamon (ed.), *Aux Sources de la puissance*, p. 105.

apenas domina o simpósio e o cortejo que o segue, mas também é o instrumento que geralmente acompanha a elegia; muitos testemunhos indicam que, no banquete, ela era mais frequentemente cantada[6]. Significa que, antes da música da flauta exercer seu poder orgiástico sobre os simposiastas, com ajuda do vinho, levando-os a um segundo estado, aos transbordamentos eróticos, a tocadora de aulo é chamada para contribuir com a função educativa da poesia cantada e dançada no momento da reunião amigável.

Por outro lado, do ponto de vista espacial, participar dos *symposia* significa evoluir ao exterior do gineceu, no qual as mulheres atenienses não ficavam, aliás, tão reclusas quanto se quis afirmar. O discurso redigido contra Neera só poderia traçar uma linha distintiva mais clara. Quando Lísias – provavelmente o logógrafo – trouxe a Atenas a cortesã bem jovem com sua dona e outra de suas jovens protegidas para possibilitar que essa última se iniciasse nos Mistérios de Elêusis, ele evita receber as três mulheres em sua própria casa. Em consideração à sua esposa e mãe, ele instala-as na casa de um de seus jovens amigos, celibatário, no demo de Colona! Na verdade, os arqueólogos nos informam: toda casa ateniense com certo *status* possuía uma câmara reservada aos homens (*andrôn*). Mas o acesso direto aí construído, da entrada da casa ou da rua, define o caráter "semipúblico"; do mesmo modo que, do pritaneu às salas de banquete integradas aos santuários, os espaços em que se come e bebe situam-se de algum modo no limite entre o interior e o exterior. Não nos esqueçamos tampouco de que o *kommos* bêbado na sequência do simpósio desenha um percurso do interior da casa ao espaço aberto das ruas[7].

---

6   Cf. Mner. test. 5 Gentili-Prato ou Teóg. 939s e 1041s; referências bibliográficas: cf. Pragmática da Iconografia Erótica, supra, p. 76, n. 24, acrescentando, para a hetera tocadora de flauta, o estudo de C. G. Starr, An Evening with the Flute-Girls, *La parola del passato*, Napoli, v. 33, 1978, p 401-410; iconografia em I. Peschel, op. cit., *passim*. Lembremos que devido ao seu caráter orgiástico, Aristóteles, *Pol.* 8, 1341a 17s, nega todo valor educativo ao aulo, ao mesmo tempo em que reconhece que os atenienses cultivavam seu aprendizado, antes e depois das Guerras Médicas: cf. Aristóf. Fr. 232 Kassel-Austin.

7   Ps. Dem. 59, 21s. Para a situação de espaços reservados ao banquete, ver, para o *oikos*, E. Keuls, *The Reign of the Phallus*, p. 210s, com as referências dadas por J.L. Gould, Custom and Myth, *The Journal of Hellenic Studies*, v. 100, p. 48, às quais convém acrescentar M. Jameson, Private Space and the Greek City, em O. Murray; S. Price (eds.), *The Greek City from Homer to Alexander*, Oxford: Oxford University Press, 1990, p. 171-195, n. 2; para o santuários, cf. C. Börker,

Em correspondência com o espaço em que exercem seus saberes, as heteras dispõem de um estatuto cujo caráter intermediário está inscrito em ao menos dois testemunhos. O primeiro é o célebre canto de banquete em que Píndaro faz o elogio de cinquenta cortesãs conduzidas a Afrodite por Xenofonte de Corinto em reconhecimento a sua dupla vitória nos Jogos Olímpicos; como ato cívico, sem nenhuma relação com uma prostituição sagrada proibida pelas leis cultuais gregas. As qualificações que beneficiam as heteras de Corinto nesses versos de louvor assimilam-nas às jovens que ainda não atingiram, pelo casamento, o estatuto do adulto[8]. Enquanto jovens celibatárias, em coincidência com a indeterminação relativa ao seu estatuto, as cortesãs são admitidas no banquete masculino.

Por outro lado, voltando-se para o aspecto da iconografia, nota-se que a hetera pode por si mesma, em um intenso jogo provavelmente paródico, tomar o lugar do simposiasta. Coberta com o *himation* (manto) masculino quando não está nua, ela naturalmente enfrenta então uma de suas companheiras; ocupando a cabeceira do leito, brinca com ela em jogos do simpósio. Os enunciados gráficos que acompanham essas cenas especificam o conteúdo desses passatempos: convites para beber o vinho ou participar do jogo do *Kottabo* (envolvendo vinho). Melhor: os nomes dos destinatários dos convites ao jogo do *Kottabo* – Leagro ou o belo Eutimides – são masculinos[9]! Na medida em que a orientação do enunciado gráfico possa ser determinada com

Festbankett und griechische Architektur, Konstanz: Universitätsverlag, 1983, e B. Berquist, Sympotic Space, em O. Murray, *Sympotica*, p 37-65. Quanto às representações do *kommos*, ver I. Peschel, op. cit., p. 21s. A iconografia ática do final da época arcaica situa geralmente as jovens e as mulheres fora da casa, particularmente na ocasião de cenas de sedução calcadas no modelo da corte homófila: cf. F. Lissarrague, Un Regard athénien, em P. Schmitt-Pantel (ed.), *Histoire des femmes en Occident*, p. 179-240 (p. 217s).

8 Pínd. fr. 122 Maehler, com o comentário que ensaiei em 1989, p. 104s; sobre a regra de pureza sexual a ser respeitada para penetrar em um santuário e sobre a proibição do coito em seu recinto, ver ainda R. Parker, *Miasma*, p. 74s.

9 Ver especialmente, para o convite à bebida, a taça de Oltos, Madri Mus. Nac. 11267 (ARV^2 58, 53) e, para o jogo do *Kottabo*, o *psictera* do Hermitage de São Petersburgo B 644 (ARV^2 16, 15 e 1619), bem como a hidra de München Antikenslg. 2421 (ARV^2 23, 7 e 1620). Essas peças datam do final do século VI. *Corpus* constituído e ilustrado por I. Peschel, op. cit., p. 70s e 110s; ver também C. Reinsberg, op. cit., p. 112s. Quanto à eventual identidade cívica de Leagro, cf. D.M. Robinson; E.J. Fluck, *A Study of the Greek Love-Names, including a Discussion of Paederasty and Prosopographia*, p. 132s.

exatidão, as palavras escritas parecem se dirigir à cortesã representada em posição masculina; por outro lado, os elogios amorosos beneficiam Leagro e Eutimides nas inscrições iconográficas, essas palavras fazem dela menos um erasta do que um erómeno. Provavelmente, o caráter intermediário do estatuto da hetera torna mais fácil essa dupla reversão de papéis sociais sexuais.

É ainda ao caráter relativamente indefinido de um estatuto ligado à transição que poderão ser referidos todos os excessos sexuais nos quais a cortesã é a protagonista principal. Foi dito que a iconografia obscena, metamorfoseada a nossos olhos como pornografia, adiciona normalmente as diferentes formas de consumação do vinho, por ocasião do simpósio e do cortejo que o segue[10]; expressões de uma sexualidade inventiva, mas na qual Eros está ausente já que o desejo é satisfeito. Ainda mais que os jovens filhos de cidadãos, os hetairos, suscitam, ao mesmo tempo em que excitam o desejo, relações que provavelmente satisfazem a pulsão sexual, mas que são essencialmente passageiras. Além do mais, contrariamente àquelas que os adultos procuram estabelecer com seus erômenos ou com as filhas dos cidadãos, essas relações amorosas são em princípio improdutivas. Além da satisfação do simples prazer, a *philia* oferece, não obstante, um terreno no qual podem se desenvolver entre cidadãos e cortesãs, ou seja, entre as próprias cortesãs, relações de fidelidade recíproca. Ainda que a variedade de acepções do termo *hetaira* não permita que se garanta a interpretação, duas inscrições funerárias de Atenas podem esclarecer essas relações de um dia particular. Na primeira uma "companheira" (*hetaira*) consagra a uma mulher desaparecida na flor da idade uma estela funerária em testemunho de uma relação de amor (*philotês*) baseada na fidelidade e ternura (*pistê, hêdeia*):

> Em reconhecimento de sua doce e fiel amizade,
>   Euthylla, tua companheira, ergueu em tua tumba esta estela,
> Bioté; ela chora à lembrança eternamente deplorada
>   de tua juventude para sempre desaparecida.

---

10 *Corpus* de imagens em E. Keuls, op. cit., 161s, I. Peschel, op. cit., p. 57s e 115s, ou C. Reinsberg, op. cit., p. 96s.

Na segunda estela, *hetairoi* se apresentam – em grupo – para envolver com uma coroa o monumento funerário de certa Antêmis e celebrar a memória do valor (*aretê*) e da fidelidade (*philia*).

> Eis aqui a tumba de Antêmis; seus companheiros
> coroam-na com seu círculo,
>   em memória de sua virtude e fiel amizade[11].

Tudo leva a crer que Antêmis, hetera, conseguira se inserir nas relações de confiança recíproca fundando a *hetairia* que ela frequentava. Duas inscrições paralelas atestam a existência de um rito correspondente ao dos homens: consagração funerária a um *hetairos* por seus companheiros. Esse paralelismo mostra que o estatuto mais próximo da hetera é definitivamente o do próprio simposiasta, integrado ao seu grupo de fieis companheiros.

É justamente uma assimilação desse tipo que procede – tardiamente, é verdade – o historiador da religião Apolodoro de Atenas quando tenta explicar a função do culto dos atenienses à Afrodite Hetera: venerada sob este epíteto, reúne *hetairoi* e *heterai*. Nessa medida, ela faz dessas últimas *philai*. Em apoio à explicação de Apolodoro, Ateneu cita precisamente os versos de Safo já evocados, em que a poetisa qualifica com esses mesmos dois termos as jovens seguindo seu ensinamento! Essa deriva fala por si mesma do estatuto intermediário, oscilando entre feminino e masculino, da hetairia. Dessa forma – para remontar ao século v –, a jovem cortesã de *Assembleia de Mulheres* de Aristófanes pode apelar ao *mou hetairos* (meu companheiro) aquele que, mais adiante na comédia, deverá ser substituído por um *erastês*. Mas aqui, como com Afrodite Hetera, recobramos o domínio do amor já que a jovem e o jovem se dizem possuídos por Eros e por Cípris[12].

---

11 CEG 1, 97 e 92 Hansen; duas mulheres foram na realidade representadas e nomeadas na pintura ornando a estela (perdida) da segunda inscrição: Herophilé e Antêmis, a dedicatória da tumba. Cf. ainda CEG 1, 139 e 171 Hansen.
12 Apolod. FGrHist. 244 F 112, citado por At. 13, 571cs (cf. supra, n. 3) que menciona igualmente Safo fr. 160 e 142 Voigt (cf. Eros no Masculino, supra, p. 90, n. 15), assim como Menandro, fr. 323, Koerte, que pedia para distinguir as *hetairai* dos *hetairoi* louvando seus encantos! Aristóf. *Ass*. 912, 994, 954s: cf. Disputas Dionisíacas do Amor, infra, p. 131, n. 6. Sobre o culto de Afrodite Hetera, ver

Transitórias, as relações amorosas das jovens heteras com homens ainda jovens apresentam-se sob perspectivas como simples prelúdios da consumação do amor, pois, para a mulher mais ainda do que para o homem, o desdobramento das dádivas de Afrodite é consagrado pelo casamento, essa instituição da qual se afirmou muito frequentemente que excluía, na Grécia clássica, a satisfação do desejo e da sexualidade em geral.

TRANSIÇÃO À MATURIDADE: A JOVEM ESPOSA

A despeito da heterogeneidade de documentos que permitem reconstruir o desenrolar, os antropólogos da Grécia antiga chegaram a um acordo quanto à sequência de ritos constituindo na Atenas clássica a cerimônia de núpcias. Da oferenda da cabeleira da adolescente ao banho ritual dos noivos, do banquete de núpcias na casa do pai da noiva ao desvelamento da jovem esposa, do cortejo noturno à luz de tochas à recepção oferecida pela mãe do noivo em sua casa, da consumação de um marmelo simbolizando a *consummatio matrimonii* ao canto executado no despertar dos jovens casados e à recepção dos presentes do dote destinado à nova esposa, são conhecidas, daqui em diante, as principais etapas do ritual matrimonial clássico[13].

Passagem Ritual à Civilização

Nenhuma dúvida quanto ao caráter de rito de passagem apresentado pelo conjunto da cerimônia. Efetuada materialmente e, portanto, espacialmente pela jovem noiva, a principal protagonista, essa passagem é repensada e reformulada simbolicamente

---

as referências que dei em Entre rapports de parenté et relations civiques, em F. Thélamon (ed.), *Aux Sources de la puissance*, p. 109, n. 6.

13 Para uma reconstrução fundamentada nos textos, ver C. Calame, *L'Amore in Grecia*, p. xvis, bem como A. Avagianou, *Sacred Marriage in the Rituals of Greek Religion*, Bern/Wien: P. Lang, 1991, p. 1s; e para uma reconstituição a partir da iconografia, ver C. Reinsberg, op. cit., p. 49s, e J.H. Oakley; R.H. Sinos, *The Wedding in Ancient Athens*, Madison/London: University of Wisconsin Press, 1993, p. 22s. Bibliografia a esse respeito em E. Contiades-Tsitsoni, *Hymenaios und Epithalamion*, p. 33s.

em duas ordens da manifestação ritual. De um lado, do ponto de vista dos atores do rito, sabe-se que a noiva deixa seu pai e sua casa para encontrar em seu novo lar a mãe de seu futuro marido. Além do mais, enquanto no banquete de núpcias, homens e mulheres comem separados e a noiva é cercada da *nympheutria* (assistente da noiva) e de suas amigas, no cortejo nupcial ela senta-se no carro ao lado de um parente ou de um amigo de seu marido; nesse momento intermediário de transferência para casa de seu futuro esposo, ela é, todavia, seguida de sua mãe enquanto um coro misto acompanha a procissão nupcial com seus cantos. Finalmente, não é apenas depois da recepção da mãe do noivo, que no *thalamos*, no leito nupcial, esposo e esposa se encontram unidos para trincar o marmelo. Ao respeitar a regra da virilocalidade, o casamento grego a realiza por meio de mulheres ou, mais exatamente, por uma progressão que leva da separação sexual à composição mista.

De outro lado, uma parcela de gestos executados nessa ocasião ritual transpõe a transição da noiva; filha de seu pai à mulher, esposa de seu marido, no plano alimentar, sempre central na representação que os gregos faziam de diferentes etapas de realização da maturidade feminina e da reprodução humana. A própria criança coroada de folhas de acanto e belotas, percorrendo o banquete de núpcias, repetindo que os noivos "escaparam de um mal para encontrar um bem", apresenta aos convidados um carrinho com pão. Aos alimentos da vida selvagem que a jovem renuncia, opõe-se o produto da cerealicultura, que simboliza a realização da civilização, mas também da maturidade da mulher adulta. A cerimônia se processa nessa isotopia da civilização, materializada ritualmente na grade da cevada que a noiva carrega durante a *nymphagôgia* ou nos instrumentos da sedução dados à jovem esposa ao final da passagem[14]. Na perspectiva da

---

14 O transporte da grade de cevada e a consumação de um marmelo pela noiva são prescrições atribuídas a Sólon: fr. 71b e 127 Ruschenbusch; sobre o sentido de *epaulia*, cf. infra, n. 26. A relação metafórica estabelecida pelos gregos entre a produção do trabalho agrícola e a fecundidade do casamento é celebrada em Atenas no festival das Tesmofórias: lembrança em L. Bruit-Zaidman, Les Files de Pandore, em P. Schmitt-Pantel (ed.), *Histoire des femmes en Occident*, p. 363-403. Os outros documentos permitindo a reconstrução do desenvolvimento da cerimônia de núpcias são mencionados nos estudos citados, n. 13. Para os valores eróticos atribuídos ao marmelo, cf.Pradarias e Jardins Lendários, infra, p. 162, n. 15.

mulher, o casamento grego é concebido justamente como uma passagem da "natureza" à cultura pela união entre os sexos.

O Papel de Eros e da Sexualidade

Assim, depois da noiva, o protagonista mais visível no ritual matrimonial é ainda Eros. Na verdade, um único texto clássico atesta sua presença no seio do casamento, evocando as núpcias exemplares de Hera com Zeus. Essa evocação mítica acontece no himeneu cantado pelo coro de *As Aves* de Aristófanes para celebrar, no final da comédia, o feliz casamento da Realeza com Companheiro Fiel; a própria criança de asas de ouro assume aí o papel do auxiliar da futura esposa no momento de um cortejo nupcial transbordante de felicidade. Em compensação, os imagistas da Atenas clássica recorrem à encarnação adolescente e alada do desejo amoroso para integrá-lo em todas as fases da cerimônia do casamento: cortejo levando água do banho pré-nupcial, preparação da noiva, desvelamento, cortejo nupcial e recepção da futura esposa; todas cenas em que Eros se encontra normalmente ao lado da heroína do ritual para auxiliá-la. Mas por trás do jovem Eros se dissimula ainda o poder de Afrodite: é essa deusa que em documentos, a bem dizer, mais tardios, parece penetrar na câmara nupcial, para se associar à sua metade feminina na celebração da noite de núpcias[15]. A presença de poderes divinos do amor não se limita a essa cerimônia nupcial, que os imagistas geralmente se comprazem em nos descrever com traços "paradisíacos". Eros não hesita em penetrar no próprio gineceu, levando as roupas de uma dama no banho ou ajudando outra mulher no trabalho da lã[16].

---

15 Aristóf., *Av.* 1728s com esc. *ad* 1737 (p. 300 White). Para a iconografia, ver os documentos apresentados por A. Hermary, Eros, *LIMC*, p. 905s, e C. Reinsberg, op. cit., p. 51s. Nos textos trágicos, Afrodite reina também como senhora do casamento: cf. Esq. *Eum.* 214 s E *Supl.* 1035s, bem como Euríp. *Phaét.* 227s (ver infra, n. 18). Outras divindades, como Hera ou Ártemis, intervêm igualmente no casamento: cf. M. Detienne, Puissances du mariage, em Y. Bonnefoy (ed.), *Dictionnaire des mythologies 2*, Paris: Flammarion, 1981, p 665-73, e J. Redfield, Notes on the Greek Wedding, *Arethusa*, v. 15, p. 195s.

16 Hídria Wien Kunsthist. Mus. IV 386 (*ARV2* 1131, 157; mulher às vezes identificada com Afrodite); lécito New York MMA 06.1021.90 (*ARV2* 682, 102). Essas cenas não poderiam senão corresponder aos preparativos do casamento como

Tentar perceber a maneira como o casamento e a união conjugal eram realmente sentidos pela principal interessada resulta em uma aposta perdida antecipadamente. Em compensação, quanto à própria cerimônia matrimonial, algumas representações complementares, a despeito de uma formulação geralmente masculina, permitem precisar a figura assumida por esse rito colocando-se na perspectiva nativa.

Se aceitarmos um breve retorno à época arcaica, o vocabulário utilizado nos cantos pontuando cada etapa da cerimônia nupcial que são os himeneus, surge um primeiro indício complementar do papel do desejo amoroso[17]. Sabe-se que os editores alexandrinos de Safo reservaram o livro VIII de sua obra aos Épithalames, ou seja, aos himeneus. Sem considerarem os poemas que, também compostos à época das cerimônias nupciais, foram, no entanto, classificados por razões métricas em outros livros da poetisa de Lesbos, os poucos fragmentos poéticos especificamente matrimoniais que possuímos louvam naturalmente a beleza da *nymphê*, da jovem esposa. Eles os fazem nos próprios termos com que a poesia erótica nos familiarizou. Esses versos muito fragmentários não somente se empenham em glorificar a elegância da *démarche*, a graça da beleza, a doçura dos olhos ou o esplendor da aparência da moça, mas não hesitam em reproduzir Eros que suscita desejo em seu rosto. A nova esposa é então enaltecida com as honras da própria Afrodite. Além do mais, graças à paráfrase de um himeneu de Safo que nos oferece o *Epitalâmio a Severe* de Himério, a deusa evocada pela poetisa penetra pessoalmente na câmara nupcial, alteada sobre o carro das Graças e acompanhada de um coro de Amores portadores de tochas. Além disso, em *Phaéthon* de Eurípides, o himeneu dramático cantado ao herói pelo coro complementar das jovens (*pathernoi*) começa como um verdadeiro

---

julga A. Hermary, Eros, *LIMC*, p. 906s, que acrescenta ainda outros documentos. Sobre a divinização de cenas de casamento, cf. C. Bérard, L'ordre des femmes, em *La Cité des images*, Paris/Lausanne: Editions de la Tour, 1984, p. 85-104.

17 Do ponto de vista dos gêneros, o himeneu é o conceito geral que engloba todos os cantos (de preferência corais) pontuando a cerimônia de núpcias, particularmente o epitalâmio, executado diante da câmara nupcial, e o *diegertikon*, cantado ao despertar dos novos esposos; o estudo clássico a esse respeito é o de R. Muth, "Hymenaios" und "Epithalamion", *Wiener Studien*, Wien, v. 67, 1954, p. 5-45, que, nem de longe, substituiu o de E. Contiades-Tsitsoni, op. cit., p. 30s.

hino à Afrodite; Afrodite a senhora dos Amores, a mais bela das deusas, ela que conduz as jovens ao casamento, ela a mãe de Himeneu, esse potro novamente submetido ao jugo conjugal[18].

Tanto no convite ao amor como no casamento, às palavras comuns, gestos idênticos. Assim – e para tomar somente este exemplo – o manto (*khlainêi*), com o qual Arquíloco cobre a jovem que ele acaba de seduzir para satisfazer com ela seu desejo, encontra seu correspondente na *gamike khlanis* que o Companheiro Fiel carrega, na cena de Aristófanes que acabamos de citar, para celebrar suas núpcias com a Realeza.

Para retornar à lenda, mas com a literatura mais tardia, é envolto em uma *khlanis* e guiado por Eros que Ares se aproxima de Afrodite sobre a cobertura de casamento oferecida a Habrocomes e Antia no romance que lhes consagra Xenofonte de Éfeso: o instrumento da união nupcial na intriga romanesca, desse modo, traz em si a representação pelo mito de seu próprio simbolismo. Do mesmo modo, no idílio transformado em epitalâmio por Teócrito, Menelau recebe Helena sob o manto único (*mia khlaina*) que vai abrigar a noite de núpcias de um casal paradigmático.

Acontece, por outro lado, dos pintores representarem igualmente um casal sob o mesmo manto, independente do seu sexo, os dois parceiros unidos desse modo, normalmente se encaram. Além da imagem que o tecido parece remeter, essa manta da "iniciação" amorosa e nupcial poderia desde então representar simbolicamente a relação de *philotês* recíproca atada desse modo. Nessas condições, falar de "rendição sexual" da noiva do casamento clássico tende à caricatura[19].

---

18 Safo fr. 103, I, 103 B, 108, 112 e 194 Voigt; abstraio aqui os fr. 27, 30, 31 e 44 Voigt. O problema dos epitalâmios de Safo foi evocado, finalmente, por F. Lasserre, *Sappho*, p. 36s, 62s e 81s, geralmente mais completo, mesmo que seja mais audacioso que E. Contiades-Tsitsoni, op. cit., p. 68s, que tenta identificar fr. de himeneu em outros poetas mélicos ainda. A paráfrase de Himério é comentada por J. D. Meerwaldt, Epithalamica 1, *Mnemosyne*, Leiden, v. 4, 7, 1954, p. 19-38. Eur. *Phaéth*. 227s, reconstruído e comentado por J. Diggle, *Euripides, Phaethon*, Cambridge: Cambridge University Press, 1970, p. 148s: sabe-se que em uma das versões da lenda, Himeneu morre no mesmo dia de suas núpcias (cf. a fr. de Píndaro citada infra, n. 23). Sobre o papel de Afrodite no casamento, ver V. Pirenne-Delforge, *L'Aphrodite grecque*, p. 421s.

19 Arquíl. fr. 196a, 42 s West (cf. Pragmática da Iconografia Erótica, p. 66-68, e Pradarias e Jardins de Poetas, infra, p. 168, n. 1), Aristóf. *Av.* 1693 e 1758, Xen. *Éf.* 1, 8, 3, Teócr. 18, 18s. Essas passagens são colocadas em paralelo com as

Amor Compartilhado, Violência e Reprodução

A expressão citada é tão menos apropriada que, qualquer que seja a assimetria efetiva entre a posição social da mulher e a do homem na coabitação conjugal grega, de Homero a Xenofonte, os textos são unânimes: realização do desejo amoroso, a união matrimonial na Grécia funda na sexualidade uma relação de *philotês*. As evidentes distinções sociais de gênero parecem se apagar aí, ao menos durante a noite de núpcias. Análoga àquela que procura estabelecer o amor educativo dos jovens, essa relação de confiança recíproca é diretamente instituída por Eros.

Sem retornar aos amores conjugais de deuses e heróis homéricos, destacaremos que mesmo na invectiva contra as mulheres lançadas por Semônides, a mulher abelha distingue-se de suas colegas ao envelhecer corajosamente (*philé*) para seu esposo que, em compensação, a ama (*phileonti*). Para permanecer no gênero elegíaco, ouçamos também o canto que Teógnis coloca na boca das musas e das Cárites celebrando as núpcias de Cadmo com Harmonia, ela mesmo nascida da união de Ares com Afrodite: "coisa bela suscita a afeição" (*hotti kalon philon esti*). Proclamado por ocasião de uma cerimônia matrimonial, o velho provérbio sobre o afeto que podemos sentir diante da beleza moral é carregado do erotismo que evoca a beleza da filha de Afrodite, garantia do vínculo de *philotês* estabelecido no casamento[20]. Essa relação de reciprocidade sentimental encontramos não somente na troca, exacerbada por um amor negado, marido e mulher na *Lisístrata* de Aristófanes,

---

representações iconográficas correspondentes por G. Arrigoni, Amore sotto il manto e iniziazione nuziale, *Quaderni urbinati di cultura classica*, p. 41s, que dá aí uma interpretação iniciática, e mais prudentemente por G. Koch-Harnack, *Knabenliebe und Tiergeschenke*, p. 136s; J. Scheid; J. Svenbro, *Le Métier de Zeus*, p. 61s, acabam de mostrar os valores metafóricos da *khlaina* entendida como produto da tecelagem nupcial, e também como representação do tecido político. Portanto, é impossível afirmar com E. Keuls, op. cit., p. 41s, que na Atenas clássica "a combinação do casamento com desejo sexual é imprópria e escandalosa". M. Foucault, *Histoire de la sexualité*, p. 164s, mostra-se a este respeito bem mais nuançado.

20 Sem. fr. 7, 83 s West, cf. E. Pellizer; G. Tedeschi, *Semonide*, Roma: Ateneo, 1990, p. 143s; Teóg. 15s retomando o provérbio especialmente citado por Eur. *Bacc.* 881 e 901 e por Plat. *Lís.* 216c; cf. M. Rocchi, *Kadmos e Harmonia*, p. 117s, que destaca todas as relações que esse casamento exemplar mantém com a música.

mas na paródica cena cômica, que conclui com uma nota simposíaca *O Banquete* filosófico de Xenofonte: na representação dramatizada para distrair os convidados, o encontro erótico entre o belo Dioniso e a encantadora Ariadne desemboca, com o emprego do verbo *philein*, em um juramento de amor mútuo. Entre a jovem vestida como uma nova esposa e o deus sedutor, o abraço é tão convincente que, entre os simposiastas, o homem casado tem somente que se juntar à esposa no leito; quanto ao celibatário, ele só pode ser tomado de um único desejo, o do casamento[21].

Voltando à iconografia para confrontar as cenas em que casais homófilos masculinos, homófilos femininos e casais heterossexuais partilham sob a mesma manta do mesmo prazer, acaba-se perguntando se a *khlaina* não remete definitivamente à relação de *philotês*; relação na qual se estreitam tanto as trocas iniciáticas da educação por Eros quanto os laços estabelecidos no casamento pelo amor. Perceber-se-ia desde então toda ironia da cena evocada no epílogo de *O Banquete* de Platão: abraçado a Alcibíades que deslizou sob seu manto, Sócrates desdenha a beleza do jovem; do amor por jovens, ele somente fica, pois, com a relação de *philia*, tratando o impetuoso Alcibíades como tivesse tratado seu filho ou seu irmão mais novo[22].

A presença intensa de Eros e de Afrodite no decorrer de toda passagem, que faz da jovem uma esposa adornada de seduções do amor, não deve, no entanto, fazer esquecer que, abstração feita aos costumes matrimoniais espartanos, a violência em relação à futura esposa está, em todo caso, inscrita nas representações lendárias do casamento; ao menos a título de prelúdio. Ela constitui um dos motores da ação narrativa, especialmente na lenda do herói cantado a cada momento do ritual nupcial. Para nós, ao nos atermos à versão ateniense de

---

21 Aristóf. *Lis.* 870s, em que o verbo *philein* é repetido à saciedade; Xen. *Banq.* 9, 2s. No plano jurídico, essas trocas de confiança recíproca desenrolam-se essencialmente no espaço doméstico: cf. J.L. Gould, Custom and Myth, op. cit., p. 46s. Do simples ponto de vista fisiológico, médicos e anatomistas gregos estimavam que o gozo da mulher não era inferior ao do homem: Hipócr. *Ger.* 4, Aristót. *Ger. An.* 20, 727 b 32s, etc.: cf. D.M. Halperin, *One hundred Years of Homosexuality*, p. 201, n. 126.

22 Imagens reunidas por G. Koch-Harnack, *Knabenliebe und Tiergeschenke*, p. 109s; cf. supra, n. 19; Plat. *Banq.* 219as, com o comentário de J. Scheid; J. Svenbro, op. cit., 1994, p 78s.

uma vida heroica com estilos narrativos e genealógicos, uns mais significativos do que outros, os diferentes textos fazem de Himeneu o libertador das jovens atenienses raptadas por piratas pelasgos. De passagem por Atenas, o jovem de origem argiva, tendo conhecimento do rapto, impediu que as jovens sofressem a violência desses estrangeiros do interior; ele lhes permitiu assim, em seu retorno a Atenas, que se casassem o mais legalmente possível. E é essa a razão pela qual – explica a lenda transformada em *aition* (causa) – as jovens atenienses invocam doravante Himeneu, tornado herói, no momento de suas núpcias[23].

Perseguição, rapto, violência podem esclarecer os atos brutais em que deusas e mortais são geralmente as vítimas da parte dos deuses possuídos por um desejo que acaba por levá--los a um leito comum, *en philotêti*. Efetivamente, nas cenas de perseguição evocadas a propósito de amores divinos, a divindade perseguindo sua vítima é ela mesma aguilhoada por Eros. Assim acontece com Poseidon se apaixonando por Amimone (sob o olhar de Afrodite), com Zeus na perseguição de Ganimedes (sob a influência de um Eros adolescente animado em relação a Zeus no mesmo movimento que o deus em relação ao seu futuro copeiro) ou Dioniso agarrando a mão de Ariadne concedente enquanto Eros lhe traz o diadema de amor e Afrodite aguarda o casal, tendo à mão uma coroa de casamento[24].

---

23 Cf. especialmente esc. A Hom. *Il.* 18, 493 (II, p. 173 Dindorf), Procl. *ap.* Foc. *Bibl.* 321a 22s ou Serv. *In* Verg. *Aen.* 1, 651 (II, p. 276 Harvard); a lenda para nós remonta a Pínd. fr. 128c, 7s Maehler; ela é também relatada por Hdt. 6, 137, 3s (filhas de atenienses importunadas quando vão buscar água na fonte Ennéacrounos, depois "mulheres" raptadas quando celebram Ártemis em Brauron; cf. também Hecat. FGrHist. 1 F 127), além de Férec. FGrHist. 328 F 110s (as jovens de Atenas "fazendo a ursa" para Ártemis nas Brauronia), mas sem a menção do salvamento de atenienses por Himeneu. Para outras fontes e versões da lenda de Himeneu, ver C. Calame, *L'amore in Grecia*, p. XXIs. A crer em Plutarco, *Lic.* 15, 4s, a noiva em Esparta era raptada para ser confiada à *nympheutria* que a travestia de homem; a noite de núpcias era assim precedida de um breve período de segregação: cf. P. Vidal-Naquet, *Le Chasseur noir*, p. 205s, e A. Paradiso, Osservazioni sulla cerimonia nuziale spartana, *Quaderni di storia*, Bari, n. 24, 1986, p 137-153.
24 Pélikè Roma Villa Giulia 20486 (ARV² 494, 2), alabastro de figuras negras, Berlim F 2032 (pl. VI), *oinochoé* Paris Cab. Med. 460 (ARV² 606, 83); ver a esse respeito S. Kaempf-Dimitriadou, *Die Liebe der Götter in der attischen Kunst des 5. Jahrhunderts v. Chr*, p. 27s (pl. 18, 6), 8s (fig. 1) e 31s (pl. 22, 3-5).

Logo, não apenas uma parcela dessas representações imagéticas de perseguições figura nos vasos destinados ao casamento ou à mulher em geral, mas a violência exercida pelo deus sobre a jovem submetida a Eros pode ser considerada como uma metáfora iconográfica da ação de dominação visada, na representação discursiva grega, pelo casamento. Poderíamos ir mais longe estabelecendo uma relação de homologia entre o poder exercido por Eros sobre a divindade desejante e o jugo que essa divindade procura impor ao objeto de seu amor. E os termos da homologia chegam a se confundir no momento em que o próprio Eros persegue uma mulher[25]. À imposição do jugo do amor por Eros corresponde, portanto, a domesticação da jovem no casamento legítimo. Como na poesia erótica, o domador só subjuga porque ele mesmo é subjugado.

Evitemos, portanto, de tomar muito literalmente, para fazer disso uma psicologia sociologizante da opressão conjugal, metáforas icônicas e linguageiras poderosas. Os sofismas do *Elogio de Helena* de Górgias mostram que entre a vontade divina, a violência do rapto, a convicção exercida pelas palavras enfeitiçantes e a intervenção de Eros há, em suma, equivalência. Para cada um dos quatro motivos previstos, Helena sofreu um constrangimento; qualquer que seja a explicação alegada, ela dever ser liberada da acusação de ter abandonado seu lar por Troia. Nessa perspectiva, os versos eróticos da poesia arcaica seriam unicamente a versão sedutora e linguageira de perseguições e capturas lendárias violentas.

É possível seguir ainda outra metáfora que se encontra ativa no casamento grego, e mais exatamente em sua efetuação simbólica através do ritual. De fato, convém não esquecer outro protagonista presente em muitas fases da cerimônia

---

25 A relação entre cenas de captura e recipientes destinados à mulher casada foi destacada por S. Kaempf-Dimitriadou, op. cit., p. 48. Quanto à relação de homologia proposta aqui, ela pode ser traçada a partir de estudos de F. Zeitlin, Configuration of Rape in Greek Myth, em S. Tomaselli; R. Porter (eds), *Rape*, Oxford: Univerity Press, 1986, p. 122-151, e de C. Sourvinou-Inwood, A Series of Erotic Pursuits, *Journal of Hellenic Studies*, London, n. 107, 1987, p. 131-153. Eros em perseguição a uma mulher: hídria Den Haag Mus. Meerm-Westr. 634 (ARV^2 1209, 58). A propósito do casamento concebido como domesticação e submissão, ver as referências dadas por C. Calame, *Les Choeurs de jeunes filles en Grèce archaïque*, t. 1, p. 411s, e por R. Seaford, The Tragic Wedding, *The Journal of Hellenic Studies*, London, p. 111.

matrimonial: o *pais amphithalês*, a criança que "floresce cercada de seu pai e sua mãe", segundo a explicação etimológica proposta pelos antigos. Esse ator do rito parece se encontrar à frente da procissão da *loutrophoria* (representação de mulheres tirando água da fonte); ele assume também a parte ativa que foi mencionada no banquete de núpcias e podemos determinar a presença em certas imagens da *nymphagôgia*, a não ser por ocasião das dádivas complementares, as *epaulia*[26]. Quem quer que seja, esse jovem, levando em sua denominação ritual a metáfora da ramificação humana que se desenvolve graças à harmonia parental, bem poderia representar no decorrer de toda cerimônia nupcial a função de reprodução em que geralmente se creditava a instituição matrimonial. Efetivamente, conjugal ou não, a união entre dois amantes conduz de modo mais frequente ao nascimento de um filho. Para nos mantermos aos textos já evocados, abramos na *Ilíada* o catálogo das amantes com as quais Zeus, ardente de amor, compara Hera como a mais desejável de todas; essas mulheres amadas – explícita ou implicitamente – são todas designadas pela progenitora nascida de seus beijos com o rei dos deuses. Em Semônides, a mulher abelha, no amor partilhado e constante com seu esposo, dá nascimento a uma bela e ilustre descendência. Enfim, mesmo no epitalâmio puramente literário e etiológico de Teócrito, Helena conduzida por Menelau sob o manto matrimonial é imediatamente cantada em sua competência de mãe, capaz de conceber rebentos semelhantes a ela mesma[27]:

26 Cf. C. Reinsberg, op. cit., p. 52s; para as *epaulia*, cf. Pol. 3, 39 e *Sud. s. v.* (E 1990 Adler), e J. Redfield, Notes on the Greek Wedding, op. cit., v. 15, p. 192s; participando em muitos rituais atenienses, o *pais amphithalês* carrega em sua denominação a metáfora da crença: cf. A. Oepke, Amphithaleîs im griechischen und hellenischen Kult, *Realencyclopädie der classischen Altertumswissenschaf*, 31. Stuttgart: A. Druckenmüller. 1934, p 42-56, e L. Robert, Amphithales, *Harvard Studies in Classical Philology*, Cambridge,1 1940, p 509-519. É de destacar, por outro lado, que a denominação dos jovens e das jovens (*koroi, korai*) evocados no refrão do *diegertikon* remete igualmente à ideia do descendente: cf. És fr. 43 Radt, *carm. pop.* 881 Page, e P. Chantraine, *Dictionnaire étymologique de la langue grecque*, Paris: Klincksieck, 1968, p. 567s; ver igualmente G. Lambin, Trois refrains nuptiaux et le fr. 124 Mette d'Éschyle, *Antiqué Classique*, Bruxelles, v. 55, 1986, p 66-85.
27 Teócr. 18, 16s; Hom. *Il.* 14, 313s; Sem. fr. 7, 83s West. A função matrimonial da reprodução no sentido próprio do termo é dramatizada nas grandes narrativas de Hesíodo, *Teog.* 602 s ("mito" de Pandora) e *Trab.* 182s ("mito" das raças).

Feliz casado! Alguém bem disposto espirrou
quando vieste à Esparta, como os outros príncipes, para
garantir teu sucesso.
Único entre os heróis, terás por sogro Zeus o filho
de Cronos.
Uma filha de Zeus que veio deitar junto a ti
sob a mesma coberta;
entre as aqueias que pisam essa terra, não há
outra semelhante a ela;
Certamente, ela só conceberá o prodígio, se o filho
se parecer com a mãe.

Na representação grega clássica da união conjugal, a função reprodutiva – constitutiva de fato – depende, pois, diretamente da intervenção de Eros e da realização do amor em um leito comum, onde se verificará o sentido dessa medida se desdobrar.

Eis, pois, uma razão suplementar para focalizar o casamento na mulher. Porém, há mais. Uma das versões da lenda ateniense de Himeneu apresenta o herói com os traços de um adolescente apaixonado por uma jovem e nobre ateniense. Sua beleza era tão suave – relata o mito – que ele mesmo podia se fazer passar por uma jovem, tal como Aquiles em Ciros. Participando com as outras atenienses do culto à Deméter em Elêusis, foi raptado com as outras pelos piratas para além-mar, em uma região deserta. Mas aproveitou seu sono para matá-los. Em troca da libertação das companheiras de infortúnio de sua amada, ele obtém a mão da jovem. Evidente, era na sequência dessa bela história que as cerimônias nupciais em Atenas eram pontuadas com invocações ao jovem herói. Uma vez não são vezes: o herói do casamento faz melhor que Teseu, seguindo um percurso iniciático quase perfeito[28]. O adolescente celibatário se transforma em adulto casado pela inversão de signos da sexualidade, pelo

---

É particularmente em sua qualidade de mães que as mulheres atenienses são objeto, da parte de seus esposos cidadãos, de respeito e temor; cf. J.L. Gould, Custom and Myth, op. cit., p. 57, e A.-M. Vérilhac, L'Image de la femme dans les épigrammes funéraires grecques, em A.-M. Vérilhac (ed.), La Femme dans le monde méditerranéen, p. 85-112.

28 Serv. in Verg. Aen. 4, 99 (III, p. 286 Harvard); para Aquiles, ver K. Dowden, Death and the Maiden, p. 49s. Os abusos cometidos na interpretação iniciática da exploração cretense de Teseu são criticados em meu estudo Thésée et l'imaginaire athénien, p. 432s.

deslocamento em um lugar longínquo e deserto, pela prova heroica com o recurso da astúcia. Mas, no decorrer mesmo do itinerário lendário, a jovem amada permanece adolescente. Para ela, a passagem só é efetiva no momento dos esponsais.

O Estatuto da Jovem Esposa

Se foi possível, precisamente destacando o papel de Eros, relacionar a educação recebida pelos jovens na Atenas do final da época arcaica com a instituição da iniciação tribal; para as jovens, a passagem determinante, controlada por Afrodite e seu jovem paredro, foi evidentemente o casamento[29]. Ele se caracteriza para a jovem pelo acesso a um estatuto jurídico novo, definido por uma troca de bens e pela coabitação com um novo "senhor" (*kurios*), o esposo, cidadão ateniense. Se a posição jurídica da mulher adulta em Atenas na época clássica foi bem estudada[30], o mesmo não acontece quanto às suas disposições morais ou quanto ao seu estatuto social.

Esse estatuto se articula em três momentos principais dos quais o segundo é recuperado pela denominação da jovem noiva nos cantos himeneus, de Safo a Teócrito: em um desses

29 Isso não significa que as jovens fossem privadas em Atenas de uma educação pré-nupcial. O estudo de P. Brulé, op. cit., demonstrou, depois de outros, a quais instituições culturais e religiosas estava vinculado o sistema educativo das adolescentes: cf. Pradarias e Jardins de Poetas, infra, p. 173s. Sobre o casamento como um rito de passagem, ver já V. Magnien, Le Mariage chez les Grecs anciens: l'initiation nuptiale, *Antiquité Classique*, Bruxelles, v. 5, 1936, p. 115-136, e as referências fornecidas por J. Redfield, Notes on the Greek Wedding, op. cit., v. 15, p. 189s.

30 Juridicamente, a mulher ateniense é considerada uma dependente: cf. D.M. MacDowell, *The Law in Classical Athens*, London: Cornell University Press, 1978, p. 84s, e R. Just, *Women in Athenian Law and Life*, London/New York: Routledge, 1989, p. 40s, com a síntese bem traçada por J.L. Gould, Custom and Myth, op. cit., p. 43s, e as proposições de H. S. Versnel, Wife and Helpmate, em J. Blok; P. Mason (eds), *Sexual Asymmetry*, Amsterdam: J.C. Gieben, 1987, p. 59-86, de C. B. Patterson, Marriage and the Married Woman in Athenian Law, em S. B. Pomeroy (ed.), *Women's History and Ancient History*, Chapel Hill/London: The University of North Carolina Press, 1991, p. 48-72, de S. Des Bouvrie, *Women in Greek Tragedy*, p. 39s, e de C. Schnurr-Redford, *Frauen im klassischen Athen*, Berlin: Akademie-Verlag, 1996, p. 260s, a posição da mulher casada grega, nas relações de parentesco, é habilmente redefinida por C. Leduc, Comment la donner en marriage, em P. Schmitt-Pantel (ed.), *Histoire des femmes en Occident*, p. 246-314.

cantos de casamento, ela que é doravante *nymphê* evoca um estado virginal (*parthenia*) longínquo; este último, aliás, não tem nada a ver com o conceito mariano da virgindade. Em outro poema, as adolescentes (*parthenikai*) executam o "epitalâmio" demarcando diligentemente seu estado daquele aguardado pela *nymphê* Helena em seu casamento com Menelau, o noivo (*gambros*)[31].

Os limites cronológicos e sociais desse estatuto específico da *nymphê* são uma narrativa lendária que os determina com máxima clareza. Na versão que Apolônio de Rodes oferece da lenda de Cirene, a jovem epônima da colônia grega na África, a pastora apascentando suas ovelhas às margens do Penedo, mantém, como Atalanta, a preservação de seu leito e estado virginal (*partheniê*). Mas transportada por Apolo ao futuro local da colônia grega na Líbia, ela se torna – por um jogo de palavra bem ao gosto alexandrino – ninfa entre as ninfas; e isso graças ao compromisso amoroso (*philotês*) com o deus. É nessa qualidade de *nymphê* que Cirene dá a luz a Aristeu[32]. *Parthenos* quando pastora, *nymphê* em sua união com Apolo, Cirene só se tornará em suma *gynê* depois de seu parto. Transposto da lenda ao plano social, o estatuto da *nymphê* estende-se, portanto, da união sexual consagrada pelo casamento à sua realização no primeiro parto.

Ninguém melhor do que Hera, a deusa da realização feminina no casamento, saberia definir este estatuto específico. Em um fragmento de *Xantriai* de Ésquilo, a augusta esposa de Zeus replica às dúvidas expressas pelo coro a propósito do conhecido expediente do casamento infeliz de Sêmele invocando as ninfas: estas assistem a todas as festividades mortais, particularmente, às cerimônias do casamento. São as ninfas que

---

31 Safo fr. 103, 5, 103B, 116, e também 30, 2s e 114 Voigt, além de Praxíl. Fr. 754, 2 Page; o contexto de citação desse último fr. (Dem. Fal. *Style*. 140) faz a *nymphê* pronunciar explicitamente esse adeus à "virgindade"; Teócr. 18, 2 e 50. A noiva é chamada *nymphê* nas descrições da *nymphagogia* por Hom. *Il*. 18, 492s e por Ps. Hes. *Escd*. 273s, ou na da provável cerimônia do despertar por Safo fr. 30, 4 s Voigt: sobre esse poema ver F. Lasserre, op. cit., p. 37s, e E. Contiades-Tsitsoni, op. cit., p. 100s. Sem levar em consideração o estado particular da *nymphê*, G. Sissa, *Le Corps virginal*, Paris: Vrin, 1987, p. 110s, mostra que na Grécia clássica o estado de *parthênos* não está ligado ao da virgindade anatômica; sobre a ausência na Grécia do ideal da castidade, ver também R. Parker, op. cit., p 92s.
32 Ap. Rod. 2, 500s (sobre Cirene, ver ainda Pradarias e Jardins Lendários, infra, p. 159).

conduzem as jovens ao leito nupcial, que envolvem as jovens casadas de benevolência, que inspiram o pudor em seu olhar luminoso, que, enfim, preenchem seus votos por uma prole florescente ao lhes socorrer no leito do parto. As ninfas da lenda protegem, portanto, a *nymphê* em todas etapas, delimitando seu estatuto social[33].

Em um mesmo veio que relaciona denominações sociais a nomes de deuses, a tradição biográfica atribui a Pitágoras a invenção das palavras. O filósofo teria particularmente tirado de denominações divinas a designação de categorias etárias femininas, em homenagem à lendária piedade das mulheres; assim Perséfone remete por seu nome (*koré*) à jovem solteira, a ninfa (*nymphê*) à mulher que acaba de se casar com seu esposo, e Deméter (*mêtêr*) à esposa que já gerou filhos. O redator da glosa aí recolhida por Fócio não se enganou no léxico a não ser quando definiu as *nymphai* como as jovens recém-casadas (*hai neogamoi korai*). Por outro lado, de acordo com a observação médica, esse dicionário dá também ao termo (por qual metáfora?) o sentido de "clitóris"![34] O estado de *nymphê* é assim relacionado com o próprio gozo físico. Não é isso que os literatas clássicos pretendiam significar colocando a jovem esposa sob a influência direta de Eros e de Afrodite?

União no amor suscitado por Cípris, mas trazendo também a fecundidade. Em todo caso, é no sentido de uma complementaridade que convém interpretar os poucos indícios

---

33 Ésqu. fr. 162 Radt, comentado por F. Lasserre, *Nouveaux chapitres de littérature grecque*, Genève: Librairie Droz, 1989, p. 69s.

34 Tim. FGrHist. 566 F 17 e Jâmb. *Vid. Pit.* 11, 56; Fóc. *Lex.* s. v. *Numphai* (I, p. 451 Naber); o célebre regulamento cultual de Cirene (115 B, 73 s Supl. Sokolowski), datado do século IV, opera quanto aos sacrifícios previstos por Ártemis uma distinção precisa entre a *parthenos* (a adolescente), a *nympha* (a jovem casada até o momento de seu parto) e a *gyna* (a mulher adulta). O estatuto específico da *nymphê* foi finalmente reconhecido por M. Detienne, Orfée au miel, em J. Le Goff; P. Nora (eds), *Faire de l'histoire 3*, Paris: Gallimard, 1974, p. 56-75 (em oposição com a *korê* e a *mêtêr*); ver igualmente P. Brulé, op. cit., p. 319s, e K. Dowden, op. cit., p. 104s e 201, baseado no estudo de P. Chantraine, Les Noms du mari et de la femme, du père et de la mère en grec, *Revue des Études Grecques*, Paris, v. 59-60, 1946-47, p. 219-250. Na literatura, Ariadne encarna o próprio modelo da *nymphê*: cf. C. Calame, *Thésie et l'imaginaire athénien*, p. 198s e 244s; sobre os sentidos derivados do termo *nymphê*, ver J.J. Winkler, *The Constraints of Desire*, p. 181s (em uma contribuição já publicada como notas mais desenvolvidas em H. P. Foley, *Reflections of Women in Antiquity*, p. 63-69).

permitindo definir o papel das ninfas, enquanto divindades, em relação às núpcias. "Não há realização no casamento sem as ninfas", declara um comentador alexandrino a Píndaro. E, para nos referirmos à cena do teatro clássico de Atenas, o Orestes de Eurípides se pergunta se o sacrifício que Egisto prepara para oferecer às ninfas, junto às pastagens dos cavalos, depois de sua união com Clitemnestra, está destinado a favorecer o nascimento ou a primeira infância de um filho. Quanto a *Vida de Platão*, ela nos relata que, depois de seu nascimento, os pais do filósofo levaram o recém-nascido ao Himeto para aí sacrificar a Pã, às ninfas e a Apolo, o Pastor. Passando da lenda à prática ritual, lembremo-nos que, em Atenas, escavações relativamente recentes descobriram as ruínas de um santuário consagrado à *Nymphê*, à ninfa ou Jovem Esposa. O grande número de lutróforos aí encontrados é o indício de que a figura da *nymphê* divinizada era objeto de uma consagração ritual marcante tanto no dia do banho da noiva como no encerramento da cerimônia do casamento[35].

Assim, essa cama, em que deuses, heróis legendários e jovens casadas atenienses se unem no amor sob o impulso de Eros, é também o leito da parturiente. *Akoitis*, aquela que compartilha o leito, mulher amorosa e legítima, a esposa é igualmente *alokhos*, aquela que está vinculada ao leito, mulher reprodutiva gerando uma prole legítima. Por etimologia interposta, pudemos mostrar as afinidades que os gregos viam entre o leito amoroso da jovem esposa e o leito doloroso da parturiente[36]. Os inúmeros valores atribuídos ao leito conjugal nos fazem compreender melhor as relações do casamento com o campo metafórico do trabalho agrícola em suas diferentes fases de produção de frutos da terra. Para citar somente os *loci classici* provenientes de textos representados na cena ática do século v, se o Édipo de Ésquilo semeia o campo lavrado que o alimentou, é para fazer brotar, como *nymphios*, uma "cepa sangrenta"; quanto ao Édipo de Sófocles, ele considera que sua

---

35 Esc. Pínd. *Pít.* 4, 104; Eur. Él. 623 s; Olimp. *Vie Plat.* 1. Descrição do santuário consagrado à ninfa em J. Travlos, *Bildlexikon zur Topographie des antiken Athen*, 1971, p. 361s.

36 Cf. N. Loraux, *Les Expériences de Tirésias*, p. 32s; para a etimologia e para o emprego dos dois termos homéricos designando a esposa legítima, cf. *LfgrE*, s. vv. *akoitis* e *alokhos*.

mulher (*gynê*), sem ser sua mulher, é o campo maternal em que ele mesmo e seus próprios filhos nasceram[37]. Lavouras e sementeiras na colheita do grão, o processo agrícola recobre exatamente na Grécia as etapas que, pelo estatuto intermediário da *nymphê*, transformam a jovem (*parthenos*) em uma mulher adulta (*gynê*).

Porém, nenhum texto clássico resume melhor a ação recíproca de Amor, do casamento e da reprodução agrícola do que as palavras pronunciadas pela própria Afrodite na tragédia que concluía a trilogia consagrada por Ésquilo ao destino das danaides, condenadas ao casamento:

> Céu o venerável deseja penetrar Terra,
> o desejo se apoderou de Terra para o casamento.
> De Céu estendido um aguaceiro verte sobre Terra
> para fecundá-la; aos mortais ela concebe
> as pastagens das ovelhas, os víveres de Deméter
> e os frutos arbóreos; dessas bodas úmidas
> criou-se tudo que existe. Sou a cúmplice disso[38].

---

[37] Ésqu. *Set.* 753s e Sóf. Éd. Rei 1251s; as afinidades do trabalho agrícola com o casamento são evocadas por M. Detienne; J.-P. Vernant, *La Cuisine du sacrifice en pays grec*, Paris: Gallimard, 1979, p. 42 e 114s; ver igualmente P. Du Bois, *Sowing the Body*, Chicago/London: University of Chicago Press, 1988, p. 39s.

[38] Ésq. Fr. 44 Radt, cf. também Eur. fr. 484 e 898 Kannicht; sobre o tratamento esquiliano do destino trágico das danaides, ver Disputas Dionisíacas do Amor, infra, p. 144-145, n. 29. O lugar e a função dessa declaração de Afrodite foram submetidos a numeosas hipóteses mencionadas por A.F. Garvie, *Aeschylus' Supplices*, Cambridge: Cambridge Univerity Press, 1969, p. 204s; sobre seu sentido, ver F.I. Zeitlin, The Politics of Eros in the Danaid Trilogy of Aeschylus, em R. Hexter; D. Selden (eds.), *Innovations in Antiquity*, p. 230s. Segundo Proclo, *in Plat.* Tim. 40e (III, p. 176 Diehl), os sacerdotes atenienses na época dos mistérios de Elêusis voltar-se-iam para o céu invocando chuva (*huê*) e para terra rogando-lhe que inchasse (*kuê*); cf. também Paus. 1, 24, 3.

7. Disputas Dionisíacas do Amor

Quer se trate da educação dos futuros cidadãos, quer da inserção das esposas em seus papéis de mulheres realizadas, Afrodite e Eros intervêm nas instituições da passagem à idade adulta para suscitar uma sexualidade ao mesmo tempo regulada e produtiva. Invertendo aparentemente as normas da relação heterossexual, o jogo da homofilia funda-se em uma função de integração.

Todavia, para os homens, ao menos, e particularmente na Atenas do século v, não faltam ocasiões de desvio do comportamento sexual. A crer na iconografia, elas encontram-se geralmente sob o signo de Dioniso. Não será de se espantar ver esse deus de passagem a um segundo estado favorecer igualmente a transgressão sexual; sob efeito do vinho consumido além da justa medida, as pulsões transformam os convivas do simpósio em sátiros de comportamento animal ou em mênades transportadas pelo delírio báquico. Porém os leitores de imagens são formais: é somente antes do final do século V que Eros penetra no tíaso dionisíaco. Doravante, é possível precisar a explicação já proposta para esse paradoxo: na iconografia clássica do simpósio e do *kommos*, os falos eretos dos convivas e as condescendências de seus companheiros significam que, à imitação do itifalismo de sátiros, os protagonistas dessas cenas dionisíacas ultrapassaram duplamente os limites da contenção civilizada; estão naturalmente possuídos pela libido no que tem de mais animal. Tendo franqueado os limites de si e do humano, eles não precisam mais das incitações de Eros e de Afrodite.

Formulada de modo tão completo, a explicação é, contudo, um tanto sumária. Certamente, desde a *Ilíada*, Dioniso é o deus da *mania*, o deus que transmite aos seus (às suas) seguidores(as) o delírio orgiástico pelo qual eles são possuídos, como diz o comentário de Aristarco sobre essa passagem; ele é o deus que, fanático por mulheres, como Páris, transporta-as em seu percurso de loucura, como as Prétides[1]. Ora, se na *Odisseia* Dioniso colabora com Ártemis para punir Ariadne por ter se unido a Teseu em uma ilha que lhe passou a ser consagrada, a *Teogonia* de Hesíodo oferece ao deus a loira filha de Minos como esposa (*akoitis*): o texto hesiódico inscreve, desde então, as núpcias da heroína – tão íntima de Afrodite – com o deus do vinho em uma breve série de casamentos conduzindo à imortalidade[2]. O Dioniso da lenda pode, dessa forma, por um lado, contribuir para a ação civilizatória do casamento dando a Ariadne filhos cujos nomes evocam seus próprios atributos divinos; com o poder do transporte além dos limites atribuídos ao homem, ele permite, por outro lado, franquear esta outra fronteira que separa o mundo mortal do divino.

Essa faculdade ambivalente de transgressão e integração, encontramo-la no culto a Dioniso. Especialmente em Atenas onde, por ocasião do festival das Antestérias, o deus é introduzido não somente ao interior da cidade, em seu templo vizinho aos pântanos, mas na própria residência do arconte-rei; ao se unir – lembremo-nos –, em uma cerimônia matrimonial possivelmente paródica, à esposa do mais alto magistrado da

---

1 Hom. *Il.* 6, 132: cf. sch. *ad loc.* (II, p. 153 Erbse); *Hhom. Dion.* 17 (cf. Hom. *Il.* 3, 39 e 13, 769) e Hes. Fr. 131 Merkelbach-West; cf. G. A. Privitera, *Dioniso in Omero e nella poesia greca arcaica*, Roma: Ateneo, 1970, p. 153s.
2 Hom. *Od.* 11, 321 s, Hes. *Teog.* 947s; ver ainda a relação de *philotês* que se estabelece entre a heroína e o deus segundo Xen. *Banq.* 9, 5s: Eros no Feminino, p. 117s. Sobre as diferentes versões da passagem de Ariadne por Naxos e suas núpcias com Dioniso, só posso remeter o leitor ao meu estudo *Thésée et l'imaginaire athénien*, p. 105s e 199s; cf. também M. Daraki, *Dionysos*, Paris: Arthaud, 1985, p. 92s.

cidade. Relação provavelmente adúltera, mas no coração cívico do Estado, em torno de uma celebração do vinho recém-consumido com moderação, depois com excesso. Isso acontece da mesma forma em Pátras onde, de modo mais marcado ainda do que em Atenas, Dioniso permite que seus servidores franqueiem os limiares da vida política. No decorrer da celebração do herói local ligado à supressão de sacrifícios humanos, os jovens, depois as mulheres, começam a celebrar Ártemis junto ao rio do Apaziguamento; no caminho de volta à cidade, eles homenageiam Dioniso, o Magistrado, realizando gestos rituais que relembram o passado político lendário da região[3].

É justamente aquele Dioniso, em toda sua ambiguidade, que encontramos novamente no simpósio de cidadãos; entre uma consumação do vinho dividido e medido, capaz de estreitar os laços entre os *philoi*, e a embriaguez que os fazem sair de si mesmos. Apanhado na loucura do amor que se examinou, Anacreonte procura no vinho misturado à água, depois do pugilato erótico já evocado, uma liberação dos laços insuportáveis urdidos por Afrodite. Mas, em outro poema, Dioniso, o companheiro de jogo de Eros, das ninfas e de Afrodite, é convocado para intervir como conselheiro do jovem Cleóbulo, ardentemente desejado pelo poeta. Dioniso – provavelmente invocado também no primeiro poema – pode curar o amor como é capaz de suscitá-lo[4].

Portanto, não é motivo de espanto que na Atenas clássica, a contestação de forças implacáveis do desejo amoroso e da sexualidade seja expressa nos discursos formulados por ocasião de

---

3 O casamento de Dioniso com a *basilinna* (esposa do arconte basileu) é atestado nos textos datando do século IV: Ps. Dem. 59, 72s e Ps. Aristót. *Cons. Aten.* 3, 5; outras referências sobre as Antestérias em C. Calame, op. cit., p. 249s e 327s. Temos conhecimento do culto prestado em Patras a Dioniso *Aisymnetes* por meio de Paus. 7, 18, 1s; depois outros, J. Redfield, From Sex do Politics, em D.M. Halperin; J.J. Winkler; F.I. Zeitlin (eds.), *Before Sexuality: The Construction of Erotic Experience in the Ancient Greek World*, Princeton: Princeton University Press, 1990, p. 115-134, destacou o papel integrador desse Dioniso político. Sobre esse deus civilizador, ver igualmente M. Detienne, *Dionysos à ciel ouvert*, Paris: Hachette, 1986, p. 59s.

4 A partir do breve fr. 428 (comentado em O Eros dos Poetas Mélicos, supra, p. 9), ler Anacr. fr. 346 e 357 Page. Para a restituição da invocação de Dioniso no fr. 346. 4, ver o comentário de B. Gentili, *Anacreon*, p. 204s. G. A. Privitera, op. cit., p. 115s, n. 1, mostrou que entre os dois pedidos dirigidos ao deus do vinho, a contradição é só aparente.

rituais dramáticos dedicados a Dioniso. Contestação, primeiramente na dimensão horizontal, na medida em que são discutidos os limites institucionais e morais impostos às pulsões que nos aproximam do animal: pensamos evidentemente no espetáculo cômico com seus figurinos, suas máscaras, mas também com propostas voluntariamente obscenas. Questionada também na dimensão vertical já que na tragédia são interrogados tanto as relações do sujeito desejante com os deuses dos quais ele depende quanto os limites separando o estado amoroso da morte: as núpcias aí geralmente tornam-se funerais, transformando a transição horizontal em passagem ao mundo subterrâneo. Em conformidade com a derivação genética proposta por Aristóteles, encontramos assim a polaridade do *mômos* e do *epainos*[5]; mas se a crítica iâmbica é acentuada pelas constantes referências satíricas da comédia, o elogio épico se transforma, na tragédia, em questionamento – pelas máscaras de Dioniso – do poder dos deuses e dos valores lendários e éticos fundando a vida na cidade.

A INSTITUIÇÃO CÔMICA

Quando estão apaixonados, os atores de Aristófanes fazem aparentemente referência à mesma concepção do desejo que os poetas arcaicos; em todo caso, eles recorreram a um vocabulário erótico idêntico. Na famosa cena de *Assembleia de Mulheres*, em que o jovem tenta escapar das velhas às quais o comunismo recém-instituído lhe obriga satisfazer, a troca fugitiva com a bela amada é tecida de expressões que poderiam ser tiradas de um poema de Safo. O desejo incita a terna virgem (*erôs me donei*) que se sente tomada de uma paixão estranha

---

5   Arist. *Poét.* 4, 1448b 21s; as origens e os aspectos rituais desses *kômoi* a Dioniso são lembrados por A. W. Pickard-Cambridge, *Dithyramb, Tragedy and Comedy*, Oxford: Oxford University Press, 1962, p. 132s; quanto à celebração do deus do vinho nas Grandes Dionísias, é preciso ainda se referir ao estudo do mesmo erudito apresentado em *The Dramatic Festivals of Athens*, Oxford: Oxford University Press,1968, p. 57s. A filiação genérica entre poesia da repreensão, iambo e comédia é traçada por G. Nagy, *The Best of the Achaeans*, p. 243s, com as especificações oferecidas por R. M. Rosen, *Old Comedy and the Iambographic Tradition*, Atlant: Oxford University Press, 1988, p. 9s.

e perturbadora (*atopos pothos*); e é Eros que ela invoca para atrair o jovem a um leito (*eunê*) com o mesmo valor metafórico da poesia épica. De sua parte, o jovem atribui a Cípris a louca paixão (*ekmaineis*) que o estimula à beldade. Ao deleitar seu amor com palavras ternas, ele próprio também absorve do repertório da poesia erótica. Expressões como "minha única inquietação cinzelada no ouro", "ramo macio de Cípris" e "abelha de musas" podem evocar os poemas eróticos de Álcman ou Íbico; mas, quando a abundância torna-se promessa redobrada e as palavras ternas versam com a ênfase em uma retórica mais popular – "criatura de Cárites", "carinha de sensualidade" –, o discurso adquire o contorno do exagero cômico. Marcada pela repetição do apelo a Eros e do desejo de dividir o mesmo leito, sublinhada pela reciprocidade do apelo fiduciário (*philon emon*), a relação entre o jovem e a jovem nasce sob os auspícios da simetria; ela é, além do mais, colorida com a solenidade heroica induzida pelo emprego de um ritmo lírico que encontramos em Baquílides, o poeta mélico. No entanto, se a jovem se diz atingida pelo desejo de acariciar os belos cachos de seu amado, o amoroso se encontra tomado do desejo bem mais cru, "de se medir com o traseiro" da beldade[6].

Desejo recíproco, realização imediata, metáforas sexuais, eis que, no entanto, nos desvia do amor da poesia mélica para nos conduzir, como em certas representações iconográficas, ao leito em que o amor se consume. Qualquer que seja a origem ritual, a comédia retém do culto a Dioniso e das práticas da embriaguez o exibicionismo sexual e, provavelmente, a obscenidade linguageira. Não contente em colocar em cena as procissões fálicas das quais Aristóteles diz se originar, o ritual cômico

---

[6] Aristóf. *Ass.* 952s. Em seu comentário dessa passagem, M. Vetta, *Aristofane: Le donne all'assemblea*, Milano: Fondazione Lorenzo Valla, 1989, p. 248s, assinala algumas coincidências dessas expressões com a poesia erótica arcaica: em Safo fr. 130 Voigt (*donei*), Álcm. fr. 3, 68 Page (*ernos*) ou Íbic. fr. 288 Page (*Kharitôn thalos, meledêma*), podemos acrescentar, por exemplo, Anacr. fr. 428 Page (*mainomai*) ou Álcm. fr. 74 Page (*melêma*). Mesmo quando empregado na *Ant. Pal.* 7, 600, 2 *thremma* geralmente se refere ao domínio animal e *tryphê* designa a indolência pelo luxo ridicularizada pelos poetas cômicos; sobre os v. 964s, ver J. Henderson, *The Maculate Muse*, p. 140s. Em geral, os protagonistas da Comédia Antiga, como os poetas arcaicos, consumam-se de amor; referências em A. M. Komornicka, Sur la langage érotique de l'ancienne comédie attique, *Quaderni urbinati di cultura classica*, Roma, n. 38, 1981, p. 55-83.

faz seus atores usarem uma máscara de traços satíricos, nádegas roliças e atributos genitais cuja exibição designa o caráter sexual e obsceno do conjunto da representação[7]. Por mais esclarecedora que seja, a comparação da representação cômica clássica com as manifestações carnavalescas deve ser nuançada no sentido indicado por Bakhtin[8]. Na cena ática, assistimos menos a uma inversão de normas sociais em vigor do que a um exagero crítico e satírico, com os recursos rituais de um figurino com traços exagerados e com uma linguagem bem licenciosa, das circunstâncias em que o cidadão pode infringir as regras do comportamento normal. Não verdadeira licença sexual, consequentemente, mas um exagero paródico de transgressões mais ou menos toleradas na vida social, por meio de contínuos travestimentos dos papéis sociais sexuais. Como a máscara ou a vestimenta, a obscenidade, apoiando-se na sexualidade, revela-se, nas comédias de Aristófanes, um simples recurso a serviço da sátira e da crítica cívicas.

Sátiras da Homossexualidade Passiva

É preciso limitar-se aqui a um exemplo único, mas típico: o das relações amorosas com pessoas do mesmo sexo. Por preocupação com a simetria, deixaremos a um breve exame da tragédia um problema concernente às relações heterossexuais. O que as comédias de Aristófanes contestam não são certamente as relações eróticas com os jovens: tecendo-se em torno de práticas educativas do ginásio, essas relações de homofilia são parte integrante – destacamos – da utopia elaborada nas *Aves*. E

---

7 Aristóf. *Ac.* 241 s; Aristót. *Poét.* 4, 1449a 2s. A questão da origem ritual fálica da comédia é bem explorada por H. Herter, *Vom dionysischen Tanz zum komischen Spiel*, Iserlohn: Silva-Verlag, 1947, p. 15s; sobre os atributos da vestimenta cômica, ver as referências em C. Calame, Démasquer par le masque, *Revue de l'histoire des religions*, Paris, n. 206, 1989, p. 357-376. Para a iconografia, ver O. J. Brendel, The Scope and Temperament of Erotic Art in the Graeco-roman World, em T. Bowie; C. V. Christenson (eds.), *Studies in Erotic Art*, p. 15 s.

8 Encontra-se uma boa crítica relativa a uma comparação, às vezes, unilateral em S. Goldhill, *The Poet's Voice*, Cambridge: Cambridge University Press, 1991, p. 176s; cf. também W. Rösler; B. Zimmermann, *Carnevale e utopia nella Grecia antica*, Bari: Levante Editore, 1991, p. 15s.

para Phalês invocado no momento das falofórias, em *Os Acarnianos*, que passeia com o falo ereto, nos limites permitidos por Dioniso, é tão normal amar os jovens quanto enganar sua esposa empurrando a pequena escrava trácia ao sair do bosque. Não há dúvida que, se "o rapazinho" educado pelos sofistas em *As Nuvens* pretende respeitar as regras da contenção que Discurso Justo tenta lhe inculcar, é preciso que ele renuncie aos banquetes e aos prazeres simposíacos tanto quanto às mulheres e aos jovens[9].

Na perspectiva da homofilia, a sátira é apenas sutilmente tingida de ironia. Em compensação, no que se refere aos efeminados, nenhuma alusão é suficientemente grosseira. Escutemos simplesmente as troças lançadas a Agatão, o poeta trágico que se apresenta em cena com os adornos da bela Cirene. O parente de Eurípides pode só pedir emprestado de Agatão a roupa feminina capaz de lhe dar acesso às Tesmofórias, reservadas às mulheres. Antes mesmo de o grande poeta surgir em cena, a evocação de seu nome apenas provoca alusões sexuais sem ambiguidade: é o homem que qualquer um poderia beijar em encontros ocasionais, é o poeta cujo traseiro se estaria prestes a plantar o membro, é o músico cujo canto coral feminino acaricia o Parente até seu ânus, é o autor de dramas satíricos que se pode inspirar com uma ereção, em suas costas... A palavra essencial é, enfim, vil: é um enrabado (*katapugôn*), um termo imediatamente glosado com outra injúria cara a Aristófanes; é, pois, um desses cuzões (*eurupróktos*), completamente "apaixonado" (*pathêmata*)[10]. Agatão é tão efeminado que Eurípides preferirá substituir seu parente para assistir travestido à celebração das Tesmofórias, em que os homens são excluídos! O alvo de escárnios indecentes de Aristófanes é o homossexual adulto, efeminado e, além do mais, passivo.

Quando, em *As Rãs*, Dioniso se diz com o coração atingido por um desejo passional (*pothos himeros*), Héracles percebe

9 Aristóf. *Av.* 137s; cf. Eros no Masculino, supra, p. 93s e p. 97, n. 27; *Ac.* 263 s e *Nuv.*. 1071 s; cf F. Buffière, *Éros adolescent*, p. 180s.
10 Aristóf. *Tesm.* 35, 50, 59s, 133, 157s e 199s. Só a comédia permite disfarçar de mulher (interpretado nesse papel por um homem!) o homossexual efeminado: cf. F.I. Zeitlin, Travesties of Gender and Genre in Aristophanes *Thesmophoriazousae*, em H. P. Foley, *Reflections of Women in Antiquity*, p. 169-217, e L. K. Taaffe, *Aristophanes and Women*, London: Routledge, 1993, p. 79s.

imediatamente o amor que se pode sentir por uma mulher, depois por um jovem, antes de perguntar se Eurípides não está apaixonado por um homem adulto, como Clístenes. Somente essa última hipótese é interpretada pelo deus como uma zombaria maldosa. Isso porque Aristófanes zomba tanto da atitude passiva quanto da homossexualidade ativa: Cleon é acusado inúmeras vezes de violação anal em suas vítimas. Desde que comprometa dois adultos, a relação homossexual é vivamente criticada[11]. Assim como na cena do drama satírico, o espaço marginal representado e o ativismo do coro de sátiros transformam a relação de homofilia entre um banqueteador e seu jovem copeiro em uma relação homossexual entre dois adultos; mais exatamente, o Polifemo de Eurípides, sob o efeito do vinho que ele não teve cuidado de misturar à água, crê encontrar no sileno barbudo o terno Ganimedes que ele diz preferir às Cárites:

> Ufa! Que castigo para sair das correntezas!
> Volúpia sem mistura!
> O céu parece voar, confundido com a terra;
> de Zeus eu vejo o trono
> e toda corte dos deuses em sua santa majestade.
> Não! Eu não vos beijaria mais – são as Graças
> que mexem comigo.
> Basta-me o Ganimedes a saber.
> Com ele eu repousaria deliciosamente,
> sim, pelas Graças!
> Um jovem querido me atrai mais do que uma jovem[12].

Percorrendo a lista da quarentena de personagens que, na comédia ática, incorrem na reprovação da homossexualidade passiva, constatando aí o amplo uso que fazem os autores cômicos da época clássica de qualificações referentes à sodomia, pode-se legitimamente perguntar se tal acusação não é puramente formal e se os qualificativos empregados a esse respeito

---

11 Aristóf. *Rs.* 52s, *Cav.* 261s e *Ves.* 1284s. Para Aristófanes, amor de mulheres e homofilia situam-se no mesmo plano por se opor à homossexualidade estável, seja essa passiva ou ativa: cf. J. Henderson, op. cit., p. 215s.
12 Eur. *Cícl.* 576s: ver o estudo (de título enganador) de W. Poole, Male Homosexuality in Euripides, em A. Powell, *Euripides, Women, and Sexuality*, p. 108-150.

não correspondem às injúrias genéricas. Uma cena como a das *Nuvens*, em que dos magistrados aos próprios espectadores, passando pelos autores trágicos e oradores, todos os cidadãos de Atenas, acabam por ser tratados como "cuzões", poderia levar a tal hipótese[13]. Seria, no entanto, esquecer que essa série de invectivas se abre sobre uma descrição muito precisa de práticas às quais se entregam os sodomitas. Seria omitir o substantivo forjado por Aristófanes para o qualificativo *katapugôn*, transformando a injúria em conceito abstrato[14]. Seria, sobretudo, ignorar que essa qualificação já é utilizada em grafites da época arcaica.

Com efeito, paralelamente às "aclamações pederásticas" gravadas nos rochedos próximos dos ginásios ou nas inscrições pintadas nas taças circulando no simpósio, alguns grafites em cacos ou em pedras retomam, entre o final do século VII e o início do século IV, a mesma fórmula para designação de um jovem; mas nos termos da eulogia glorificando a beleza do jovem, eles substituem os da invectiva a um homossexual se deixando sodomizar. A confrontação entre esses dois tipos de declarações escritas é tão mais espantosa quanto a acusação de sodomia que aí se dirige igualmente às mulheres. Dois desses grafites opõem à jovem ridicularizada, por ela se prestar à relação anal, o seu parceiro masculino que se torna então um *oipholês*, um "beijador"[15]. Para destacar o caráter de

---

13 Lista organizada e empregos analisados por J. Henderson, op. cit., p. 205s, cf. também E. Cantarella, *Secondo natura*, p. 69s; Aristóf. *Nuv.* 1083s. O que importa não é a correspondência entre a acusação de sodomia e a realidade de práticas sexuais do acusado (como considera K.J. Dover, *Greek Homosexuality*, p. 139s, que revisa os empregos dessas palavras injuriosas), mas o julgamento muito negativo da homossexualidade entre adultos.

14 O termo *katapugosunê* é empregado por Aristóf., *Nuv.* 1022s e fr. 128 Kassel-Austin, assim como por Cratinos fr. 58 Kassel-Austin; cf. S. Beta, Il linguaggio erotico di Cratino, *Quaderni urbinati di cultura classica*, Roma, n. 69, 1992, p. 95-108.

15 O *corpus* (provisório) desses grafites foi constituído e comentado por M. Lombardo, Nuovi documenti su Pisticci in età arcaica II, *La Parola del Passato*, v. 40, 1985, p. 284-306. A partir de *katapugôn*, um dos autores desses grafites inventou até a forma feminina *katapugaina*; cf. ibidem, p. 300s, e K.J. Dover, op. cit., p. 113s. O verbo *oiphein*, do qual é derivado *oipholês* e que designa geralmente o coito (cf. Hsqu. s. v. *oipholês* e *oipholis*; o 434 e 435 Latte), não remete especificamente à sodomia: cf. Eros no Masculino, supra, p. 98, n. 28, e o fr. 251 West de Arquíloco que, em um contexto ritual e em um poema iâmbico, parece ter atribuído ao próprio Dioniso a epiclese *Oipholios*, o Beijador.

invectiva crítica dessas inscrições, há o fato de que elas se apresentam na forma de grafites ocasionais, em contraste com os enunciados de elogio, pintados desde o início em taças, possivelmente fazendo dessas e das cenas que apresentam uma dádiva ao amado.

Do Vício Antinatural ao Insulto Político

Desde então, a dúvida não é mais possível. O que está em jogo na obscenidade dessas qualificações insultantes é bem menos o caráter geralmente homossexual da relação implicada do que a passividade do parceiro que, homem ou mulher, submete-se ao coito anal. Foi dito que, na Grécia arcaica e clássica, a passividade não constitui o traço distintivo da assimetria na relação de homofilia entre um adulto e um adolescente, nem da diferença de gênero dos papéis sexuais masculino e feminino. Em compensação, atrelada à prática anal, ela se torna um desencadeador de zombarias de uma comédia que centra naturalmente seus sarcasmos nos órgãos da alimentação, defecação ou sexualidade, como fazia a poesia iâmbica. Hipônax já sonhava com algum inimigo de "cu dilatado"[16]. Para o ateniense do século V, ter relações com um jovem não tem nada de anormal; em compensação, a anormalidade está ao lado desses que, mulheres e homens, sobretudo, consentem em se deixar possuir pelo ânus. O opróbrio atinge então tanto os adolescentes, que se abandonam à passividade anal o *diamerismos* de hábito nas relações homófilas, quanto os adultos, que se tornam efeminados ao negligenciarem seu papel ativo. Somente os últimos entrariam na categoria moderna da homossexualidade,

---

[16] O campo de exercício escatológico próprio da obscenidade satírica e cômica foi bem definido por J.-C. Carrière, *Le Carnaval et la politique*, Besançon/Paris: Presses Univ. Franche-Comté, 1979, p. 135s. Cf. Hippon, fr. 133 Degani, com o breve comentário de J. Henderson, op. cit., p. 22; entre outros insultos da poesia iâmbica, reteremos sobretudo a de *katômokhanos* (Hippon. Fr. 39, 1 Degani). Nessas condições, é arriscado proceder à tríplice assimilação "enrabado= erômeno (insultado) = leitor (passivo) da inscrição escrita e insultante", que propõe J. Svenbro, *Phrasikleia*, Paris: La Découverte, 1988, p. 210s; isso tanto mais que nas inscrições citadas apoiando esta hipótese, o "escrevente-enrabador" (*ho grapsas*) fala por oralidade (*phêsin*), assim como também Hecateu no início de sua obra; FGrHist. 1 F 1 a!

não mais "homossexualidade" passageira, vinculada às práticas da educação, porém, inversão estável, centrada na passividade e na sodomia.

Possuímos dois testemunhos particularmente falantes dessa axiologia muito singular das relações entre parceiros do mesmo sexo. O primeiro tenta dar à homossexualidade fixa uma explicação fisiológica. Em um dos *Problemas* atribuídos a Aristóteles, interroga-se sobre as razões do gozo sexual experimentado por certos homens em relações passivas. Parece rapidamente que esses indivíduos sofrem de um defeito congênito dos órgãos sexuais: o esperma, só podendo escapar pelos órgãos atrofiados, concentra-se na região do ânus, como nas mulheres; e essa concentração movimenta o desejo do prazer nas relações passivas. Se a passividade anal (*paskhein, to pathos*) tem, pois, uma origem fisiológica em seres sofrendo de um defeito "antinatural" (*para physin*), ela pode também ser o resultado de hábitos contraídos na puberdade. Segundo um processo frequentemente empreendido na época clássica, o hábito torna-se então natureza, e a lembrança do prazer adquirido na adolescência incita o adulto a desejar a relação anal[17].

Da explicação fisiológica, um segundo documento leva-nos à sanção jurídica que incorre essa forma muito particular de homossexualidade; ela é condenada pelos gregos porque eles a julgam infame e antinatural. Os longos comentários modernos suscitados pela diatribe que, no final da paz negociada com Filipe em 346, Ésquino lança contra Timarco, autorizam-nos à simples alusões. A acusação formulada contra esse aliado de Demóstenes no partido antimacedônio atém-se à vida privada do homem político que, entre outros motivos de acusação,

---

17 Aristót. *Probl.* 4, 879a 36s; cf. também EN 7, 1148b 29s, comentado por D.M. Halperin, *One hundred Years of Homosexuality*, p. 133s. Pode-se deduzir nessa passagem que, no século IV, a relação de homofilia "entre as coxas", para os jovens, em lugar da relação sexual anal; essa teoria anatômica da homossexualidade conheceu prolongamentos até Caecilius Aurelianus, o tradutor de Soranos no século V d.C.: cf. P. H. Schrijvers, *Eine medizinische Erklärung der männlichen Homosexualität aus der Antike*, Amsterdam: Grüner, 1985, p. 8s A concepção fisiológica que a medicina grega clássica elaborou do gozo sexual da mulher em relação à emissão de "esperma" foi bem explorada: ver especialmente G.E.R. Lloyd, *Science, Folklore and Ideology*, Cambridge: Cambridge Univerity Press, 1983, p. 86s, e A. E. Hanson, *The Medical Writers' Woman*, em D.M. Halperin; J.J. Winkler; F.I. Zeitlin (eds.), op. cit., p. 309-338.

teria se prestado em sua juventude à prostituição (*hetairêsis*). Porém, a paráfrase que Ésquino dá à lei invocada a esse respeito mostra, primeiramente, que o legislador exclui de todo cargo público e priva de seus direitos de cidadania aquele que, atingida a maioridade, se prostituiu (*ho hetairekôs*). Mas Timarco foi além do caso previsto em lei no desprezo de seu próprio corpo. Não satisfeito em coabitar com um homem mais velho, apaixonado por cantores e tocadores de flauta, o belo jovem (*eusarkos, neos, meirakion*) teve depois outros parceiros, homens grosseiros (*agrioi*) aos quais ele alugou seu corpo. Desde então Timarco, na escalada da reprovação de Ésquino, não é mais somente um jovem que teve uma ligação com um adulto (*hêtairêkôs*), mas um prostituto vulgar que se vendeu a quem deu mais (*peporneumenos*). Ainda que a lei não pareça prever essa distinção, Ésquino se utiliza dela para mostrar que Timarco levou a infâmia (*anaideia*) ao auge. A oposição é então absoluta entre aqueles que cedem ao amor (*erômenoi*) segundo as regras da moderação (*sôphrosynê*) – como Aristogíton com relação a Harmódio ou Pátroclo diante de Aquiles (*philia di' erôta*) – e aqueles que se prostituem (*peporneumenoi*) por dinheiro. O Eros da homofilia com seu valor propedêutico é, então, reduzido à categoria de prazeres infamantes (*aiskhrai hêdonai*)[18].

Ou seja, o fato de Timarco ser assimilado a uma mulher leva a pensar na denúncia, em plena assembleia pública, desses estranhos casais masculinos formados por um "homem" (*anêr*) e por uma "esposa" (*gynê*)? Não, porque se a mulher adúltera – cujo comportamento reprovado pela lei serve como termo de comparação com o crime cometido por Timarco –, errou ao seguir a natureza (*kata physin*): aquele que comete violência em seu próprio corpo age contra a natureza (*para physin*)[19]. Também aos olhos da lei, o que choca na relação de um jovem com outros homens fora das regras da homofilia transitória é bem

---

18 Ésquin. *Tim.* 18s, 41s, 51s, 159s e 132s; essas proliferações inflamadas devem ser lidas com o comentário de K.J. Dover, op. cit., p. 19s e 106s, que, questionando as sanções eventualmente sofridas pelos clientes do prostituto, acrescenta outros exemplos de acusação da prostituição masculina; essa prática era certamente tolerada como o feito de homens não livres.
19 Ésquin. *Tim.* 111 e 185; a interpretação proposta a esse respeito por E. Cantarella, op. cit., p. 77s, é muito breve.

menos a passividade do comportamento sexual anal (implícito em todo discurso) do que o fato – para um cidadão, homem livre e adulto – de vender seu próprio corpo.

Seja ligada ao seu aspecto fisiológico (anal), seja à sua vertente moral (a falta de moderação), a homossexualidade masculina entre adultos define-se na Grécia enquanto prática que ofende a natureza. Prestar-se à sodomia torna a negar duas vezes a qualidade de homem: é comportar-se como não livre (e não como mulher), mas é também ultrapassar as regras éticas do amor homófilo assimétrico que torna adolescentes bons cidadãos. Portanto, não surpreende que as acusações escatológicas e insultantes de sodomia se dirijam geralmente na comédia antiga aos políticos como Cleon ou Alcibíades. Nesse registro, situam-se igualmente as calúnias de Ésquino ao seu adversário Demóstenes. Tomando o nome no diminutivo que lhe dava sua nutriz e brincando com a ortografia desse hipocorístico (*Bat (t) alos*), Ésquino faz de seu inimigo um gago ou um "cuzinho"; uma denominação que o orador associa imediatamente à ausência de virilidade (*anandria*) e à devassidão (*kinaidia*) deste homem que usa as roupas afetadas de uma mulher[20].

De Arquíloco a Platão, dizer que alguém leva a vida de *kinaidoi* e, consequentemente, que se dedica às práticas assimiladas da prostituição masculina destaca mais a acusação moralizadora do que a descrição. Entre prazer e felicidade, pretende Sócrates no *Górgias*, uma distinção nítida e rigorosa: abominável, infamante, infeliz, o modo de vida dos pervertidos obriga a uma nítida distinção entre bons e maus prazeres[21]. O que está em

20 Sobre os homens políticos taxados de homossexualidade passiva, cf. supra, n. 13; Alcibíades e Cleon particularmente são, da mesma forma, acusados de práticas ativas: referências em J. Henderson, op. cit., p. 218s. Para a crítica a Demóstenes, cf. Ésquin. *Tim.* 126 e 131, e *Emb.* 99. A condenação por Platão (*Leis* 836b s e 841d, cf. também 636c e Xen. *Mem.* 2, 1, 30) da homossexualidade masculina trata das relações sexuais entre homens feitos e não entre adolescentes e adultos; se são "contra a natureza" (*para physin*), é porque concernem ao mesmo sexo (*arrenes*); hesitação a esse respeito em M. Foucault, *Histoire de la sexualité*, p. 243s, e em D. Cohen, *Law, Sexuality and Society* 1991, p. 183s.

21 Arquíl. Fr. 294 West, Plat. *Gorg.* 494ds; as diferentes imputações de "pervertido" que nos oferecem os textos clássicos são cuidadosamente analisadas por J.J. Winkler, Laying Down the Law, em D.M. Halperin; J.J. Winkler; F.I. Zeitlin (eds.), *Before Sexuality*, p. 171-209 (retomado em J.J. Winkler, *The Constraints of Desire*, p. 45-70); ver igualmente K.J. Dover, op. cit., p. 73s e 106, e R. Parker, *Miasma*, p. 98s (especialmente a propósito do julgamento

jogo não é a vida sexual real do adversário, mas sua conduta moral, enegrecida por uma injúria que, na sua referência anal e passiva, convém particularmente à poesia iâmbica, à poesia da invectiva. A acusação é, não obstante, significativa da desaprovação da qual a homossexualidade estável, contrária à qualidade de homem livre e contrária à natureza, podia ser o objeto na Grécia clássica.

A INSTITUIÇÃO TRÁGICA

Do amor masculino, a tragédia move novamente o leitor ao Eros que ataca as mulheres. Do ponto de vista da fisiologia do amor, os grandes textos trágicos não oferecem nada de novo; o veículo da "flor do desejo que morde o coração" como faria um terno pacto, é ainda o olhar, particularmente o de Helena chegando a Troia. Medeia é atingida em seu *thymos* pelo desejo de Jasão e, depois de ter inflamado o próprio Zeus da seta do desejo (*himeros*), Io, a virgem, é por sua vez perseguida pelo aguilhão do moscardo que fura seu coração[22]. Os poemas eróticos do período arcaico já nos familiarizaram com essa concepção fisiológica do desejo amoroso. A contestação trágica alimenta-se de desequilíbrios implicados nesse sistema de amor, ao mesmo tempo, feitiçaria e calúnia.

análogo sobre o *cunnilingus*). No tratado de *Physiognomica* atribuído a Aristóteles (808a 12 s), o *kinaidos* constitui uma figura tipo, caracterizada por traços físicos específicos.
22 Ésqu. *Ag.* 737s, ver também 416s; Eur. *Med.* 8, mas, igualmente, 556; Ésqu. *Prom.* 649s e 593s, especialmente. Hé outros paralelos dessa fisiologia do amor no estudo de S. Durup, L'espressione tragica del desiderio amoroso, em C. Calame, *L'Amore in Grecia*, p. 143-157; o autor conclui, no entanto, muito rapidamente a respeito da reversibilidade do olhar amoroso, logo, a respeito da reciprocidade do sentimento vivido na simultaneidade. A continuidade dessa concepção de Eros é traçada no estudo de E. Fischer, *Amor und Eros*, p. 49s e, sobretudo, no útil confronto com a poesia mélica conduzida por H.M. Müller, *Erotische Motive in der griechischen Dichtung bis auf Euripides*, p. 238S.M. Weissenberger, Liebeserfahrung in den Gedichten Sapphos, *Rheinisches Museum für Philologie*, Frankfurt, n. 134, 1991, p. 209-237, bate-se, portanto, contra um moinho quando demonstra que a concepção de um amor concebido como força exterior não seria realizada senão à marca de um pensamento arcaico. Para os impactos do olhar de Eros nas artes plásticas, ver I. Rizzini, *L'occhio palrante*, Venezia: Istituto Veneto di Scienze, 1998, p. 144s.

Jogos Metafóricos do Casamento

Ali onde, do ponto de vista da sexualidade feminina, a interrogação dionisíaca se manifesta com intensidade é – ao menos aparentemente – no domínio da instituição. Se pudemos constatar, não sem motivo, que na Grécia "o casamento é para consumação sexual o que o sacrifício é para a consumação do sustento carnal", a tragédia dedica-se, em seus questionamentos, a sobrepor os termos da bela homologia. Não pelo fato da instituição do casamento se transformar em prática sacrificial, mas porque os autores trágicos optaram naturalmente por colocar em cena o destino das jovens que não conseguiam chegar às núpcias prometidas[23]. Ele as conduz no instante e local de uma morte prematura, substituindo a transição para a idade adulta por uma passagem ao Hades; essa última se realiza naturalmente por meio de um sacrifício, real ou metafórico. Às vezes é a própria transição que, em sua realização, se transforma em um desastre.

Assim, colocada sob os auspícios desse olhar erótico que consome os corações, a acolhida de Helena em Troia por Zeus Hospitaleiro transforma-se na *nymphagôgia* metafórica de uma Erínia carregando infelicidade e prantos à família inteira da jovem noiva. É verdade que essas núpcias funestas não sejam para a moça as primeiras e que elas signifiquem a traição a Menelau, o esposo legítimo. Mas, ao fazer agir as forças contrárias de Eros e da Erínia, o Ésquilo de *Agamêmnon* não é o único a privilegiar os destinos de virgens sacrificadas antes da maturidade ou de belas esposas que o segundo casamento conduz a um fim trágico. Sem dúvida, o repertório de intrigas míticas oferece uma ampla escolha para exploração trágica desses dois cenários; uma escolha que se impõe, possivelmente, com tão mais evidência que os desaparecimentos prematuros de adolescentes da lenda parecem encontrar uma consideração na própria prática social. Um epigrama atribuído a Safo celebra a memória de uma virgem que uma morte prematura confia

---

23 Essa fórmula célebre deve-se à reflexão de J.-P. Vernant, *Mythe et société en Grèce ancienne*, p. 149. Nas *Traquinianas*, por exemplo, depois de uma série de reviravoltas, sacrifício e casamento permanecem complementares: cf. C. Segal, Mariage et sacrifice dans les Trachiniennes de Sophocle, *Antiquité Classique*, Bruxelles, v. 44, 1975, p. 30-53, e *Tragedy and Civilization*, Cambridge/London: Oberlin College/Harvard University Press, 1981, p. 61s e 74s.

metaforicamente à câmara nupcial de Perséfone; o epigrama apresenta esse casamento funerário, tão caro à tragédia, como a origem do rito da consagração da cabeleira que as jovens acompanhantes da defunta executam antes do casamento. É assim, pelo rito, que o desaparecimento provavelmente real de uma adolescente se transforma em um acontecimento do qual os intérpretes modernos quiseram ver uma morte iniciática[24].

Os numerosos estudos consagrados à exploração trágica desses desaparecimentos pré-matrimoniais das jovens apenas autorizam aqui a invocação rápida das figuras de Ifigênia e Antígone. O destino da filha de Agamêmnon parece desenhar a intriga lendária que confirma por excelência a homologia traçada entre casamento e sacrifício. À evidência, o sacrifício somente é de fato constitutivo da lenda. Mas, em *Ifigênia em Aulis*, Eurípides aproveita o pretexto do casamento da virgem com Aquiles para tecer ironicamente entre esse engano e a causa real da presença de Ifigênia em Aulis laços metafóricos constantes. A própria Clitemnestra apresenta-se como a *nymphagôgos* de uma jovem destinada ao mais brilhante dos casamentos; e as últimas palavras pronunciadas por Ifigênia, antes de seu desaparecimento, são para evocar a outra vida que a aguarda no mesmo local da luz do tocheiro de núpcias. Simultaneamente, aceitando ser sacrificada, Ifigênia renuncia ao *oikos* pelo interesse da pólis; na cena trágica, ainda menos do que na realidade institucional clássica, a mulher não é reclusa ao gineceu[25]. A cerimônia do casamento torna-se desse modo a simples metáfora dos procedimentos do ritual sacrificial e é,

---

24 Ésqu. *Ag.* 744s; cf. P. Judet de La Combe, *Agamemnon* 2, Lille/Paris: Presses Universitaires du Septentrion, 1982, p. 86s; Safo *Epigr.* 2 Page; o inventário das jovens vítimas de uma morte "iniciática", antes de conhecer a maturidade do casamento, é relacionado por K. Dowden, *Death and the Maiden*. Para a oferenda pré-matrimonial da cabeleira, ver idem, p. 2s e 66, mas também, para os jovens, P. Vidal-Naquet, op. cit., p. 147s. Tanto a lenda de Himeneu (cf. Eros no Feminino, supra, p. 114, n. 18), quanto os epitáfios funerários às virgens falecidas prematuramente associam casamento com morte: exemplos em R. Seaford, *The Tragic Wedding*, *The Journal of Hellenic Studies*, p. 111s.

25 Eur. *IA* 609s (cf. 458 s e 732) e 1505s; ler a esse respeito a análise de R. Seaford, *The Tragic Wedding*, op. cit., p. 108s, as observações de D. Lyons, *Gender and Immortality*, p. 143s, e o fino estudo de H. P. Foley, *Ritual Irony*, Ithaca/London: Cornell University Press, 1985, p. 67s. Para o papel da mulher trágica na pólis, ler H. P. Foley, The Conception of Woman in Athenian Drama, em H. P. Foley (ed.), *Reflections of Women in Antiquity*, p. 127-168.

como termo metafórico relacionado a um ritual de morte, que a instituição matrimonial parece ser contestada.

Quanto a essa outra "esposa de Hades", a Antígone de Sófocles, ela somente conhece como câmara nupcial a tumba em que, como uma recém-casada, é jugulada pela vontade de Creonte antes de se entregar à morte. É ali, na sombria morada de Hades, que o suicídio de Hémon sobre o cadáver da jovem transformará esse último abraço em bodas (*nymphika*) de sangue. Antígone é, pois, condenada à morte antes de sua passagem ao Hades se transformar metaforicamente em um casamento funerário[26]. Sacrifício e suicídio, dois modos da morte violenta que, quando ela atinge uma adolescente destinada ao casamento, pode fazer surgir – não por homologia, mas em eco metafórico – os aspectos perigosos e funestos da transição matrimonial. Mais do que a perda de uma "virgindade", certamente pranteada no ritual arcaico do casamento, a comparação trágica da morte da jovem com as núpcias no Hades tende a iluminar a violência inerente à passagem para a maturidade feminina e à submissão a um novo "senhor"[27].

A imposição brutal constitutiva do casamento, na perspectiva feminina, está inscrita na lenda das danaides. Refugiadas em Argos, as filhas de Dânao preparam-se para responder com as armas à violência que, pela união legítima, os filhos de seu tio Egito tentam lhes impor[28]. Ésquilo transpôs esses dados épicos

---

26 Eur. *IA* 461; Sóf. *Ant.* 804, 816 e 1205; ver também 891, 946s e 1240s. A equação "túmulo= câmara nupcial" encontra-se em certos epitáfios: cf. J. C., Kamerbrek, *The Plays of Sophocles*, 3: *Antigone*, Leiden: Brill, 1978, p. 146s. Sobre a morte de Antígone, faremos referência à nova leitura proposta por C. Sourvinou-Inwood, Sophocles' Antigone as a "Bad Woman", em F. Dieterlen; E. Kloek (eds), *Writing Women into History*, Amsterdam: Historisch Seminarium van de Universiteit van Amsterdam, 1990, p. 11-38; ver também R. Rehm, *Marriage to Death: The Conflation of Wedding and Funeral Rituals in Greek Tragedy*, Princeton: Princeton University Press, 1994, p. 59s.

27 A perda do estatuto da adolescente é deplorada em um epitalâmio atribuído ab Safo: fr. 114 Voigt (cf. Eros no Feminino, supra, p. 122, n. 31). N. Loraux, *Façons tragiques de tuer une femme*, Paris: Hachette, 1985, p. 68s, relacionou o catálogo de jovens que, na tragédia, são sacrificadas entes de aceder ao casamento. Uma anedota de Mileto relatada por Plutarco, *Vertus fem.* 249bc, tende a atribuir às jovens dessa cidade da Jônia um desejo de morte que as possuía pelo suicídio por enforcamento; somente o apelo ao pudor conseguia curar as *parthenoi* desta "alteração de espírito".

28 Cf. *Danais* fr. 1 Bernabé bem como Hes. fr. 127 Merkelbach-West e Apol. 2, 1, 4s, com o comentário de M. Detienne, Les Daïdes entre elles, *Arethusa*, Baltimore, v. 21, 1988, p. 159-175 (retomado em 1989, p. 41-57).

para fazer de *As Suplicantes* a tragédia da jovem que resiste ao casamento e ao jugo que ele implica. Indomável, ela implora à deusa indomável Ártemis para escapar do leito do macho; filha de Dânaos, ela pretende escapar da desmesura (*hybris*) e violência (*bia*) impostas pela raça de Egito. Até os últimos versos da tragédia, as danaides contam com a ajuda de Zeus e com a "violência benevolente" que ele exerceu em relação a Io; elas desejam que lhes seja poupado um "casamento destrutivo com um esposo de infelicidade". Mas a essa obstinação das filhas de Dânaos, rebeldes aos aspectos violentos do casamento, suas servas replicam que uma mulher não poderia esquecer Afrodite. E entoam um verdadeiro hino à deusa, evocada aqui em companhia de Poto, o desejo, Peitó, a encantadora persuasão, de Harmonia e Amores de idas e vindas murmurantes:

> Cípris, minha cantiga piedosa não saberia esquecê-la.
> Aliada de Hera, ela quase detém o poder de Zeus,
> e, quando, a deusa de pensamentos sutis
> recebe a honra devida a suas obras santas.
> Ao seu lado, para assistir à sua mãe,
> eis Desejo, e Persuasão encantadora,
> que jamais recebeu uma recusa;
> Harmonia também tem sua parte no quinhão de Afrodite,
> bem como os Amores de tagarelice alegre.

O poder da deusa do desejo é comparável ao de Zeus e de Hera; sábias adivinhas, as prudentes servidoras preveem que as danaides, como inúmeras mulheres antes delas, acabarão por conhecer o casamento. Qualquer que seja a questão do conjunto da trilogia cujo fragmento já citado evoca, na realidade, a conclusão de justas bodas, qualquer que seja, por outro lado, o contexto social dessa união trágica, cujo caráter endogâmico evoca as violências que a mulher ateniense poderia ser submetida pela regra da filha epiclera (*epikleros*), o canto coral das damas de companhia das danaides nos lembra que, por contestável que seja, a mulher se tornando adulta não escapa do poder de Afrodite e de Eros; um poder visto no final da trilogia em suas virtualidades de procriação[29].

---

29 Ésqu. *Supl.* 1034 sg., e 144 s e 817s; ver também 830s, 904 e 943; 1035s; cf. fr. 44 Radt. O contexto institucional e jurídico do problema matrimonial exposto nas

Ainda que as conduza ao crime, as danaides acabam por se submeter ao casamento. O que a tragédia contesta, portanto, é menos a violência da própria instituição do que a submissão imposta por uma Afrodite inflexível. Essa domesticação, traduzida pela imagem do jugo, é dupla – lembremos: ela é submissão ao desejo animado por Eros e, para a mulher ateniense, sujeição à autoridade do esposo na união sexual e na coabitação. Na prática social, a liturgia do matrimônio tem precisamente por função fazer do constrangimento sexual, simbolizado na perseguição e no rapto, uma domesticação culturalmente regrada e socialmente admitida: a aceitação do poder masculino, inscrita no papel social (*gender*) da mulher adulta, exprime-se pela metáfora da passagem à civilização.

De maneira significativa, a própria celebração do ritual matrimonial só pode ser parodiada na tragédia por uma mulher inteiramente possuída por Dioniso. Em *As Troianas* de Eurípides, é preciso que a jovem Cassandra seja tomada do delírio báquico para conseguir se imaginar em um himeneu paródico em que ela, solitariamente, celebra suas próprias núpcias com seu futuro senhor Agamêmnon:

> Ergue, aproxima a chama!
> Eu carrego o archote, santifico, ilumino
> – vede, vede! – da faísca de tochas esse templo divino.
> O rei Himeneu!
> Bendito o esposo!
> bendita, eu também, a esposa
> prometida ao leito do rei de Argos!
> Hímen, ó rei Himeneu!
> Já que tu, minha mãe,
> ao mesmo tempo em lágrimas e em gemidos,
> só fazes chorar meu pai morto e minha querida pátria,
> sou eu que, por minhas próprias núpcias,

Suplicantes é estudado por R. Seaford, The Tragic Wedding, *The Journal of Hellenic Studies*, v. 107, p. 110s, que retoma as hipóteses formuladas quanto ao casamento final, ver o retorno ao casamento das danaides na última tragédia da trilogia: cf. Eros no Feminino, supra, p. 125, n. 38. Sobre a lição de medida, na conclusão, dos coreutas, ver E. Lévy, Inceste, marriage et sexualité dans les *Suppliantes* d' Eschylé, em A.-M. Vérilhac (ed.), *La Femme dans le monde méditerranéen*, p. 29-45; F.I. Zeitlin, The Politics of Eros in the Danaid Trilogy of Aeschylus, em R. Hexter; D. Selden (eds.), *Innovations in Antiquity*, p. 226s, mostrou que a própria relação das filhas de Dânaos com Zeus é marcada por Eros.

sustentando ao alto a chama do fogo,
faço raiar e resplandecer,
em tua honra, ó Himeneu,
em tua honra, ó Hécate, a luz
que deve brilhar no casamento de uma virgem,
assim exige o rito[30].

Quando Cassandra retorna a si, ela promete ser para o rei de Argos uma esposa mais funesta ainda do que a própria Helena; através de um casamento que arrastará crime e ruína, de núpcias finalmente celebradas no Hades. Quando a loucura da bacante dá lugar à clarividência da profetisa, o casamento solipsista é substituído pelo sangue do crime. A união conjugal com o noivo na morada de Hades torna-se metáfora.

A Tirania Funesta de Eros e de Afrodite

Contestando no casamento menos o aspecto institucional do que o caráter implacável de uma sexualidade encarnada em várias figuras divinas, a tragédia nos conduz ao tema desse estudo. O que os autores trágicos, graças ao ritual dionisíaco, se comprazem em questionar, é o poder desmesurado de Eros e o de sua senhora Afrodite.

Desse modo, na tragédia de Antígone já mencionada, a decisão alusiva de Hémon, diante da inflexibilidade de seu pai Creonte, em seguir a amada na tumba, promove junto ao coro de velhos tebanos um verdadeiro hino a Eros. Em termos com os quais a poesia arcaica nos familiarizou, glorifica-se o invencível poder do Desejo que se estende sobre o reino animal, assim como anima os jogos ternos das virgens[31]:

30 Eur. *Tr.* 308s, 341, 349, 366s, 357s, 404s e 445s. As interferências entre o himeneu pronunciado por Cassandra e o canto da bacante são destacadas por S. A. Barlow, *Euripides: Trojan Women*, Warminster: Bolchazy-Carducci, 1981, p. 173s; de sua parte R. Schlesier, Der Stachel der Götter, *Poetica*, München, v. 17, 1985, p. 1-45, destacou as comparações traçadas por Eurípides entre loucura amorosa e possessão dionisíaca.

31 Sóf. *Ant.* 781s: cf. F.H. Erbse, Haimons Liebe zu Antigone, *Rheinisches Museum für Philologie*, Frankfurt, n. 134, 1991, p. 252-261; bibliografia sobre a questão das motivações de Hémon em S. Des Bouvrie, *Women in Greek Tragedy*, p. 181. Para o poder cósmico de Eros cantado nesses versos, cf. Eros Demiurgo e Filósofo, infra, p. 181, n. 1; afinidades de Afrodite não somente com a loucura,

Amor, invencível Amor,
todas as criaturas são teu bem.
A meiga face de virgens é tua morada.
O trajeto prateado do peixe te presta homenagem.
A guarita das feras dos bosques é teu leito
Ninguém é suficientemente rápido para fugir de ti.
A eternidade não libertou os deuses de tua lei,
nem a brevidade dos dias mortais
escapa do teu império.
Fazes nascer o desejo,
e o satisfazes pela loucura.
Fora da via direta
impeles ao crime o espírito de justos.
Subvertes o sangue de homens
e o fazes escorrer nas disputas.
A morte resplandece no encanto desejável
dos olhos de uma virgem.
Aos pés do trono do deus soberano,
associada ao governo do mundo,
está sentada Afrodite invencível,
com a crueldade de seu riso.

Mas se, encarnado em *himeros*, Eros brilha nas pálpebras da noiva prometida ao leito de núpcias, sua vitória não inspira a esperança do restabelecimento da justiça. Visto na perspectiva da intriga trágica do conflito entre um filho, seu pai e sua noiva, Eros leva à destruição infame do justo desviado por um coração injusto. Os coreutas constatam desse modo que, qualquer que seja o resultado, a vitória de Eros se inscreve em meio às leis primordiais (*thesmoi*) do universo; consequentemente e em uma estrutura anular em conformidade com os procedimentos

mas com o próprio Hades: fr. 941, 1s Radt, comentado por D. Pralon, L'Éloge d'Aphrodite (Sófocles fr. 941, 1 s Radt), em A. Machin; D. Pernée (eds), *Sophocle: Le texte, les personnages*, Aix-en-Provence: Publications de l'Université de Provence, 1993, p. 125-131. Quanto aos ecos desse hino a Eros em outras tragédias, ver R. Garner, *From Homer to Tragedy*, London/New York: Routledge, 1990, p. 78s. Em um drama satírico pouco conhecido, Sófocles mostra mais fidelidade à tradição descrevendo aí os efeitos contrastantes de Eros sobre os amantes: fr. 149 Radt. Em *Sophocles' Tragic World*, Cambridge Mass/London: Harvard University Press, 1995, p. 69-94, C.P. Segal acaba de mostrar que a tragédia *Traquinianas* também questiona menos a instituição do casamento do que os poderes divinos aí implicados; cf. também B. Effe, Die Emanzipation des Eros in der griechischen Dichtung, em G. Binder; B. Effe (eds), *Liebe und Leidenschaft*, Trier: Wissenschaftlicher, 1993, p. 25-44.

da argumentação arcaica, o caráter invencível desse poder é reconduzido à própria deusa Afrodite. Depois dessas palavras intensas, os coreutas só têm de dirigir a si mesmos uma advertência essencial: ao espetáculo de Antígone, rumando ao leito nupcial da morte, convém não se deixar levar e não enfrentar dessa maneira o risco dessas próprias leis (*thesmoi* novamente)! A liberdade de palavra e crítica, consentida pelo culto a Dioniso na representação dramática mascarada, submete-se aos limites impostos pelo poder de deuses, por mais contestável que seja; particularmente, quando se trata de Eros e de Afrodite.

Uma nova luz esclarece, desde então, os aspectos funestos do hino a Eros de Eurípides apresentado como exergo a esse estudo. Se o ser que destila o desejo pelos olhos pode inspirar os prazeres do amor à alma, lembremos que ele traz também o reverso da fortuna e a ruína. Como Hipólito brincando de menina em seu amor exclusivo por Ártemis, a virgem, as vítimas de Afrodite são mulheres possuídas: Iole comparada a uma bacante, Sêmele à mãe de Baco ou à própria Fedra que, como mulher casada, sonha percorrer os bosques selvagens em caça da corça malhada. Tudo acontece como se o aspecto dionisíaco do ritual dramático enfeitiçasse as mulheres amorosas para submetê-las ao que o poder de Eros e de Afrodite possa ter de destrutivo e mortífero. E é justamente o poder de Afrodite e de seu paredro Eros que cantam os mesmos coreutas quando trazem à cena o corpo de Hipólito agonizante. Ninguém poderia resistir a Cípris nem ao seu servidor alado que reina sobre a terra e o mar, enfeitiçando e assaltando os corações enlouquecidos: bestas e homens que o sol sustenta são suas vítimas. Mas os coreutas, mulheres respeitáveis de Trezena, por sua vez, não podem se deixar arrebatar: seu desejo é que Eros não intervenha inoportunamente por elas. E na realidade, denúncia do poder excessivo de Afrodite, a intriga do *Hipólito* se encerra com a instituição de um rito pré-matrimonial de oferecimento da cabeleira: consagra às virgens a passagem da jurisdição de Ártemis a Cípris que recusou Hipólito se identificando tolamente com uma delas[32].

---

32 Eur. *Hip.* 525 s (cf. *Introdução*, supra, p. XVIIIs), 215s, 1268s e 1422s; sobre a oferenda pré-nupcial da cabeleira, ver as referências dadas supra, n. 24; sobre a significação desse gesto em relação à morte de Hipólito, ver P. Pucci, Euripides:

Esse voto de uma intervenção apropriada do Amor é exatamente aquele que formula o coro feminino em *Medeia*, do mesmo Eurípides. Sua prece coral a Afrodite situa-se novamente na virada da intriga, quando Jasão deixa definitivamente sua primeira esposa que vai encontrar junto a Egeu o apoio à realização de seus planos sinistros. Aqui, por uma reversão singular, é da própria Cípris que os coreutas reclamam a medida, a contenção que os deuses habitualmente esperam dos homens. Os Amores e Afrodite, quando intervêm violentamente, privam os humanos do prazer, lançando a mulher em um leito estrangeiro, perturbando o leito de esposas, privando-as de pátria e de lar, precipitando-as na desgraça e na morte[33]. O destino trágico de Medeia, assim comentado, explica-se, pois, pela desmesura à qual podem se abandonar tanto Eros como Cípris. A loucura mortífera da vítima não é senão o efeito dos excessos dos deuses do amor. Em uma crítica indireta da divindade, Eurípides denuncia esses excessos com os recursos da tragédia de Dioniso: o que os coreutas pedem à divindade do amor, retomando uma vez ainda a metáfora homérica, são leitos sem guerra, os leitos do casamento realizado.

Graças ao ritual dionisíaco, com os meios da representação ritual mascarada disponíveis, o delírio que podem nos mergulhar as tentações do desejo erótico e as afinidades, que o estado

---

The Monument and the Sacrifice, *Arethusa*, Baltimore, v. 10, 1977, p. 165-195, e B. E. Goff, *The Noose of Words: Reading of Desire, Violence and Language in Euripides' Hippolytos*, Cambridge: Cambridge Univerity Press, 1990, p. 117s. Cf. F.I. Zeitlin, The Power of Aphrodite, em P. Burian (ed), *Directions in Euripidean Criticism*, Durham NC: Duke University Press, 1985, p. 52-110 e 198-20; paralelos do poder de duas divindades em W.S. Barrett, *Euripides*, p. 393s. S. Des Bouvrie, op. cit., p. 242s, mostrou intensamente que a recusa que Hipólito opõe ao poder de Afrodite equivale a uma recusa da sexualidade matrimonial na sua função reprodutiva; cf. também M. R. Halleran, Gamos and Destruction in Euripides' Hippolytus, *Transactions of the American Philological Association*, Atlanta, n. 121, 1991, p. 109-121, e F. R. Adrados, *Sociedad, Amor y Poesía en la Grecia Antigua*, p. 267s. Para a relação cultual de Afrodite e de Hipólito em Atenas, ver V. Pirenne-Delforge, *L'Aphrodite grecque*, p. 40s.

33 Eur. *Med.* 627s, ver ainda 835s; cf. P. Pucci, *The Violence of Pity in Euripides' Medea*, Ithaca/London: Cornell University Press, 1980, p. 121s. A essa concepção "moral" de Eros (cf. também o fr. 388 Nauck, extrato do *Theseu*, e F. Lasserre, *La Figure d'Éros dans la poésie grecque*, p. 96s) desenvolvida pelo coro opõe-se à concepção desdobrada na intriga que identifica amor, loucura e divindade: cf. A. Rivier, *Essai sur le tragique d'Euripide*, Paris: Boccard, 1975, p. 41s e 183s.

amoroso partilha com a morte na concepção arcaica e clássica, é levado ao paroxismo e às consequências extremas[34]. Mas o coro geralmente está ali para nos lembrar dos efeitos construtivos e cívicos das intervenções de Eros e de Afrodite. De fato, trazendo de volta para a poesia mélica sua função prática, as palavras cantadas pelos coreutas assumem um valor pragmático: ao mesmo tempo em que comenta a intriga pela qual são denunciadas as violências do amor, a voz do coro se dirige ao público de cidadãos que ela exorta à moderação.

Os conselhos dos sábios coreutas prefiguram, de algum modo, a concepção do amor desenvolvido muitos séculos depois pelo moralista Plutarco. Transferindo à relação com a esposa legítima os valores éticos e educativos da relação de homofilia, Plutarco considera a união conjugal o lugar em que vêm coincidir as seduções e potências do amor, os prazeres comedidos e controlados e a produção de valores éticos:

> As mulheres amam seus filhos e seu marido (philoteknoi, philandroi)... Do mesmo modo que a poesia, adornando o discurso graças ao canto, à medida e ao ritmo, torna ao mesmo tempo seu poder educativo mais intenso e seu poder de impedimento mais irresistível, assim a natureza, dotando a mulher do encanto do olhar, da doçura persuasiva da voz e da atração da beleza corporal, se ela fornece grandes recursos à corrompida para seduzir seus amantes e movê-los à volúpia, dá também à sábia para obter a amizade (*philia*) e o afeto de seu marido[35].

---

34 Os poetas cômicos evidentemente também se compraziam em criticar o poder de Eros, particularmente no século IV: cf., por exemplo, Alexis fr. 247 Kassel-Austin (sobre a duplicidade de Eros) ou Aristófanes fr. 11 Kassel-Austin (Eros é excluído do panteão); autores provavelmente influenciados pelos sofistas, segundo a hipótese F. Lasserre, op. cit., p. 110s.
35 Plut. *Diál. Amor* 769cd: cf. M. Foucault, *Le Souci de soi*, Paris: Gallimard, 1984, p. 234s.

Quarta Parte

Espaços de Eros

8. Pradarias e Jardins Lendários

Quando suas intervenções são dramatizadas na cena ática, no interior de um espaço consagrado a Dioniso, Eros e Afrodite podem ser submetidos pelos homens a vivos questionamentos – como acabamos de constatar. Não é indiferente prosseguir com essa interrogação sobre as representações poéticas de modos de intervenção dessas figuras divinas a propósito de espaços nos quais se exercem os poderes do amor divinizado. Na realidade, pudemos constatar que a ação de Eros nas instituições educativas de tipo iniciático se desdobra menos no domínio da natureza selvagem – que faz esperar o esquema antropológico da iniciação tribal – do que nos espaços integrados ao território da cidade, nas salas de banquete ou não, distante dos ginásios. No entanto, se tomamos a perspectiva feminina da realização do amor, há um tipo de espaço erótico que esquecemos com frequência por causa, especialmente, da atenção que a oposição estrutural entre natureza e cultura, combinada com o interesse pelas três fases do esquema iniciático, focalizou sobre o único domínio do selvagem. Trata-se da pradaria (*leimôn*) colorida de flores que muito facilmente se confundiu com o jardim (*kêpos*)[1].

---

1 O estudo de base a respeito é o de A. Motte, *Prairies et jardins de la Grèce antique*; procedendo geralmente por associação, ela, não obstante, tende a apagar

Penetrar nas pradarias eróticas, depois nos jardins de Afrodite, é ser confrontado novamente com os diferentes momentos constitutivos da passagem da adolescência à maturidade sexual plenamente assumida. Mas é também deixar o plano do ritual e institucional para encontrar o terreno da poesia com suas imagens de espaços vegetais marcados pelas manifestações geralmente metafóricas dos poderes do amor.

O paradigma, ao mesmo tempo lendário e teológico da pradaria com função erótica, está representado para nós na célebre cena de amor da *Ilíada*, em que Hera chega a afastar Zeus do campo de batalha de Troia pelos meios sedutores analisados no segundo capítulo. Com o coração preso ao desejo mais doce que jamais sentiu, Zeus recusa se entregar na câmara nupcial demasiado fechada que lhe propõe sua esposa para unir-se a ela, sem tardar, no próprio pico do Ida, onde ela foi provocar sua paixão. A terra então faz crescer aí a fresca relva que, envolta em uma nuvem de ouro e banhada de orvalho cintilante, servirá de leito ao casal divino. Meliloto, açafrão, jacinto, são as flores colorindo essa erva recém-desabrochada: uma escolha que não destaca a simples preocupação da ornamentação, já que em *Cípria*, as vestes de Afrodite são tingidas em uma decocção de flores primaveris análogas – açafrão e jacinto, mas também violeta e rosa[2].

PRADOS EROTIZADOS

Pradaria amorosa. Antes de retornar aos valores evocados pelas flores que, de preferência, por aí se espalham, vemos em Hesíodo um prado semelhante, coberto por uma relva macia e flores primaveris, receber a união de Poseidon com Medusa.

distinções espaciais e metafóricas essenciais, restabelecidas parcialmente pelo rápido ensaio de W. Burkert, Die betretene Wiese, em H. P. Duerr (ed.), *Die Wilde Seele*, Frankurt: Suhrkamp, 1989, p 32-46; por outro lado, J. M. Bremer, The Meadow of Love and Two Passages in Euripides' *Hippolytus*, Mnemosyne 4, Leiden/Boston, p. 272s, mostrou que o estudo de J. M. Motte, op. cit., não é completamente exaustivo.

2 Hom. *Il.* 14, 312s e 346s; cf. O Eros de Poemas Épicos, supra, p. 38-39, n. 8, e o comentário de R. Janko, *The Iliad*, p. 206s, que destaca os valores da fecundidade atribuídos pelos gregos ao orvalho (ver ainda Pradarias e Jardins de Poetas, infra, p. 176, n. 13). Cípr. Fr. 4 Bernabé.

Na lenda à qual Sócrates concorda em conciliar fé, os amores de Bóreas com a ninfa Orítia se enlaçam perto da relva banhada pela água transparente do Ilissos. É ali que, à sombra de um plátano e de um abrunheiro de flores perfumadas, o mestre conduz Fedro: lugar consequentemente privilegiado para introduzir um diálogo sobre o poder de Eros: lugar que se revelará, no final do diálogo, o santuário de musas onde nasce a palavra filosófica destinada aos discípulos – *erômenoi*! Amor? A suave pradaria do Ilissos constitui mais exatamente o lugar do enlevo da ninfa, que se une ao vento do norte em uma localidade diferente; uma versão paralela acrescenta que, no momento de seu rapto, Orítia se dedicou à colheita de flores[3].

Do mesmo modo, o Zeus da versão da lenda encenada por Ésquilo oferece ao touro que arrebata a jovem Europa uma pradaria como pasto. Mas é alhures, em um local suspenso pela aposiopese, que esse deus se une à filha de Cadmo que, dominada, perde seu pudor de virgem (*pathernos*) para se tornar mulher (*gynê*); por meio da metáfora emprestada do domínio da agricultura e utilizada para designar o processo da geração humana, a própria Europa se transforma então nesse campo lavrado que, depois de ter recebido a semente do deus, gerará particularmente Minos. No veio mais sentimental apanhado por seus contemporâneos alexandrinos, o autor do poema helenístico consagrado à heroína não hesita em fazer do prado oferecido ao touro de Zeus uma pradaria em que a virgem é cercada de suas companheiras da mesma idade; ela colhe em um ramalhete de ouro, cinzelado por Hefaísto para o casamento de Líbia com Poseidon, as flores primaveris que se espalham nesse prado: narciso perfumado, jacinto, violeta, serpão e rosas evocando, aliás, Afrodite com a qual a jovem colhedora é comparada. Não é preciso mais para despertar o desejo indomável de Zeus que, metamorfoseado em um touro exalando um perfume mais enfeitiçador do que o da pradaria, rapta a virgem para transportá-la à Creta. Ali, em um leito

---

3 Hes. *Teog.* 276s; Plat. *Fedro* 229as e 278bs; Choeril. Sam. Fr. 7 Bernabé: as outras versões da lenda do rapto de Orítia estão reunidas e inteligentemente analisadas por P. Brulé, *La Fille d'Athènes*, p 291s; para a iconografia, S. Kaempf-Dimitriadou, *Die Liebe der Götter in der attischen Kunst des 5. Jahrhunderts v. Chr*, p. 36s. Hdt. 7, 189, põe em evidência a orientação ateniense da lenda.

preparado pelas Horas, a jovem (*kouré*) torna-se jovem esposa (*nymphé*), depois mãe pelas crianças que ela concebe para o filho de Cronos[4].

O modelo espacial de seu idílio, o autor helenístico possivelmente o encontrou na célebre cena do rapto de Cora relatado no *Hino Homérico a Deméter*. O local do rapto é novamente uma pradaria macia onde a filha de Deméter diverte-se com as filhas de Oceano de seios florescentes colhendo a rosa, o açafrão, a violeta, a íris e o jacinto. Mas é o narciso que, por seu perfume embriagador, engana a jovem, dando lugar ao buraco aberto por onde Hades arrasta-a aos infernos. Em relato retrospectivo que, no final do *Hino*, Cora, por sua vez, faz de seu próprio rapto depois de sua união com Hades, e sem falar aqui da função secundária da pradaria que permite a passagem ao mundo inferior, perceberemos que essa paisagem é amplamente erotizada: pradaria inspirando o desejo (*imertos*) onde flores suscitando Eros (*eroenta*) encontram seu reflexo no desejo amoroso (*himeroessa, erateinê*) evocado pela juventude das Oceânides[5].

Oferecendo excepcionalmente ao deus o leito para se unir à jovem seduzida, o prado florido representa antes o espaço impregnado de Eros que serve de prelúdio imediato à realização do desejo sexual. Assim acontece com Creusa, raptada por

4 Ésq. fr. 99 Radt, cujo texto, a bem da verdade, não é muito seguro; Mosc. *Eur.* 27s, que se inspira provavelmente na versão hesiódica (fr. 140 e 141 Merkelbach-West) em que Europa, colhendo flores com as ninfas em uma pradaria, é seduzida pelo hálito de açafrão exalado por Zeus; transformado em touro, o deus leva a virgem a Creta para unir-se a ela. É ainda em uma pradaria, onde avançam narcisos, rosas e mirtos, mas transformada em *locus amoenus*, que Europa fica enlevada no quadro descrito à guisa de proêmio no romance de Aquille Tatius, 1, 1, 5. Outros paralelismos de raptos de virgens na colheita e de catálogos de flores em W. Bühler, *Die Europa des Moschos*, Wiesbaden: Steiner, 1960, p. 75 e 110s.

5 *Hhom. Dem.* 5s e 417s, em que o lírio substitui a violeta nesse paradigma florido. É preciso destacar que o v. 424 junta às Oceânides, acompanhando Perséfone, as duas deusas *parthenoi* Ártemis e Atena: sobre essa tradição, ver N. J. Richardson, *The Homeric Hymn to Demeter*, p. 290s. A cena do rapto de Cora é comparada ao rapto de Europa por M. Campbell, *Moschus*: Europa, Hildesheim/New York: Olms-Weidemann, 1991, p. 71s. Sobre as afinidades locais de Perséfone com Afrodite, cf. C. Sourvinou-Inwood, Persephone and Aphrodite at Locri, *The Journal of Hellenic Studies*, London, v. 98, 1978, p. 101-121 (reeditado em 1991, p 147-188). Sobre as pradarias em relação ao Inferno, cf. A. Motte, op. cit., p. 119 e 233s.

Apolo da cabeleira dourada no momento de recolher flores de açafrão nas pregas de sua roupa. A filha de Ericteu é então apanhada e conduzida pelo deus seu esposo a um antro; é ali, em um leito improvisado, que ele a obriga a sacrificar-se por obras de Afrodite. Dessa união nascerá Íon, o herói epônimo dos jônios. Em compensação, possuída por visões noturnas e oraculares, Io deixa seus aposentos de virgem (*pathernôn*) para encontrar a espessa pradaria de Lerna. É nesse mesmo prado que, junto aos estábulos de bois e de ovelhas de seu pai, é metamorfoseada em vaca por Hera ou pelo próprio Zeus; une-se então ao deus que para a ocasião se transforma em touro. A jovem encontra, pois, o leito (*lekhos*) do himeneu sobre a tenra pastagem em que Zeus satisfaz seu desejo. Lembremos, a esse respeito que na poesia, o próprio Eros evolui geralmente em meio às flores perfumadas; por outro lado, nas representações mais antigas que colocam Eros em relação com um elemento vegetal, o adolescente em voo apanha naturalmente uma rosa[6].

Pradaria-prelúdio, às vezes pradaria-leito nupcial, a pastagem florescente oferece ainda a moldura de jogos que tendem à satisfação amorosa. Lembremos-nos dos jogos musicais com os quais Pã com sua siringe agrada as ninfas das montanhas de doces cantos: os prazeres das jovens junto a uma fonte de águas escuras, em uma pradaria macia misturando sua relva ao açafrão e ao jacinto perfumado, são o prelúdio da narrativa dos amores conjugais de Hermes pastor com a filha de Dríope, união fecunda da qual nasceu ninguém menos do que Pã. A astúcia narrativa do poeta consiste em transferir ao quadro enunciativo do relato dos amores de Hermes com a ninfa as circunstâncias espaciais prováveis de sua realização! É ainda junto às águas límpidas das fontes das ninfas, em uma pradaria verdejante, que a lenda reúne as deusas rivalizando em beleza para se submeterem ao julgamento de Páris, o vaqueiro; Palas, Cípris e Hera aí vieram colher rosas e jacintos, Atena com sua lança, Afrodite intensa do desejo amoroso que a inspira

6 Eur. *Íon* 881; Ésq. *Prom.* 645 s, cf. *Supl.* 538s; para Eros, ver particularmente Plat. *Banq.* 196ab e Álcm. fr. 58 Page, com as referências que dei em *Alcman*, p. 555s; iconografia: A. Hermary, Eros, LIMC, p. 864s. O rapto de Perséfone em uma pradaria florida foi naturalmente submetido a uma interpretação iniciática: cf. B. Lincoln, The Rape of Persephone, *Harvard Theological Review*, v. 72, Cambridge, 1979, p. 223-235.

e Hera, em sua qualidade de esposa partilhando o leito do rei dos deuses[7].

Através das mediações próprias da poesia helenística, no epitalâmio já citado, que nos apresenta em forma idílica o relato das núpcias de Helena com Menelau para fazer disso a lenda fundadora de um rito, Teócrito parece transpor ao plano cultual as funções da lendária pradaria florida. A passagem de Helena do estado de "virgem encantadora" (*khariessa kora*) ao de "mulher do lar" (*oiketis*), suas companheiras ainda adolescentes a celebrarão à beira do Eurotas, nos prados floridos onde trançarão uma coroa perfumada; elas a consagrarão, sob o plátano sombroso junto ao qual a tradição situa um santuário à Helena[8]. Nessa hábil coincidência entre lenda e culto, a pastagem odorífera acolhe o rito preludiando uma união conjugal paradigmática. A pradaria-prelúdio do amor torna-se a prefiguração da pradaria-leito nupcial.

POMARES E JARDINS DE AFRODITE

Pradaria e não jardim. Isso, pois, no mundo divino, Afrodite dispõe de um jardim propriamente dito, um jardim perfumado e fechado que o *Hino Homérico* à deusa do amor situa em Pafos, na ilha de Chipre, e que coincide com os limites de um santuário centrado em seu altar. Certamente, desde seu nascimento, a bela deusa é acolhida em Chipre sobre o tapete de relva que cresce aos seus pés. Por outro lado, ao unir-se amorosamente com Anquises para gerar Eneias, vê-se Afrodite simplesmente desaparecer nos recessos do Ida coberto de florestas;

7 Hhom. 19, 19s; Eur. *IA* 1291s. Nota-se que, em Ap. Rod. 3,896s, é na sequência de uma colheita de flores com suas amigas, em uma relva macia, que se situa o encontro de Medea com Jasão. Por outro lado, mesmo que a paisagem que envolve a gruta de Calipso, em Hom. *Od.* 5, 55s, ultrapasse a moldura do *locus amoenus* no qual geralmente se quis encerrá-la, parece que, como sugere A. Motte, op. cit., 1973, p. 210, as tenras pradarias floridas de violetas e junça que cercam a morada da ninfa podem representar o prelúdio espacial de seus amores com Ulisses. Na versão euripidina (*Hel.* 241s) do rapto de Helena, a heroína é levada por Hermes no instante em que recolhia rosas a Atena na prega de seu peplo.
8 Teócr. 18, 38s, cf. C. Calame, *Les Choeurs de jeunes filles en Grèce archaïque*, I, p. 335s, e Eros no Feminino, supra, p. 115s.

possuído pelo amor, o mortal conduz, então, a deusa, do modo mais prosaico do mundo, a um leito suavemente coberto de peles de urso e leão[9]. Jardim, pradaria, leito: três espaços distintos que são às vezes chamados para se repartir, mas em condições precisas.

Na versão que Píndaro criou da lenda de Cirene, a heroína epônima da fecunda colônia da Líbia, o pai da jovem nasce ainda nos recessos dos montes Pindo dos amores de uma filha da Terra, Creusa, com um rio, o Peneu, filho de Oceano. Em compensação sua filha, virgem caçadora, é raptada dos pequenos vales ventosos do Pélion por Apolo que a transporta à florescente Líbia; aí ela é recebida por Afrodite que abre ao casal divino os doces leitos da união conjugal. Na boca de Apolo a colheita da erva doce como o mel que preludia o amor torna-se a expressão metafórica da própria união. E, seguindo o mesmo voo, toda a Líbia de vastas pradarias se metamorfoseia, nessa perspectiva, em um jardim de Zeus. Como Afrodite, também o rei dos deuses dispõe de um *kêpos* lendário. Em todo caso, é no jardim que Diotima no *Banquete* situa a união da Pobreza com o Expediente para dar nascimento a Eros, o companheiro e servidor de Afrodite; é ali também que a deusa do amor, nos *Argonáuticos,* encontra Eros, seu filho, brincando de ossinhos com Ganimedes, o erômeno de Zeus[10]. Demasiadamente circunscrito, o *kêpos* não poderia ser confundido com o espaço mais aberto do *leimôn* de flores de amor, que se distingue ele

---

9   Hhom. *Afr.* 58s; Hes. *Teog.* 188s; Hom. *Il.* 2, 819s, Hes. *Teog.* 1008s, *Hhom Afr.* 155s; somente Teócrito, 1, 105s, acrescenta a essa paisagem silvestre do Ida carvalhos e junça. Quanto ao leito amoroso, é também um leito artisticamente coberto que recebe os encontros de Afrodite com seu amante Adonis: Teócr. 15, 125s.

10 Pínd. *Pít.* 9, 5s, 36s e 51s. Esse jardim de Zeus não deve ser confundido com o jardim de Afrodite, local provavelmente real onde foi executada a 5ª *Pítica*: cf. v. 24 e M. R. Lefkowitz, Pindar's Pythian 5, em A. Hurst (ed.), *Pindare: Entretiens sur l'Antiquité classique 31*, Vandoeluvres/Genève, 1985: Fondation Hardt., p. 33-63. Plat. *Banq.* 203bc, Ap. Rod. 3, 114s (cf. O Eros dos Poetas Mélicos, supra, p. 5, n. 4); cf. também Sóf. fr. 320 Radt (ver infra, n. 14). No mais, contrariamente à abordagem operada por F. Bornmann, *Callimachi Hymnus in Dianam*, Firenze: La nuova Italia, 1968, p. 79, o jardim de Zeus não se identifica mais com a pradaria de Hera mencionada por Cal. *Art.* 164 (cf. também Eur. *Fen.* 24); esse prado lembra antes o da união iliádica (Hom. *Il.* 14, 347; cf. O Eros de Poemas Épicos, supra, p. 33s) dos esposos divinos. Para uma relação cultual de Hera com a relva, cf. ainda Paus. 2, 17, 2.

mesmo do *lekhos* conjugal. Se para os deuses pode acontecer da pradaria-prelúdio se metamorfosear imediatamente em leito nupcial, para os heróis da lenda, o leito, distinguido do prado florido e habitualmente situado em um espaço próprio, pode estar enclaustrado em um jardim divino.

Além do mais, na própria classe de jardins bem fechados, impõem-se distinções. Paralelamente aos jardins erotizados de deuses, florescem seja os jardins-relvados da *Odisseia* beneficiados de uma eterna primavera, seja, mais idealizados ainda, os jardins que abrigam os jogos das Cárites ou das fontes de mel, favorecendo com o auxílio de Eros a eclosão da fecundidade poética ou filosófica[11].

Sem dispor do tempo necessário para frequentar à vontade esses jardins de figuras e funções variadas, poderá ser encontrada uma espécie de síntese desses três tipos de recintos no Jardim das Hespérides, muito frequentemente assimilado à pradaria do Ida que recebe a união apaixonada de Zeus com Hera na *Ilíada*. Situado nos confins ocidentais do mundo, além do rio Oceano, esse jardim-pomar não abriga senão os pomos de ouro que Terra ofereceu aos divinos esposos Zeus e Hera por ocasião de seu casamento; pomos protegidos ou cobiçados, segundo as versões da lenda, por essas ninfas "ocidentais", *parthenoi* e filhas da noite, que são na tradição hesiódica as Hespérides, aedas de voz encantadora. Em sua epopeia tardia, Nono não hesitou em se apropriar de produtos do Jardim das Hespérides para reformular a lenda das núpcias de Cadmo e Harmonia. Sob a forma não de pomos, mas de flores de ouro, esses produtos do jardim dos confins exaltam a cerimônia nupcial, ela mesma celebrada na Líbia. Colhidas e oferecidas à esposa por Cípris e Eros, as flores miraculosas das Hespérides cobrem a cabeça dos jovens esposos decorando *thalamos* e leito nupcial[12]. A propósito desse

---

11 Ho. *Od.* 7, 112s (jardim dos feácios, cf. igualmente 6, 293, e P. Vidal-Naquet, *Le Chasseur noir*, p. 60s) e 24, 336s (jardim de Laerte): os pontos comuns apresentados por esses dois jardins são destacados por C. Vatin, Jardins et vergers grecs, em *Mélanges hellèniques offerts à Georges Daux*, Paris: E. de Boccard, 1974, p. 345-357; Pínd. *Ol.* 9, 26s (jardim metafórico das Cárites) e *Pít.* 6, 1s (campo lavrado das Cárites de Afrodite); Plat. *Íon* 534ab (jardim de fontes de mel); sobre os jardins dos filósofos, A. Motte, op. cit., p. 372s.

12 Feréc. At. FGrHist. 3 F 16a-c; Hes. *Teog.* 213s, 274s, 333s e 518, assim como o fr. 360 Merkelbach-West; Non. *Dion.* 13, 333s: cf. M. Rocchi, *Kadmos e Harmonia*, p. 16s e 74s.

pomar inacessível do extremo Ocidente, o coro em *Hipólito* de Eurípides parece dar mais um passo para situar em sua proximidade fontes de ambrosia e os leitos de Zeus; seguro desse indício, o comentador alexandrino da tragédia desvelou-se por fazer do jardim ocidental o local das núpcias de Zeus com Hera[13]. Pomar miraculoso, mas também moldura da inspiração poética, o Jardim das Hespérides dá certamente sua contribuição frutífera à união matrimonial exemplar de deuses. Ele não constitui, no entanto, o local: não se confunde com a pradaria-prelúdio nem com o jardim de Zeus[14].

FLORES, FRUTOS E CEREAIS

Ao jardim cuidadosamente delimitado opõe-se, portanto, a pradaria aberta, livremente acessível aos rebanhos que aí encontram seu pasto. Essa oposição reflete-se nos respectivos produtos desses espaços contrastados.

Objeto de cuidados da cultura exigida por um pomar, os jardins são produtores de frutos. Entre eles, maçãs, marmelos e romãs ocupam um lugar de destaque. Porém, em sua utilização ritual tanto quanto em suas aparições literárias, o pomo e seu avatar, o marmelo, encontram-se associados à própria união sexual, particularmente no casamento; seja ao evocar a lei atribuída a Sólon que prescrevia à jovem casada a penetrar no quarto nupcial ou se deitar junto ao seu noivo trincando

---

13 Eur. *Hip.* 741s com o escólio citado e comentado por W.S. Barrett, *Euripides*, p. 303s. O canto das Hespérides é também mencionado por Eur. *HF* 394, Ap. Rod. 4, 1396s, etc.; outras referências, iconografia e bibliografia em I. McPhee, Hesperides, em *LIMC*, v. 1, Zurich/München: Artemis, 1990, p. 394-406. O jardim das Hespérides não é, pois, o espaço nupcial que veem, depois de tantos outros, A. Motte, op. cit., p. 113 (cf. também p. 223s), ou C. Jourdain-Annequin, *Héraclès aux portes du soir*, Besançon/Paris: Presses Universitaires de Franche-Comté, 1989, p. 564s. Referências sobre os valores eróticos atribuídos ao pomo, ver infra, n. 15.
14 Possivelmente, é com esse jardim imaginário que convém identificar os jardins de Zeus, onde se conhece uma felicidade perfeita (Sóf. fr. 320 Radt) ou os jardins de Oceano, em que as Nuvens de Aristóf. (*Nuv.* 271) formam um coro com as ninfas. Trata-se, em todo caso, de jardins de confins, análogos ao que a tradição atribuía a Apolo, no Grande Norte: Sóf. fr. 956 Radt; a verdade é que esse jardim, em que Bóreas levou Orítia depois de tê-la raptado (cf. supra, p 162s), poderia abrigar a união do deus vento com a ninfa.

um marmelo; seja ao pensar no provérbio que dizia que receber um pomo era ser levado a uma relação amorosa; seja ainda ao sonhar com marmelos, com folhas de mirto e coroas de rosas e violetas jogadas na passagem do cortejo nupcial dos heróis Helena e Menelau[15]. Maçãs e marmelos são, portanto, símbolos do nascimento de um amor ou da consumação sexual. Os pomos de ouro do Jardim das Hespérides são o modelo lendário desse fato. Produtos de uma atividade de cultura distinta do trabalho cerealista, os frutos de jardins e pomares opõem-se, por outro lado e intensamente aos rebentos dos efêmeros "jardins" de Adonis. Em uma espécie de paródia ritual da prática agrícola com seu longo processo de maturação de sementes e frutos, as mulheres de Atenas expunham ao sol do verão os germes para secagem. Constituídos de panelas, de potes ou cestos, esses jardinzinhos estéreis de mulheres solitárias são o antônimo não somente de campos lavrados, mas de jardins longamente cultivados e, consequentemente, produtivos[16].

Em contraste com os produtos da cultura arbórea evocando a consumação do amor, as flores que grassam livremente sobre as pradarias-prelúdios conotam a preparação desse momento último. Na falta de um estudo de botânica nativa, é ainda a lenda que fornece o acesso mais fácil aos valores encarnados nas flores colorindo as pastagens caras às virgens. Jacinto, açafrão ou violeta, as flores que grassam por aí mais naturalmente, todas conhecem uma metamorfose antropomórfica em um relato de amores infelizes. Filho da musa Clio e de Píero, ou

---

15 Sól. fr. 127 Ruschenbusch, citado especialmente por Plut. *Prec. Conj.* 138d; Aristóf. *Nuv.* 997 com os esc. *ad loc.* (III. 2, p. 141 Koster), Hsqu. *s. v. melôi balein* (M 1202 Latte), etc; Estes. fr. 187 Page. Outros atestados dos valores sexuais atribuídos às maçãs e aos marmelos são encontrados em J. Trumpf, Kydonische Äepfel, *Hermes*, n. 88, Wiesbaden, 1960, p. 14-22, e A. R. Littlewood, The Symbolism of the Apple in Greek and Roman Literature, *Harvard Studies in Classical Philology*, v. 72, Cambridge, 1968, p. 147-181; referências complementares em I. Chirassi, *Elementi di culture precereali*, Roma: Ateneo, 1968, p. 73s (para a romã), M. Detienne, *Dionysus mis à mort*, p. 102s, e A.P. Burnett, *Three Archaic Poets*, p. 267, n. 102.

16 Aristóf. *Lis.* 389 s, Plat. *Fedro* 276b, etc.; serão encontradas, no estudo de M. Detienne, *Les Jardins d'Adonis*, Paris: Gallimard, 1989, p 191s, todas as peças do relatório, além de uma análise de traços opondo a jardinagem efêmera, em honra a Adonis, à agricultura de Deméter; acrescentaremos aí as observações críticas de J.J. Winkler, T*he Constraints of Desire*, 1990, p. 189s; referências em W. Attalah, *Adonis dans la littérature et l'art grecs*, Paris: C. Klincksieck, 1966, p 211s.

de Amiclas, o lacedemônio, e Diomedes, Jacinto não é outro senão o jovem amante de Apolo; em luta com seu rival Zéfiro, o deus mata inadvertidamente seu amado no jogo do lançamento de um disco que ceifa o jovem herói no momento mesmo em que sua beleza desejável atingia a tenra infância. Uma lenda tardiamente confirmada, é verdade, atribui a Croco um destino análogo já que esse jovem, amado do vento Smilax, encontra a morte atingido pelo disco lançado por Hermes; de seu sangue, diz-se, nasceu a flor do açafrão. Quanto à violeta, ela compunha a coroa que as ninfas jônidas trançaram para seu amado Íon, vindo caçar no local da futura Olímpia[17].

Essas três flores do prado dividem com o narciso e com a rosa, eles também frequentemente mencionados, um perfume enfeitiçante. De Narciso, conhecemos o amor e a morte no espelho, punição desejada por uma Afrodite ofendida pelas constantes recusas de um jovem recalcitrante ao amor proposto por diferentes ninfas; entre as quais Eco, que vai determinar por seu nome o modo da morte do jovem herói. Conhecemos em compensação bem menos a versão mais rara da paixão desesperada que o jovem sente por sua irmã gêmea; à beira de uma fonte, Narciso crê encontrar a visão da amada em seu reflexo; o jovem acaba por se consumir de langor; metamorfoseia-se então em narciso. Quanto à rosa, nascida do sangue de Adonis amado de Afrodite, outros já louvaram seus inumeráveis laços com a deusa do amor e seu cortejo de seguidoras e seguidores – Horas, Cárites ou Eros[18].

17 Jacinto: Eur. *Hel.* 1465s, Apol. I, 3, 3 e 3, 10, 3, Paus. 3, 19, 5, etc. ver S. Amigues, Hyakinthos fleur mythique et plantes réelles, *Revue des études grecque*, Paris, 1054, 1992, p 19-36; Crocos: Ov. *Mét.* 4, 283s, cf. Plín. *Hist. Nat.* 16, 63, 154; violeta: Nicandro fr. 74, 2s Gow-Schofield; cf. P. M. C. Forges Irving, *Metamorphoses in Greek Myths*, Oxford: Oxford University Press, 1990, p. 133s, e D. Auger, A l'ombre des jeunes garcons en fleurs, em D. Auger (ed.), *Enfants et enfances dans les mythologies*, Paris: Belles Lettres, 1995, p. 77-101.
18 Narciso: Ov. *Met.* 3, 509s, Paus. 9, 31, 8, *Ant. Pal.* 5, 147, etc.; cF.I. Chirassi, op. cit., p. 143s, n. 15, e E. Pellizer, *La peripezia dell' eletto*, Palermo: Sellerio, 1991, p. 46s. Rose: Bion, *Ad.* 1, 65 s, *Anacreont.* 32, 13s e 44 West, Paus. 6, 24, 7; outras referências em J. Murt, *Die Pflanzenwelt in der griechischen Mythologie*, Innsbruck: Wagnersche Universitätsbuchhandlung, 1890, p. 78s, aos quais se acrescentará, para a poesia arcaica, Íbic. fr. 288 Page, Estes. fr. 187 Page e Baqu. 17, 115s. Quanto à identificação botânica dessas diferentes flores, ver N. J. Richardson, op. cit., p. 142s, que destaca baseado em Sóf. *Ed. Col.* 684 e fr. 451 Radt a associação de narciso e açafrão, especificamente, à Deméter e Cora; cf. também E. Irwin, The Crocus and the Rose, em D. E. Gerber (ed.), *Greek Poetry and Philosophy*, Chico: Scholars Press, 1984, p 147-168.

As flores colorindo a pradaria amorosa nascem, pois, na lenda no preciso instante em que seu próprio herói epônimo conhece a flor da juventude, no instante em que ele suscita o desejo sem ainda se abrir ao amor carnal. Esse momento de passagem entre dois estados no domínio da sexualidade, o relato fixa com uma morte menos iniciática e ritual do que narrativa. Narrativa e figurativa é igualmente a metamorfose que se segue às vezes, do mesmo modo que é preciso levar em conta das transposições narrativas o fato das flores de gênero indeterminado, em grego, serem normalmente representadas na intriga por jovens heróis. Certamente, esses últimos, na ternura de sua beleza adolescente, podem tanto suscitar amores "homossexuais" como heterossexuais. Mas, deve-se ao jogo da metáfora, própria do processo simbólico, a transposição em pradarias apresentando uma orientação feminina os valores de preparação ao amor encarnados nas flores ligadas a mitos masculinos: esse jogo apaga a distinção entre os papéis sociais sexuais, entre os gêneros. Ao conhecer nesses prados floridos suas primeiras inquietações eróticas, são sempre as virgens, *parthenoi,* que, no instante do enlace amoroso no leito nupcial, tornam-se não *gynaikes,* mulheres adultas, mas, como indica perfeitamente a lei de Sólon que acabamos de citar, *nymphai,* jovens esposas.

Associadas à floração primaveril e à liberdade do pasto, as pradarias legendárias distanciam-se tanto dos jardins bem cercados, objetos de atenções exigidas para um pomar que produza frutas, como de leitos conjugais onde se consome essas frutas. Esses leitos do amor compartilhado são, por outro lado, frequentemente designados pelas metáforas da agricultura já evocadas. De flores se espalhando livremente aos produtos da agricultura cerealífera, passando pela produção arbórea, há progresso em direção da civilização, do mesmo modo que, espacialmente, o deslocar de territórios liminares em que se desdobra a atividade nômade de pastores rumo ao centro do *oikos,* em concomitância eventual com uma passagem pelo jardim. A transição, que construem as figuras dessas lendas de ninfas no plano vegetal e do ponto de vista espacial, remete evidentemente ao percurso de virgens ainda não submissas para a domesticação civilizadora do casamento. Cercadas de suas jovens companheiras, colhendo flores evocativas do desejo amoroso, dançando às vezes em rodas corais, ainda *parthenoi*, as ninfas estão nas pradarias de pastagens unicamente como vítimas dos avanços violentos do deus em quem elas provocaram o amor. Elas não conhecem o amor senão depois de ter trincado os frutos desses jardins, em leitos contidos em um espaço bem delimitado; Eros frequentemente se realiza aí – como vimos – na sua função de reprodução. A lenda define possivelmente a própria instabilidade do estatuto da jovem esposa na medida em que as ninfas que ela coloca em cena, enquanto *nymphai*, não hesitam depois em expor o filho nascido de uniões geralmente violentas. O estatuto da mãe plenamente assumido sucede justamente ao da jovem casada.

Ao mesmo tempo em que contamos com as inevitáveis distorções relativas a esse gênero de exercício, podemos ser tentados a esquematizar do seguinte modo as diferentes representações que os gregos da época clássica fazem, através da lenda, de três estatutos conhecidos da mulher:

ESTATUTO SOCIAL	ESPAÇO LENDÁRIO	ATIVIDADE	ESPAÇO GEOGRÁFICO
parthenos	pradaria	pastoril	exterior quase selvagem
nymphê	jardim	arboricultura	transição
gynê	leito	agricultura	interior – *oikos*

9. Pradarias e Jardins de Poetas

Assumida pelo locutor que se torna o protagonista principal, a narração da poesia mélica não remete mais a uma situação lendária, mas às circunstâncias nas quais esse locutor se encontra diretamente comprometido. Situadas em um passado próximo, essas circunstâncias, pelo jogo de dícticos e tempos verbais, podem coincidir com a própria situação da enunciação do poema. Será que pradarias e jardins encontrariam nesses meios enunciativos um correspondente na realidade institucional da iniciação de virgens às seduções da sexualidade reprodutiva?

ESPAÇOS METAFÓRICOS DO AMOR

Entre os chantres do amor, Anacreonte situa a criança de bela aparência à qual ele se dirige em campos de jacinto; é ali que Cípris prende as jovens éguas livres das rédeas maternas. A imposição desse novo jugo surge como a passagem obrigatória que permite à jovem aparecer entre os cidadãos para arrebatar seu coração, provavelmente de desejo. A exploração original pelo poeta da metáfora da domesticação que impõe habitualmente o casamento inclui a menção de pradarias floridas; a atividade à qual aí se entrega a jovem – o texto não permite determinar exatamente o conteúdo – não é ela mesma senão uma imagem para representar a virgem doravante investida do poder de Afrodite[1]. O prado de jacintos garante assim pela metáfora a passagem da jovem da casa de sua mãe à comunidade cívica: ela surge aí na maturidade de uma juventude provocando o desejo amoroso.

Teógnis não hesita em recorrer aos mesmos recursos metafóricos para caracterizar o retorno de seu jovem amado. O adolescente torna-se o cavalo saciado que vimos retornar ao estábulo; ele é, desde então, tomado do desejo do bom cavaleiro em uma bela pradaria de fonte fresca, cercado de arvoredos sombrosos. Provavelmente será espantoso ver um jovem se divertir nesses prados em que, por outro lado, Anacreonte faz apascentar sua potra de Trácia de olhar esquivo, possivelmente uma hetera; ela brinca aí livremente antes de ser domada pelas rédeas de um cavaleiro hábil e experiente:

> Ó égua de Trácia
> porque fugir de mim, cruel,
> com olhos desatenciosos?
> Ou crês que eu sou
> um completo ignorante?
> Eu poderia, dize,
> perfeitamente sujeitar-te
> aos freios ou manter as rédeas,
> e viro a égua
> contra a pedra então!
> Aguardando tu te alimentas
> nos prados, onde podes
> distrair-te livremente.

1   Anacr. fr. 346. 1 Page (cf. O Eros dos Poetas Mélicos, supra, p. 16), cf igualmente Safo fr. 105 b Voigt; comentando esses versos, B. Gentili, *Anacreon*, p. 181s, julgou que o termo *aroura* tem aqui significação ampla de "campo" (não necessariamente lavrado) e sua qualificação o insere na linha metafórica erótica de toda estrofe: ver por exemplo Safo fr. 96, 11 Voigt, em um contexto igualmente erótico; interpretação complexa em S. R. Slings, Anacreon's Meadows, *Zeitschrift für Papyrologie und Epigraphik*, Bonn, v. 30, 1978, p. 38. Para o amor e casamento concebidos como o freio ou jugo imposto a uma potra ou bezerra, ver Eros no Feminino, supra, p. 118, n. 25. Notemos que se o v. 13 pertencesse a outro poema, esses versos poderiam também se dirigir a um jovem!

Pois não conheceste o cavaleiro
que monta a égua
e sabe domá-la[2].

É preciso lembrar que, na relação de homofilia que o grego adulto estabelece com um adolescente, este último, em sua terna beleza imberbe é precisamente assimilado a uma jovem; passageira, tal relação garante na inversão de signos do sexo a transição da hesitação sexual da adolescência e sexualidade plenamente assumida do adulto. A transferência do jovem a uma pastagem macia, na perspectiva feminina do prelúdio amoroso, indica o caráter certamente metafórico que assume, nesses recados diretos aos adolescentes ou às adolescentes, a pradaria florida. Essa metáfora é um dos recursos poéticos da iniciação a Eros que o narrador mélico sonha em fazer submeter, pela palavra, senão em ato, seu ou sua jovem destinatária(o).

Provavelmente, é ainda nesse sentido que convém ler, a despeito do emprego de uma linguagem bem mais direta, os versos já mencionados em que Arquíloco jovem nos conta seu primeiro encontro amoroso com a filha de Anfimedo, que lhe oferece a jovem virgem. Metafóricas, pois, essas flores sobre as quais o poeta estendeu a jovem antes de cobrir sua nudez sob um delicado manto e afagar seu belo corpo com carícias que conduzem a um coito talvez prudentemente interrompido. Possivelmente, o espaço desses primeiros amores é puramente figurado, o que não impede, de modo algum, garantir sua função de passagem já que aí a jovem se torna mulher, na intenção de Arquíloco, em todo caso. Quanto aos jardins relvados, sobre os quais o poeta diz querer se dirigir, eles não constituem senão uma nova e frequente metáfora a uma alusão erótica à anatomia feminina; assim como Empédocles designa por "pradarias partidas de Afrodite" o órgão da geração de filhos[3]. Quando da ação lendária se passa

---

2   Anacr. fr. 417 Page: cf. O Eros dos Poetas Mélicos, supra, p. 20, n. 30. Teógn. 1249s; a linha metafórica desenvolvida nos versos de Teógnis (cf. também 1267s) é explicitada por M. Vetta, *Teognide*, p. 55s, que erroneamente, no entanto, assimilou essa paisagem erótica a um simples *locus amoenus*. Alceu, fr. 296 b Voigt (cf. igualmente fr. 115a), situa em uma paisagem análoga o jovem do qual ele canta as qualidades: cf. A. Bonnafé, *Poésie, nature et sacré* 2, Lyon: Maison de l'Orien, 1987, p. 108s.

3   Arquíl. fr. 196a West; ver o comentário de S. R. Slings, Archilochus: First Cologne Epode, em J. M. Bremer (ed.), *Some Recently Found Greeek Poems*,

à experiência vivida (ou imaginada) do poeta é, portanto, por meio da transposição metafórica que o espaço florido continua a constituir, para a jovem, a moldura do prelúdio e da iniciação ao amor; à metáfora junta-se, no *Epodo* de Arquíloco, o toque de ironia que introduz o gozo reservado do narrador.

DOMÍNIOS IDEAIS DE DEUSES

E os jardins? Depois de muito tempo tentamos identificar um deles junto ao santuário no qual Safo convoca Afrodite para participar como copeira divina dos regozijos enigmáticos que aí se desenrolam. Cerca sagrada que enclaustra um pomar (*alsos*) de maçãs atravessado pela água fresca de um riacho, de altares deixando escapar a fumaça de incensos, roseiras sombrias exortando a um sono mortal; embalado pelas brisas mais doces, esse domínio inclui igualmente uma pradaria (*leimôn*), pastagem de cavalos, onde desabrocham flores primaveris. Ficção de um mundo divino, metáfora poética ou realidade cultual? Sem dúvida alguma que das macieiras às roseiras, passando pelos vapores perfumados dos incensos ou pelo sono e por essa morte, que os gregos considerariam como os idênticos do estado amoroso, tudo nessa paisagem úmida e ventilada chama a presença da deusa do amor. Paisagem real correspondente ao local em que se encontra (*deuru*, "aqui") o narrador (*me*) no início da invocação à deusa, mas que, por sua própria intervenção como dispensária do néctar, distancia-se no "ali" (*entha*) do domínio divino, propriedade da deusa (*su*)[4].

Leiden/Köln: Brill, 1987, p. 24s, que dá todos os elementos necessários à leitura desse poema lacunar; ver também as referências complementares dadas em O Eros dos Poetas Mélicos, supra, p. 23, n. 34, e p. 29, n. 48; certos intérpretes viram nessa pradaria erotizada um jardim de Hera: cf. G. Nagy, *Pindar's Homer*, p. 399s; Emped. fr. 31 B 66 Diels-Kranz.

4 Safo fr. 2 Voigt; a longa análise de A.P. Burnett, *Three Archaic Poets*, p. 259s, que, mostrando as conotações eróticas de diferentes elementos compondo essa paisagem, de fato um hipotético jardim de ninfas, deve, ao mesmo tempo, ser completado pela de R. Merkelbach, Sapho und ihr Kreis, *Philologus*, Berlin, v. 10, 1957, p. 1-29, e pela de G. Lanata, Sul linguaggio amoroso di Saffo, *Quaderni urbinati di cultura classica*, n. 2, p. 68s; o movimento espacial traçado nesse poema é estudado por M. Steinrück, *Rede und Kontext*, Bonn: R. Habelt, 1992, p. 380s. Para as qualidades eróticas da maçã e da macieira, cf. Pradarias e Jardins Lendários, supra, p. 162, n. 15.

O recurso poético da metáfora do prado, onde pastam as éguas para qualificar um gramado florido englobado no jardim-santuário de Cípris, remete-nos evidentemente à pradaria--prelúdio da lenda. Em um dos célebres poemas chamados "da memória", Safo evoca precisamente uma pradaria coberta de flores e banhada de orvalho para tornar no local em que uma bela lídia relembra no desejo seu amor pela jovem Atis. Em compensação, um poema paralelo indica que a paixão amorosa conhece sua satisfação em um leito macio[5]. Contida em uma clausura sagrada que se tem todo motivo para acreditar que seja real a despeito de sua divinização pela poesia, a pradaria, desde então consagrada a Afrodite, poderia representar, além da construção textual e da metáfora, um dos lugares onde Safo dispensava sua educação à beleza e ao amor da maturidade. Era ali, sob a proteção de Afrodite, que as jovens de Lesbos ou da Lídia aprendiam, provavelmente pela dança e pelo canto, rituais para se tornarem mulheres feitas: pradaria de iniciação onde os próprios poemas compostos por Safo adquirem uma função iniciática, pradaria de iniciação ao amor que eventualmente se satisfaz entre parceiras, alhures, fora do espaço consagrado a Cípris, em um leito, antes da relação de homofilia transitória se transformar somente em relação conjugal permanente[6].

Desde então, deveria-se compreender melhor a função que assume no poema de Íbico já citado o não menos célebre jardim intocado de virgens; a primavera espalha aí macieiras de Cidônia, regadas de pequenos riachos, e faz florescer, à sombra dos pâmpanos, os rebentos da videira. Situado em intensa oposição (*men...de*) a esse espaço primaveril, o amor implacável já evocado, ao mesmo tempo gelado e ardente, surpreendente em toda estação, provoca de algum modo a fuga poética do narrador a esse jardim ideal. Trata-se de uma provável regressão, não ao seio de uma natureza intocável, mas a um desses jardins limítrofes do mundo habitado, jardins de geografia legendária

---

5 Safo fr. 96, 9s e 94, 21s Voigt; além do comentário de A.P. Burnett, op. cit., p. 300s e 290s, ver as reflexões de B. Gentili, *Poesia e pubblico nella Grecia antica*, p. 116s.

6 Provavelmente, é nesse sentido que convém entender as *nymphaioi kêpoi* que Dion. Hal. *Compos.* 132 atribui à poesia nupcial e erótica de Safo (= fr. 215 Voigt). Quanto ao caráter "iniciático" da educação dispensada no grupo da poetisa, ver referências dadas em Eros no Masculino, supra, p. 91, n. 17.

cujo modelo é o Jardim das Hespérides (elas mesmas *parthenoi*!): espaços localizados sem serem praticamente acessíveis, espaços onde se viu a felicidade dos Bem-aventurados, onde se alimenta de ambrosia, como mostram os coreutas em *Hipólito* de Eurípides. Em oposição à repetida paixão que sacode seu coração, o narrador projeta assim, no além de uma paisagem de confins, seu sonho paradoxal de um amor ainda intacto: marmeleiros banhados de riachos e flores de videira, mas sem pradaria convidando à e preludiando a consumação do desejo. Evocadas desde o início do poema, as macieiras não se erguem nesse jardim de virgens (e não de ninfas) senão para convocar a isotopia amorosa que atravessa os versos de Íbico. Não nos esqueçamos de que somente seu produto, as maçãs, funciona como o encanto de um comprometimento amoroso, e esse fora do jardim maravilhoso[7].

Da metáfora ao culto passando pelo sonho, as pradarias evocadas pelos poetas mélicos formam o espaço em que o desejo amoroso efetivamente sentido, no *hic et nunc* da execução do poema, só pode receber uma realização ideal. Pradarias, mais do que jardins, porque o amor do poeta é geralmente suscitado por um adolescente ou uma jovem e envolve os protagonistas solicitados por Eros em uma relação assimétrica. Em sua função prática de sedução e em seu papel de educação para sexualidade da maturidade cívica, o próprio poema erótico da "lírica" arcaica não constitui senão um prelúdio da realização amorosa. Ele duplica, portanto, a função metafórica da pradaria-prelúdio e o papel provavelmente cultual do jardim de Afrodite; o que não impede, depois dessa passagem

---

7   Íbic. fr. 286 Page (texto citado em O Eros dos Poetas Mélicos, supra, p. 6); Eur. *Hip.* 742s (cf. Pradarias e Jardins Lendários, supra, n. 13). O estudo de J. Trumpf, Kydonische Äepfel, *Hermes*, n. 88, Wiesbaden, 1960, p. 14-22, sobre o simbolismo de maçãs tende a confundir o espaço de seu crescimento com o espaço de sua consumação; assim como a análise estrutural proposta por J. M. Bremer, Meadow of Love and Two Passages in Euripides' Hippolytus, *Mnemosyne 4*, v. 28, p. 271, é enganadora na medida em que, ao comparar o jardim de Íbico com o de Safo, assimila espaço cercado e pradaria sem manter como traço distintivo a presença na segunda de flores de prado; em compensação, o autor mostra que, em contraste com a pradaria cerrada em que Fedra aspira apaziguar sua paixão (Eur. *Hip.* 208s), o prado intacto evocado por Hipólito (ibidem, 73s) não é senão o fruto de uma imaginação enganosa e pervertida pelo poder de Ártemis que transforma o herói em *parthenos*; ver ainda a esse respeito S. Saïd, L' Éspace d'Euripide, *Dioniso*, Siracusa, v. 59, 1989, p. 107-136.

expressa em três diferentes níveis (pragmático, metafórico lendário e cultual), de evocar a fase última da iniciação amorosa na satisfação do desejo erótico sobre um leito macio (possivelmente no banquete?). Cada evocação poética de uma pradaria, de um jardim ou de um leito exige uma interpretação em contexto para dar conta de usos amplamente metafóricos.

JARDINS DE CULTO

No entanto, há um espaço em Atenas capaz de nos fazer passar enfim da lenda e da metáfora poética à prática institucional: é o célebre santuário doravante reservado à Afrodite "dos Jardins" na encosta setentrional da Acrópole[8]. Em relação ao santuário da deusa sob a mesma epiclese na planície, perto de Ilissos, esse recinto era o local de ao menos uma prática ritual que Pausânias, o antiquário, divulga ao leitor informado. Descrevendo o santuário de Pandroso que ladeia o Erecteion na Acrópole e que abrigava o azeite sagrado, o periegeta relata que, não distante dali, habitavam duas arréforas. Seu serviço para com a sacerdotisa de Atena terminava com uma festa noturna; essa celebração é facilmente identificável com o rito das Arreforias, conhecido por outras fontes. Não estou habilitado para dar outra tradução, se for contestado que seja, dessa passagem além dessa: "tendo carregado sobre a cabeça o que a sacerdotisa de Atena lhes dá para carregar – e nem aquela que dá sabe o que dá, nem as portadoras sabem o que levam – as virgens (*parthenoi*) descem até a localidade da cidade onde se encontra um altar de Afrodite chamado dos Jardins, uma localidade pouco distante, atravessada por uma passagem subterrânea natural; ao chegarem lá embaixo, elas deixam os objetos trazidos para pegar um outro que elas recolocam, bem escondido. São então retiradas e as substituem na Acrópole por outras *parthenoi*"[9].

---

8   Localização e traços arqueológicos do santuário: J. Travlos, *Bildlexikon zur Topographie des antiken Athen*, p. 228s; por engano, esse santuário foi geralmente confundido com o de Afrodite Urânia. Cípris possuía, especialmente em Chipre, outros jardins cultuais: referências em A. Motte, *Prairies et jardins de la Grèce antique*, p. 122s.

9   Paus. 1, 27, 2s. Contrariamente ao que pensa E. Kadletz, Pausanias 1, 27, 3, and the Route of Arrhephoroi, *American Journal Archaeology*, New York, v. 86,

Que essas duas jovens arréforas tirem sua denominação da proibição atingindo os objetos levados ou do orvalho fecundante – segundo as explicações dos antigos – ou da etimologia que evoca seu nome – segundo os modernos – o cesto que carregam, elas fazem parte de quatro menininhas de sete a onze anos às quais era confiada a tecelagem do peplo de Atena. Por outro lado, há pouca dúvida de que o rito que elas realizam no santuário de Afrodite dos Jardins não encontre seu fundamento ideológico na lenda das três filhas de Cécrope: duas delas condenadas ao suicídio por ter infringido a proibição de abrir o cesto redondo que Atena lhes confiou. Tomadas de um medo pânico depois de ter visto o pequeno Erictônio e a serpente no cesto sagrado, as jovens se precipitaram ao abismo da Acrópole, ao passo que Pandroso, seu irmão obediente, tem a vida poupada. Uma vez não é hábito: o desenvolvimento da lenda parece trazer em sua intriga o reflexo do desenrolar do ritual[10].

Certamente, a identificação topográfica do itinerário oculto seguido pelas arréforas no rito está sujeita a toda sorte de interpretação arqueológica de textos antigos. No entanto, é pouco duvidoso que esse caminho coloque em relação o santuário de Pandroso na Acrópole (ou o altar provavelmente das arréforas um pouco mais ao sul) com o santuário de Afrodite dos Jardins; apoiado ao rochedo, esse último está situado no caminho do altar da Acrópole, ao nível da cidade. Será que as pequenas arréforas tinham dons de espeleologista para atingir esse santuário penetrando no corredor vertical da nascente micênica? Ou será que elas seguiam mais simplesmente a estreita passagem manejada entre os rochedos ao norte do Erecteion?

1982, p. 445-446, seguido nisso por P. Brulé, *La Fille d'Athènes*, p. 89s, a expressão *ou porrô* pode somente se referir ao genitivo que a precede na medida em que esse último não designa um local, mas uma posse de Afrodite desse lugar (*perí-bolos*), ele mesmo mencionado no nominativo; portanto, ela tem aqui seu valor adverbial. Segundo E. Langlotz, *Aphrodite in den Gärten*, Heidelberg: Winter, 1954, p. 8s, as representações de Afrodite no meio de elementos vegetais são as reproduções de jardins-santuários consagrados à deusa.

10 O conjunto do relatório literário, iconográfico, epigráfico e arqueológico é retomado na lenda e no culto por P. Brulé, op. cit., p. 68s e 79s; de memória, referimo-nos ao artigo clássico de W. Burkert, Kekropidensage and Arrhephoria, *Hermes*, Wiesbaden, v. 94, 1966, p. 1-25, retomado em *Wilder Ursprung*, Berlin: K. Wagenbach, 1990, p. 40-59, e acrescentaremos E. Specht, *Schön zu sein und gut zu sein*, Wien: Wiener Frauenverlag, 1989, p. 37s.

Ao menos é certo que a "passagem subterrânea natural" que descreve Pausânias só poderia conduzir até o segundo santuário que Afrodite, a Jardineira, dispunha às bordas do Ilissos[11]. Mas, provavelmente manipulada pelo relato lendário, por que essa ida e vinda ritual de duas jovens arréforas da Acrópole no jardim cultual de Afrodite estabelecido em seu flanco? Ao invocar a descida noturna de virgens e seu contato com Afrodite, mas, sobretudo, ao projetar a lenda do percurso ritual para fazer dessa descida o emblema de uma morte simbólica, deu-se, depois de muito tempo, uma interpretação iniciática desse estranho rito. Porém, nem a pouquíssima idade das arréforas, nem seu percurso espacial, remetem aos traços distintivos da iniciação tribal. Se for verdade que a permanência na Acrópole dessas menininhas de sete a onze anos representa um período de segregação, sua incursão ao santuário da Afrodite dos Jardins representaria desde então uma iniciação da iniciação. Se o contato das jovens com a deusa do amor prepara – como se afirmou – o termo do serviço das arréforas, a descida ao jardim poderia, dessa forma, constituir uma espécie de rito de agregação; mas qual integração e a qual estatuto, já que aos onze anos, as arréforas ainda são impúberes?

Enfim, caso se admita que o espaço sagrado desenhado pela Acrópole clássica possa representar um espaço de segregação situado no centro do espaço político e não em seu exterior, quanto ao santuário da Afrodite dos Jardins, ele se elevaria com sua singular posição ao lado da Acrópole, sobre um dos limites "internos" desse espaço! Ter-se-á sorte com a interpretação de rito de fecundidade? Certamente, desde que consigamos ser mais clarividentes do que as arréforas ou a própria sacerdotisa de Atena, alguns indícios apontam para uma interpretação fálica dos objetos "indizíveis" levados ao recinto de Afrodite antes de serem substituídos, no retorno à Acrópole, por outro objeto, "bem escondido", possivelmente um recém-nascido.

11 Tal é, no entanto, a tese contestatória sustentada por N. Robertson, The Riddle of the Arrhephoria at Athens, *Harvard Studies in Classical Philology*, Cambridge, v. 87, 1983, p. 241-288, e retomada parcialmente por P. Brulé, op. cit., p. 84s, sobre a fé de Paus. 1, 27, 3: esse segundo santuário da Afrodite dos Jardins, vizinho do Ilissos, encontrava-se muito provavelmente fora do altar traçado por Temístocles: cf. J. Travlos, op. cit., p. 291. Ponte sobre a questão em V. Pirenne-Delforge, *L'Aphrodite grecque*, p. 50s.

O próprio fato de uma inscrição clássica atestar a celebração de uma festa a Eros nesse santuário da Afrodite dos Jardins levaria a crer que os objetos secretos transportados pelas duas arréforas remetem de algum modo a uma iniciação sexual[12]; e a lenda etiológica, colocando em cena a descoberta pelas virgens de um recém-nascido de Erictônio, arrisca a designar a sexualidade em sua função reprodutiva. Como consequência: nem rito de iniciação tribal, nem rito "de fertilidade", mas gesto ritual entronizando, em um vaivém entre espaço religioso e espaço cívico, duas das melhores entre as três jovens atenienses para sua futura função de gerar cidadãos; gesto realizado deixando provisoriamente o serviço de Atena para homenagear Afrodite, possivelmente, Eros em um espaço onde os cuidados dedicados às plantas e árvores podem precisamente simbolizar o crescimento de crianças e da *kourotrophia*.

Desse ponto de vista, a integração do azeite sagrado no Pandroséion, de onde partiam provavelmente as virgens, parece figurar com as plantas que cresciam no Jardim de Afrodite aos pés da Acrópole uma isotopia arbórea, bem distinta da cerealicultura reservada à Deméter[13]. Em sua permanência na Acrópole, onde aprendem os trabalhos reservados à mulher,

---

12 Inscrição publicada por O. Broneer, Eros and Aphrodite on the North Slope of the Acropolis in Athens, *Hesperia*, Cambridge, v. 1, 1932, p. 31-55; cf. S. Fasce, *Eros*, p. 32s. A idade das arréforas é dada pelo *EMag*. 149, 18s Gaisford, coincidindo parcialmente com o célebre texto de Aristóf. *Lis*. 641s: ver, finalmente, a esse respeito C. Sourvinou-Inwood, *Studies in Girls' Transitions*, Athinai: A. Kardamitsa, 1988, p. 136s. Em seu estudo recente Der Heros in der Kiste, *Antike und Abendland*, Berlin, v. 28,1992, p. 1-47, G. J. Baudy propõe de modo diferente uma interpretação agrária do rito colocando na cesta das arréforas sementes oferecidas, material e metaforicamente, ao orvalho fecundante.

13 Os numerosos elos metafóricos que o grego clássico estabelece entre o crescimento de jovens rebentos e o desenvolvimento de crianças e adolescentes são evocados por M. Detienne, *L'Écriture d'Orphée*, p. 71s, com as referências dadas na 55n. Os próprios esposos recém-casados, o jovem ou a jovem, são comparados às plantas florescentes: referências em R. Seaford, The Tragic Wedding, *The Journal of Hellenic Studies*, v. 107, p. 111s. E. Simon, *Festivals of Attica*, London: University of Wisconsin Press, 1983, p. 39s, insiste na relação de Pandroso com o orvalho e em seu valor fertilizante: cf. a esse respeito D. Boedeker, *Descent from Heaven*, Chico: Scholars Press, 1984, p. 10s e 100s, que, depois de ter analisado os empregos metafóricos das virtudes fertilizantes atribuídas na Grécia à água que desce do céu (ver também Pradarias e Jardins Lendários, supra, p. 154, n. 2), mostra que as Arreforias e as filhas de Cécrope têm em suas próprias denominações uma afinidade com o orvalho, a ser relacionado com o nascimento autóctone de Erictônio.

e por sua incursão no claustro cultivado de Cípris e Eros, as arréforas seriam potencialmente as mães dos filhos de Atena; assim como as filhas de Cécrope são as *kourotrophoi* de um dos primeiros reis de Atenas, nascido da Terra, fecundado pelo esperma de Hefaísto apaixonado por Atena...

Da dupla perspectiva estrutural do espaço que ele representa e do momento da sexualidade feminina que abriga, o jardim situa-se, em suma, entre a pradaria florida aberta à pastagem e o leito nupcial fechado no *oikos*. Mas lenda, poesia ou instituições fazem empregos específicos e diferenciados desses diferentes espaços habitados por Eros e Afrodite. Na lenda, se a pradaria-prelúdio pode se transformar sem mediação em leito, na prática cultual, o prado florido pode estar integrado ao jardim. Na poesia, se o jardim é idealmente transportado aos limiares do mundo habitado, o culto integra-o ao espaço da cidade. Se a lenda coloca os leitos de seus deuses em lugares montanhosos e selvagens, a prática social restringe o leito nupcial à intimidade do *thalamos*. Além dessas nuances essenciais, além dos diferentes espaços que lhe são reservados, o poder do amor encarnado em Eros surge em sua dupla função – propedêutica e reprodutiva. Esses dois papéis complementares são precisamente os que se encontram utilizados e reelaborados na especulação teogônica, posteriormente, na reflexão filosófica. Convém abordar um e outro para concluir.

Quinta Parte

Metafísicas de Eros

10. Eros Demiurgo e Filósofo

Quaisquer que sejam os espaços de seu exercício, o poder de Eros se estende ao universo inteiro, do mar ao céu, passando pela terra, do reino animal ao domínio divino, pelo gênero humano – representação válida para toda literatura grega, dos *Hinos Homéricos* ao romance de Longo – pelos trágicos, a poesia helenística ou as fórmulas dos encantamentos mágicos[1]. O poder de Eros e, portanto, o poder de Afrodite, tem por consequência uma dimensão cósmica; o cosmo, eles contribuem mais para construí-lo do que para arruiná-lo. Com efeito, se os autores trágicos exploraram amplamente as destrutivas

---

1 Entre os inúmeros exemplos, citaremos *Hhom. Afro.* 2s (poder de Afrodite sobre os deuses, os mortais, os animais terrestres e marinhos), Hes. *Teog.* 121s (poder de Eros sobre homens e deuses), Sóf. *Ant.* 787s (poder de Eros sobre os deuses e os homens efêmeros: cf. Disputas Dionisíacas do Amor, p. 148, n. 31) e fr. 941, 12 Radt (poder de Cípris sobre bestas, mortais e deuses), Eur. *Hip.* 1268s (poder de Afrodite sobre homens e deuses; poder de Eros sobre terra e mar, sobre animais e humanos) ou 447s (poder de Cípris sobre céu, água terra), Ap. Rod. 3, 158s (ubiquidade de Eros) *Ant. Pal.* 5, 177 (paternidade de Eros recusado por Éter, Terra e Mar), Long. 2, 7, 2 (poder de Eros, superando o de Zeus, sobre os elementos, os astros e os deuses), Aqu. Tat. 1, 2, 1 (poder do jovem sobre céu, terra e mar), etc.; para os hinos mágicos, cf., por exemplo, PGM 4, 2915s (Afrodite genitora de deuses e homens, reinando no éter e sob a terra, "natureza mãe de todas as coisas"!).

forças ativas no desejo amoroso divinizado, Eros e Afrodite são essencialmente produtores de vínculos sociais na educação e no casamento – vínculos que eles tecem ao mesmo tempo em que reproduzem. O transporte cósmico desse poder de reprodução fecundante, evidentemente, não escapou aos poetas e filósofos, que buscaram uma explicação cosmogônica e teogônica da origem do mundo. Contrariamente à hipótese, geralmente avançada quanto à existência de duas tradições paralelas, o papel cósmico de um Eros elevado à categoria de demiurgo e os desenvolvimentos filosóficos que ele conheceu se inscrevem na própria linha do desejo divinizado e do construtor de relações sociais tal como é definida pelos poetas[2].

Provavelmente, é a partir do papel institucional de Eros nas práticas da educação de tipo iniciática ou na passagem ritual à maturidade feminina que é possível considerar o lugar e a função de um Eros divino nas representações teogônicas, posteriormente, filosóficas do cosmo. Agenciando o tecido social da comunidade cívica, a potência do amor é também organizadora da ordem de coisas.

EROS PRINCÍPIO COSMOGÔNICO

Na primeira construção teogônica grega que conhecemos, Eros surge desde o início do processo cosmogônico, na qualidade de princípio não gerado: antes Caos, abertura indiferenciada e informe, depois Gaia, assentada em tudo, possivelmente Tártaro, o nebuloso, enfim, Eros, "o mais belo entre os deuses imortais". Se Eros permanece em um primeiro momento do processo cosmogônico singularmente inativo, é porque as primeiras entidades físicas – Érebo e Noite – nascem do Abismo por partenogênese. Em compensação, ao lermos o texto tal como nos chegou sem suprimir nada, Noite une-se amorosamente (*philotêti migeisa*) a Érebo para gerar Éter e Dia. Terra, também ela, começa a produzir entidades físicas por partenogênese: Céu estrelado, as grandes Montanhas e Onda marinha

---

2 Ler a demonstração apresentada por J. Rudhardt, *Le Rôle d'Eros et d'Aphrodite dans les cosmogonies grecques*, Paris: PUF, 1986; mais hesitantes são F. Lasserre, *La Figure d'Éros dans la poésie grecque*, p. 24s, e S. Fasce, *Eros*, p. 73s.

a infecunda. Mas quando esse primeiro cosmo está estabelecido, deuses primordiais vêm habitá-lo – deuses nascidos dos enlevos de Terra e Céu. A passagem da cosmogonia à teogonia, propriamente dita, é também garantida pela *philotês*, pelo compromisso que inspira o desejo e une em um mesmo leito Gaia e Urano. Provocando os mesmos efeitos que os das lendas da poesia arcaica, Eros, imediatamente, pode, portanto, ser apresentado nos mesmos termos: como "destroçando membros" (*lusimelês*), ele oprime o coração, mas também como a sábia vontade de todos os deuses e de todos os homens[3]. Desejo, pois, está ali, com seus atributos tradicionais, para provocar os seres da união amorosa e recíproca de duas entidades separadas e sexuadas. A divisão, a diferenciação, a distinção nascem, paradoxalmente, da união dual e sob a égide de Eros, princípio único e unificador, que gera a pluralidade. Para retomar em termos abstratos o que Hesíodo diz por meio da narração genealógica, tudo acontece como se Eros, na representação da cosmo-teogonia grega, servisse de mediador fecundante entre o dual e o plural.

Nesse mesmo processo teogônico, Afrodite nasce do único esperma de Urano; depois de ter emasculado seu pai, Cronos joga efetivamente ao mar os testículos de um deus que, escondendo no ventre de sua esposa a numerosa prole, negava a obra de diferenciação, consequência da união dual assegurada por Eros. Com o belo Hímero – que surge aqui não gerado –, Eros desvela-se em ajustar o passo com a deusa que recebe em partilha os meios da sedução do suave prazer (*terpsis*) e da doçura de *philotês*; por ser obra de Eros desde os primeiros beijos geradores, esta última apenas surgirá na qualidade de entidade divinizada em uma fase ulterior, como filha da Noite[4]. Afrodite e

---

3   Hes. *Teog.* 116s. A. Bonnafé, *Eros et Éris*, Lyon: Imprimeries Réunies, 1985, p. 9s e 25s, insistindo completamente na contribuição levada por *philotês* à ação de Eros, mostra o papel intermediário dessa entidade na luta que opõe Eros à Éris: os efeitos deletérios do desejo amoroso estão também inscritos na genealogia teogônica! Para as qualificações de Eros em Hesíodo, ver o comentário de M. L. West, *Hesiod: Theogony*, Oxford: Oxford University Press, 1966, p. 195s.

4   Hes. *Teog.* 188s, 125, 154s, 224s. Para J.-P. Vernant, *Mythe et société en Grèce ancienne*, p. 153s, Eros – força primeiramente produtiva – não conceberia a diversidade nascida da união sexual e da dualidade senão a partir da castração de Urano e do nascimento de Afrodite: isso é esquecer a intervenção de *philotês* já nos v. 125 (cuja autenticidade é contestada) e 177 (Urano possuído do desejo da *philotês* justamente antes de ser mutilado), e a Noite continua a

depois Filotes retomam de algum modo a obra pioneira de Eros. Concebidas como ele sem união sexual, elas favorecem, no entanto, os abraços fecundantes e produtivos, intervindo com a maior frequência para estimular as relações amorosas de Zeus, o rei, e as de seus descendentes.

Mas a intervenção do ser surgido fora da geração sexuada para favorecê-la de volta não é a única solução narrativa adotada na tradição cosmogônica e teogônica para dar conta da pluralidade e da diferenciação a partir da união dual. Paralelamente à longa linhagem genealógica desenhada por Hesíodo para explicar o cosmo em todos seus componentes, a especulação teológica elaborada por Ferécides de Siros, um século depois, reserva também a Eros um lugar de destaque. Surgido ao mesmo tempo em que Cronos, o Tempo, e Ctónia, a Terrestre, Zeus-Zas assume a função de demiurgo. Para tal ato criador, não somente se une à Ctónia que se transforma em Terra, mas ele mesmo parece se metamorfosear em Eros; por essa assimilação, ele se torna, pois, diretamente, através da união sexual e de um casamento paradigmático, o criador do cosmo. O manto nupcial criado por Zeus por ocasião de suas núpcias com Ctónia parece conter o reflexo desse ato cosmogônico; aí, na realidade, estava bordada uma representação do casal primordial formado por Gea, Terra, e Ogenos, Oceano. Mas em outro relato genealógico estreando com uma cosmogonia, Acusilau de Argos faz de Eros um ser nascido da união entre as duas primeiras entidades sexuadas: Érebo (ou Éter), o "princípio" masculino, Noite, o "princípio" feminino, ambos vindos à existência depois do "princípio" único e primeiro que é, como em Hesíodo, Abismo. Tais são, em todo caso, as reconstruções das quais procedem os compêndios tardios e parciais dos filósofos em geral neoplatônicos. Comentando a ação demiúrgica de Eros na cosmogonia de Ferécides, um deles adota, além do mais, a linha interpretativa moderna: ele reconduz a intervenção do Amor à dupla exigência de introduzir concórdia (*homologia*) e relações recíprocas (*philia*), em

conceber por partenogênese depois do surgimento de Afrodite (v. 211s): sobre as intervenções progressivas de *philotês*, cf. A. Bonnafé, op. cit., p. 30s, n. 3, 48s e 102s, e O Eros de Poemas Épicos, supra, p. 36, n. 4. A cena do nascimento de Afrodite é interpretada por G. Devereux, *Femme et mythe*, Paris: Flammarion, 1982, p. 97s.

um cosmo composto de contrários, e implantar unidade e identidade em tudo[5].

O poder gerador e demiúrgico de Eros parece, dessa forma, desdobrar-se em dois aspectos complementares: ele é ao mesmo tempo unificador e diferenciador. Da divisão gerada pela união, nasce uma ordem em que, para retomar a ideia neoplatônica, as diferenças se harmonizam.

O aspecto gerador e diferenciador de Eros está no próprio Parmênides que, no processo de concepção teogônica, faz de Amor o primeiro de todos os deuses; um deus provavelmente "imaginado" pela própria Geração (*Genesis*). Quanto ao seu aspecto unificador, ele é explorado por Empédocles, na passagem de uma linha genética, própria da cosmogonia, à concepção sistemática típica da cosmologia. Encarnado na figura de Filia ou de Filote, quando não na de Afrodite em pessoa, o amor constitui o princípio eterno da mistura dos quatro elementos primordiais; sua separação é então deixada à ação de Neicos, a Discórdia[6]. Conforme explicação narrativa, por um processo de criação, de uma ordem considerada estática, passa-se, portanto, a uma concepção mais filosófica do cosmo como resultado, em perpétuo devir, da ação contrastada de duas entidades fundamentais. Mas é ainda Eros que anima o princípio positivo do devir e da variedade cósmica a partir de quatro elementos simples, de natureza física. Neicos somente representa, em negativo, o inverso, princípio indispensável em uma concepção cíclica e sistemática de mudança.

Eros é, pois, ao mesmo tempo entidade primordial, princípio metafísico e poder gerador que constrói e movimenta as

5   Feréc. Sir. fr. 7 B 1, a, 2 e 3a Diels-Kranz (cf. também 7 A 11), o último sendo citado por *Procl. in Plat. Tim.* 32c: a natureza da "metamorfose" de Zeus em Eros é discutida por H. S. Schibli, *Pherekydes of Syros*, Oxford: Oxford University Press, 1990, p. 57s, e o manto nupcial que abriga a união de Zeus com Gaia é estudado por J. Scheid; J. Svenbro, *Le Métier de Zeus*, p. 45s; cf. também S. Fasce, op. cit., p. 88s, sobre a interpretação dada por Proclus da teogonia de Ferécides; Acus. fr. 9 B 1 e 3 Diels-Kranz, com a alusão que se encontra em Plat. *Banq.* 178b, em comparação com Hesíodo. Ver o comentário de H. Schwabl, Weltschöpfung, *Paulys Realencyclopädie der classischen Altertumswissenschaft Supplb. 9*, Stuttgart: A. Druckenmüller, 1962, col. 1459s (col. 1433-1582).
6   Parm. fr. 28 B 13 Diels-Kranz, citado principalmente por Plat. *Banq.* 178b: cf. G. Casertano, L'infanzia di Eros (da Omero a Parmenide), *Aufidus*, Foggia, n. 4, 1988, p. 3-22. Empéd. fr. 31 B 16, 17, 18, 22 e 71 Diels-Kranz: cf. J. Bollack, *Empédocle 1*, Paris: Éditions de Minuit, 1965, p. 97 s e 171s.

relações entre as coisas, entre os homens e entre os deuses. Essa dupla face de Eros encontra-se definitivamente inscrita na dupla genealogia que lhe atribui a poesia mélica, não obstante famosa somente por perceber o amor oprimindo o coração de mortais e imortais. Ao dar a Eros Terra e Céu como pais, Safo identifica o Amor com uma entidade primordial, ao passo que Simônides, ao fazê-lo descender de Ares e Afrodite, coloca-o entre os deuses olímpicos para subordiná-lo genealogicamente à deusa do amor[7].

INICIAÇÕES ERÓTICAS À BELEZA

Na linha do pensamento cosmogônico e cosmológico, a fusão erótica de uma pluralidade restrita em uma unidade efêmera, para produzir a multiplicidade, é subjacente à maioria das concepções do amor desenvolvidas pelos diferentes convivas sentados ao redor da mesa estendida no *Banquete* de Platão. Qual ocasião mais bela para falar de amor do que em um banquete? Conversa de convívio que a provável ficção dialogal situa no final do século V e cujo desenrolar é objeto de um relato de segundo grau; simpósio paradoxal já que, depois do repasto propriamente dito, das libações aos deuses, do canto do peã, da opção de beber moderadamente, despede-se a tocadora de flauta no mesmo instante em que se decide colocar Eros no centro da conversa. Qual ocasião mais oportuna do que a ficção literária do diálogo para colocar em cena toda a tradição narrativa, poética e filosófica sobre Eros?

O enunciado introdutório de Eros, apresentado por Fedro, insiste na unidade e divindade daquele que, de todos os deuses, é o primeiro, o mais antigo e o mais poderoso. Hesíodo, também, Acusilau de Argos e Parmênides são convocados para fundar essa concepção de um Amor deus primordial; mas esse último se revela igualmente como uma potência ética, uma

---

7 Safo fr. 198a Voigt (o fr. 198b substitui Afrodite por Terra como mãe de Eros), Simon. fr. 575 Page, ambos citados por esc. Ap. Rod. 3, 26 (p. 216 Wendel); cf. ainda Paus. 9, 27, 3 e esc. Teócr. 13, 1/2a (p. 258 Wendel); genealogias comentadas por F. Lasserre, op. cit., p. 130s, que menciona também os poemas helenísticos de Antágoras, fr. 1 Powell (Eros fim de Noite e Érebo) e Símias, fr. 24 Powell (Eros filho de Caos).

vez que é Eros que urde a relação entre o amante e seu amado impelindo este último a rivalizar em valor com o mais velho. Amor divino, senão cósmico, mas também amor ético, essa dupla concepção de Eros vai animar todo debate entre os simposiarcas encenado por Platão.

Pausânias baseia-se precisamente na qualidade moral de Eros para introduzir uma distinção entre corpo e alma desconhecida na poesia arcaica do domínio erótico. Assim como na *Teogonia* de Hesíodo, Eros podia ser, ao mesmo tempo, um dos deuses primordiais e o companheiro de Afrodite nascido depois dela. Afrodite dispõe aqui de uma dupla genealogia como filha de Urano, mas também, segundo outra tradição, como descendente de Zeus. Em correspondência com essa dupla tradição genealógica, deveríamos distinguir um Eros Urânio de um Eros Pandêmio. A moralização altera aqui a seu favor e de Eros os dois cultos que os atenienses dedicavam de maneira complementar à deusa do amor; ela "ressemantiza" as duas epicleses nas quais Cípris era, em cada uma delas, venerada. Ao amor "celeste", a alma; ao amor "popular", o corpo. À Afrodite Urânia, a relação de homofilia que convoca o jovem erômeno ao valor; à Afrodite Pandêmia, as relações sexuais visando à satisfação física![8]

A Erexímaco, é retomado desde então o papel de operar um retorno à unidade a partir da multiplicidade de relações evocadas por Pausânias. No papel de mestre da arte, tem facilidade em mostrar como o médico sabe restabelecer no corpo o equilíbrio e a harmonia entre o frio e o quente, o amargo e o doce, o seco e o úmido. Assim como Eros, poder universal, ele é capaz de reconciliar os contrários: mantém a harmonia de homens com os homens e a de homens com os deuses. Quanto ao saber técnico do médico, ele implicitamente chega a reconciliar Safo e Empédocles: Eros, o doce-amargo, garante a harmonia cósmica.

---

8 Plat. *Banq.* 176cs, 178as e 180cs; cf. A. Lesky, *Vom Eros der Hellenen*, Göttingen: Vandenhoeck und Ruprech, 1976, p. 87s. Afrodite Pandêmia, deusa cívica, não mantém em Atenas a relação com a prostituição induzida no (falso) paralelismo oferecido pelo culto que lhe é oferecido em Corinto: cf. V. Pirenne-Delforge, Épithètes cultuelles et interprétation philosophique, *Antiquité Classique*, Bruxelles, n. 57, 1988, p. 142-157, e 1994, p. 26s e 446s, bem como C. Calame, Entre rapports de parenté et relations civiques, em F. Thélamon (ed.), *Aux Sources de la puissance*, p. 103s, n. 6; *pace* D.M. Halperin, *One hundred Years of Homosexuality*, p. 104s.

Mas da unidade reencontrada deve nascer, para explicar a diferenciação de seres, a multiplicidade. A fábula paródica do andrógino permite a Aristófanes figurar esse estranho processo. Em vista disso, é preciso postular desde a origem de seres bissexuais, formados de duas metades de cada sexo, mas também – ó ironia – de duas metades femininas ou duas metades masculinas; seres duplos, portanto, repartidos em três gêneros, o masculino, produto do Sol, o feminino vindo da Terra, e o andrógino, produto da Lua. Lembremos que, para neutralizar o poder extravagante desses seres muito autônomos e duplamente humanos, Zeus vê-se forçado a uma operação cirúrgica: ele corta-os em duas metades, encarregando Apolo de restabelecer o rosto, depois os órgãos sexuais de cada metade para colocá-los do lado do corte. É então que se manifesta esse estranho sentimento de incompletude que impele cada metade, instituída em novo humano, a encontrar seu complementário nas diferentes formas do amor. Pela referência explícita – bem ao gosto da comédia – aos órgãos da sexualidade, explica-se não somente a existência da homofilia masculina e do homoerotismo feminino ao lado da realização heterossexual, mas a capacidade humana de conceber, sob a influência de Eros, novas metades a partir da união de duas delas. Além do mais, o que poderia parecer, à primeira vista, uma justificativa fisiológica da homossexualidade leva a uma defesa moral da homofilia, do amor de adultos pelos jovens: estes últimos são por natureza (*physei*) os mais "másculos" (*andreiotatoi*) de todos; amando os homens, eles se tornam como adultos os melhores políticos. E é a homofilia que dá o exemplo de sentimentos de *philia*, *oikeiotês* e *erôs*, que impelem o casal amoroso à fusão. A despeito da separação desejada por Zeus, o amor restitui, pois, a unicidade dos seres humanos à procura nostálgica de sua complementaridade primordial ao mesmo tempo em que lhes oferece capacidade de sobrevivência e possibilidade de multiplicação, mas também de reprodução moral.

A partir desse arrazoado alegórico ao retorno, pela influência de Eros, à unidade primeira, Agatão pode mostrar que, longe de ser o mais antigo dos deuses, Amor é de fato o mais jovem deles. Tudo depende, por fim, do momento que se escolhe para definir Eros: no início ou, ao contrário, no final do processo que ele anima! Ao reino da necessidade, da divisão, das querelas descritas pelos poetas – Hesíodo entre eles –, opõe-se o reino de Eros, princípio de ordem, corifeu de deuses e homens que o cantam em uma perfeita concordância. No próprio auge da sátira platônica da tragédia em que Agatão é o representando no banquete, Eros surge como o deus das quatro virtudes cardiais do filósofo: sabedoria (*sophia*), coragem (*andreia*), assim como moderação (*sôphrosynê*) e justiça (*dikaiosynê*)! É bem verdade que Eros é "o mais belo e o melhor dos guias", é criador (*poiêtês*), mestre na arte das musas:

> Sim, é o Amor que, de selvagens, nos torna sociáveis, que inspira nos banquetes, que nos leva às festas, aos coros, aos sacrifícios; o Amor, pródigo em benevolência, avaro em malevolência, que alimenta com doçura e separa amargor; o Amor, propício ao homem de bem, considerado pelos sábios, estimado pelos deuses, que faz a felicidade daqueles que o herdam e excita a inveja de deserdados; o Amor, que se preocupa com bons, despreocupado com maus, pai de Abandono, Luxo, de Delícias, pai de Graças, de Desejo e de Paixão; piloto de homens em perdição, companheiro de armas dos temerosos, apoio daqueles que penam, salvador daqueles que falam; o Amor, concerto perfeito de deuses e homens, guia muito belo e bom que nós todos devemos seguir cantando belos hinos, cada um com sua voz nesse canto ininterrupto que encanta nossos pensamentos e os pensamentos de deuses.

Colorido de referências literárias, o próprio discurso de Agatão, seguindo as convenções do poema de elogio, termina por propor a equivalência doravante familiar entre influências da poesia e influências de Eros. Implícita na poesia arcaica, essa homologia é figurada na mesma época em que o diálogo supostamente ocupou espaço: na prosa sedutora elaborada pelo orador Górgias em seu *Elogio de Helena*, evocado mais elevado. Mas o órgão afetado doravante pelos encantos de Eros (*thelgôn*), não é mais o centro afetivo (*thymos*), mas o da intelecção (*noêma*)[9]. Eros o produtor da multiplicidade, Eros o único reconciliador de contrários, Eros o guia criador na poesia – toda

---

9 Plat. *Banq.* 197de, cf. 185es, 189ds, 194es. As alusões literárias contidas no encômio de Eros pronunciado por Agatão são esclarecidas por K.J. Dover, *Plato: Symposium*, Cambridge: Cambridge Univerity Press, 1980, p. 123s; sobre o papel de Eros no *Elogio de Helena* de Górgias, cf. Eros no Feminino, supra, p. 118-119.

retórica desenvolvida por Platão na exposição dialógica de concepções complementares do amor tende por si mesma a um único fim: introduzir a intervenção de Diotima, a sacerdotisa da Mantinea, em que Sócrates relata as sábias palavras em um novo distanciamento discursivo. À poesia substituem-se agora o encantamento, a adivinhação e a iniciação, em uma frequente troca entre os papéis sociais sexuais nesses domínios.

Por uma *démarche* que não acontece sem recorrer aos procedimentos caros ao próprio Sócrates, o problema da beleza, bondade e divindade de Eros é deslocado ao Belo; pois, o que propõem Diotima e, provavelmente, Platão, através de seu intermediário, em lugar de um elogio satírico de Eros, é uma maneira de aceder ao que não constitui ainda efetivamente uma Ideia, mas representa o fundamento mesmo do amor. Esse encaminhamento é primeiramente pedagógico, visto que conduz pela aprendizagem (*mathêma*) à ciência do Belo; é também expressão dinâmica do problema filosófico do um e do múltiplo encarnado na figura de Eros. Bastará citar o célebre resumo da própria Diotima:

> Portanto, quando [alguém] se eleva, por uma justa concepção do amor de jovens, das coisas deste mundo a essa beleza, se se começar a entrever, é porque se está perto de atingir o fim da iniciação. Com efeito, o único modo correto de se iniciar ou de ser iniciado nos mistérios do amor é precisamente começar pelas belezas desse mundo e se elevar sem cessar, por degraus, àquela Beleza, de um belo corpo a dois, de dois em conjunto, da beleza de corpos à das ações, da das ações à de conhecimentos, para desaguar enfim em um conhecimento cujo objeto não é outro senão esta Beleza ali, e enfim aprender o que é o Belo em si[10].

A "Venerada de Zeus", única mulher convocada por Sócrates intervindo no banquete, propõe, assim, um retorno, para

---

10 Platão. *Banq.* 211bc, ver desde 201ds. O acesso "pedagógico" que oferece o amor rumo à transcendência é mostrado por H. Büchner, *Eros und Sein*, Bonn: H. Bouvier, 1965, p. 133s, ao passo que S. Graefe, *Der gespaltene Eros: Platons Trieb zur "Weisheit"*, Frankfurt/Paris, 1989: P. Lang, p. 110s, determina a situação das tentativas de identificar as proposições de Diotima com a teoria das Ideias. Ver também P. Hadot, *Qu'est-ce que la philosophie antique?*, Paris: Gallimard, 1995, p. 71s, bem como J.-P. Vernant, op. cit., p. 164s, D.M. Halperin, Plato and Erotic Reciprocity, *Classical Antiquity*, v. 5, p. 71s, que enumera todas as passagens em que o filósofo é apresentado em Platão como um erasta, e C. Osborne, *Eros Unveiled, Plato and the God of Love*, Oxford: Oxford University Press, 1994, p. 93s.

além da dualidade e pluralidade, à unidade encarnada em um Belo muito abstrato. Para conduzi-lo ao longo de todo esse itinerário filosófico, o homem dispõe de um guia: Eros, o duplo, o intermediário, o filho de Pobreza e Expediente, ele próprio nascido no final de um banquete, no jardim de Zeus já evocado. Sujo, maltrapilho, sem domicílio fixo, dormindo diretamente no chão, Eros é, por outro lado, um encantador perigoso, um verdadeiro feiticeiro, um verdadeiro sofista. Ele perdeu suas asas e franquezas de adolescente; perdeu sua aparência de erômeno para tornar-se erasta. Assim sendo, ele apresenta estranhas semelhanças com Sócrates... Qualquer que seja sua natureza intermediária de fato, na qualidade de *erastês*, um guia iniciático privilegiado. Essa nova função atesta o papel moral do amor ao mesmo tempo em que transfere seu aspecto cósmico sobre o ideal que ele dá acesso. Mas a intervenção indireta de uma mulher no banquete masculino tem, sobretudo, o efeito de inverter a relação pedagógica constitutiva da homofilia institucional: as graças do jovem erômeno só estão mais ali para dar ao erasta o impulso que o compromete no caminho filosófico em direção da ciência do Belo. Eros tornou-se o guia do erasta adulto, deixando atualmente o adolescente em sua beleza exterior e imatura.

O AMOR METAFÍSICO

Em *Fedro*, os procedimentos argumentativos para se conseguir chegar, a respeito do amor, a conclusões análogas são todos diferentes. O que está em questão não é mais a divindade da figura de Eros, mas a função do estado amoroso. O diálogo não procede mais ao confronto convivial de diferentes concepções de Eros, coloridas pela profissão e disciplina próprias de seus respectivos defensores; trata-se de rivalizar espiritualmente, pelos meios da retórica, a propósito do tema que inspiram as beiras verdejantes do Ilissos, em sua atmosfera impregnada de amores lendários: a relação amorosa entre o erasta e seu erômeno. Essa relação, o representante mais célebre da logografia, Lísias, orienta-a primeiramente – no discurso lido por Fedro – em uma direção ética; defendendo a seguinte tese paradoxal:

longe de aceitar os favores de quem o ama, o jovem amado deve ceder a quem não sente desejo[11].

Lembremos que ao discurso escrito de Lísias, Sócrates responde com um duplo discurso oral; na crítica de Eros se enreda uma crítica da escrita. Na própria medida em que Sócrates recupera a tese paradoxal desenvolvida por Lísias, pelo fato de que, a seu ver, o amor (*philein*) de erastas pelo jovem pode ser ironicamente assimilado ao do lobo pelo cordeiro, o primeiro discurso de Sócrates exige uma retificação, uma palinódia à maneira de Estesícoro; ao discurso enganador deve se opor o discurso de verdade. No caso particular, é a própria divindade de Eros que o exige, esse filho de Afrodite; Lísias, depois Sócrates, em uma primeira fase, faltaram-lhe com respeito.

Do aspecto moral ao desejo amoroso, de sua vertente social e institucional, passamos, assim, à sua natureza divina. Ao introduzir a figura do próprio Eros, aproximamos-nos do tema proposto aos convivas do *Banquete*. Mas a *démarche* se distingue disso através de uma palinódia da qual se mantém essencialmente três pontos, em relação com a concepção clássica e literária das influências do amor, e não se esquecerá de que no novo *logos* que Sócrates dirige a Fedro, o filósofo joga com seu interlocutor, promovido à ordem do "belo jovem", no papel do erasta buscando seduzir seu erômeno. Eis-nos, mais uma vez, em um diálogo que interroga precisamente a arte retórica, remetidos às palavras de amor e aos seus efeitos encantadores.

Em um primeiro tempo, trata-se, pois, do estado amoroso; esse estado que geralmente vimos sentido como um transporte, uma loucura (*mania*). Porém, esse delírio se revela ser igual – por etimologia interposta – àquele em que são tomados os adivinhos: a *mantikê*, a arte divinatória, é também a *manikê*, a arte do delírio. Pelo jogo etimologizante da morfologia das palavras, daí em diante, compreende-se melhor o papel de Diotima, a mulher sábia da Mantinea, a *Mantinikê*: ela é por sua origem a mulher, ao mesmo tempo possuída (de *manikê*) e adivinha

---

11 Plat. *Fedro* 229as e 229es; o inverso da tese paradoxal defendida por Lísias já está formulada nos *Dissoi Logoi*, fr. 90 B 2, 2 Diels-Kranz. A relação da estrutura espacial em que se desenrola o diálogo sobre o amor está indicada em Pradarias e Jardins Lendários, supra, p. 154s.

(de *mantikê*). Única mulher convidada (*xenê*: ao mesmo tempo hóspede e estrangeira) do *Banquete* pela voz de Sócrates, é também a única a poder falar da loucura amorosa com conhecimento de causa. As mulheres na realidade são essencialmente as mestras da possessão divina: a profetisa de Delfos, as sacerdotisas do oráculo de Dodona, a Sibila, sábia adivinha. Inspirada pelos deuses e dando acesso ao domínio divino, a *mania* é, pois, superior – como mostra a tradição – à sabedoria comedida (*sôphrosynê*) dependendo do homem. Do mesmo modo acontece com os encantamentos e ritos dionisíacos que chegam a livrar o homem de doenças e males, assim como o delírio de musas que transporta a alma do poeta e transfigura sua arte humana para cantar as ações memoráveis dos antigos e contribuir, dessa forma, com a educação das gerações futuras. Essas diferentes comparações permitem a asserção não somente da natureza divina de uma *mania* erótica, ela também inspirada pelos deuses, mas do benefício que ela representa ao amante e seu amado[12]. Dimensão divina, dimensão moral.

Da longa alegoria da parelha e do cocheiro arrastando a alma atrás dos deuses, manter-se-á a seguir o privilégio concedido à alma: o de ter podido, por ocasião de suas evoluções extracelestes, perceber diretamente, com a visão, as realidades (*ta onta*), a verdade (*ta alêthê*). Apreende-se, desde então, o sentido estampado no pensamento do filósofo: pela reflexão ele se elevará da pluralidade das sensações em direção da unidade; a alma se lembrará, então, da realidade bem real (*to on ontôs*) que ela avistou seguindo uma divindade. Ora, o delírio amoroso nos fornece o meio desse encaminhamento filosófico em forma de reminiscência. Ao agarrar pela visão a beleza desse mundo, o filósofo é solicitado pela lembrança da verdade: preso, ao espetáculo dessas belas deusas, pelo delírio erótico, ele empreende seu voo em direção da realidade. Ele se revela então o melhor dos erastas. Mas por que o amor como via de acesso à filosofia? Porque ao nos colocarmos em contato com os deuses, a loucura amorosa revela-se a mais oportuna das

---

12 Plat. *Fedro* 243e e 244a s, cf. 265b. Sobre a relação de Diotima de Mantinea com a mântica, cf. *Banq.* 201d, 202e e 211d, com o comentário pertinente de D.M. Halperin, *One hundred Years of Homosexuality*, p. 104s, p. 120s: sobre a "loucura" da Pítia, ver G. Sissa, *Le Corps virginal*, Paris: Vrin, 1987, p. 40s.

possessões divinas, mas também porque a beleza é a que se oferece da maneira mais clara, como uma divindade homérica (*enargestata*) em sua epifania, ao nosso sentido mais agudo: a visão. A visão humana da beleza, no transporte erótico que provoca, mantém com a contemplação pela alma da realidade transcendente as afinidades mais numerosas.

Eis, pois, de onde vem todo esse discurso sobre a quarta forma de loucura: nesse caso, quando, avistando a beleza daqui de baixo e lembrando-se da verdadeira (beleza), adquirem-se asas e, provido dessas asas, experimenta-se um vívido desejo de voar sem chegar aí, quando, como o pássaro, leva-se o olhar para o alto e se negligencia as coisas daqui de baixo, tem-se o que é preciso para se deixar acusar de loucura. Conclusão. De todas as formas de possessão divina, a quarta é a melhor e resulta das melhores causas, tanto para aquele que a experimenta por si mesmo quanto para aquele que está aí associado; e é por esta forma de loucura que aquele que ama os belos jovens é chamado "amoroso pelo belo"[13].

Enfim, o papel da visão na *mania* erótica remete-nos à fisiologia do desejo ao mesmo tempo em que evoca as consequências morais do estado amoroso. Na realidade, a distinção entre o iniciado de longa data e o recém-iniciado permite distinguir a pessoa que, tendo esquecido o espetáculo da beleza, entrega-se como um animal ao prazer da reprodução, até mesmo ao prazer antinatural, daquela que, à visão de uma aparição feita à imagem da beleza, deixa sua alma se excitar e alçar voo para evocar o deus do qual ela seguiu as evoluções. Quanto à explicação fisiológica, ela é dupla: há de um lado, em referência implícita à concepção materialista do ser, essa onda de partículas que escoa da beleza do jovem amado e que toca o amante por intermédio do olhar. Momento de retomar, a respeito de *himeros*, a etimologia proposta no *Crátilo* por *erôs*: os termos que supostamente compõem *himeros* constituem a paixão amorosa em um fluxo (*rheonta*) de partículas (*merê*),

---

13 O relato da parelha se desenvolve a partir de 246a para desaguar em 249de, sobre o caminho oferecido pela visão da beleza. Fundando o sentido do termo *eidos* empregado em 249b, os verbos da visão pontuam o relato da alegoria tão bem quanto à exposição do procedimento da reminiscência (248a, 248c, 239b, 249e, etc.): cf. G. R. F. Ferrari, *Listening to the Cicadas*, Cambridge: Cambridge University Press, 1987, p. 171s.

assim como o desejo erótico (*erôs*) escorre no homem (*es-rei*) do exterior aos olhos. Mas esses eflúvios visuais provocam, por sua vez, essa sensação de excitação e ebulição pela qual a alma crê encontrar as plumas que lhe permitiam seguir o cortejo dos deuses em suas evoluções extracelestes: é o início do estado de transporte e júbilo que, nos dizeres de um dístico épico, os homens chamam Eros, mas os deuses, o Emplumado. De modo análogo, no final do *Banquete*, Sócrates mostra a Alcibíades, que está prestes a conceder suas graças aos filósofos, que a via do pensamento ganha em acuidade somente quando cessa o olhar físico. A beleza de Sócrates não é senão ilusão; convém ir além[14].

Da fisiologia tradicional do amor à grega o filósofo retoma os processos para inseri-los em sua metafísica. A relação social e pedagógica entre erômeno e erasta encontra-se aí transfigurada. Pela influência da lembrança, o objeto do amor torna-se para o amante uma espécie de representação visual (*agalma*) do deus frequentado pela alma. O erasta, em sua devoção pelo jovem, acaba por transferir ao jovem sua admiração pela divindade; na repetição da imagem da parelha, vê-se o erasta seguir o erômeno como sua alma anteriormente estivera ligada ao deus. A inversão esboçada no final do *Banquete* se confirma: o adolescente está ali para permitir que o adulto se eleve para além das aparências. Mas contrariamente a Diotima, Sócrates não abandona o erômeno à sua adolescência. Com efeito, na medida em que se aprofundou a relação entre amante e amado, especialmente nos ginásios ou por ocasião de outras reuniões, o fluxo do desejo (*himeros*) do erasta extravasa para jorrar em eco visual naquele que, por sua beleza, é a fonte. Portanto, eis enfim a alma do erômeno, por sua vez, preenchida de desejo (*erôs*), e, portanto, conduzida à verdade.

14 Hes. *Teog*. 188s, 125, 154s, 224s. Para J.-P. Vernant, op. cit., p. 153s, Eros – força primeiramente produtiva – não conceberia a diversidade nascida da união sexual e da dualidade senão a partir da castração de Urano e do nascimento de Afrodite: isso é esquecer a intervenção de *philotês* já nos v. 125 (cuja autenticidade é contestada) e 177 (Urano possuído do desejo da *philotês* justamente antes de ser mutilado), e a Noite continua a conceber por partenogênese depois do surgimento de Afrodite (v. 211s): sobre as intervenções progressivas de *philotês*, cf. A. Bonnafé, op. cit., p. 30s, n. 3, 48s e 102s, e O Eros de Poemas Épicos, supra, p. 36, n. 4. A cena do nascimento de Afrodite é interpretada por G. Devereux, op. cit., p. 97s.

Ou seja, será que Platão introduziu na relação de homofilia a reciprocidade que se projetou aí tão frequentemente? Seria submeter o texto a uma leitura muito rápida. Na verdade, o desejo amoroso do erômeno não é apenas um *anterôs*, não um amor recíproco ou um "antiamor", como muito frequentemente se afirmou, e sim um amor especular que nasce no amado e que lhe remete a uma imagem não do amante, mas de si mesmo. As regras da assimetria e do deslocamento são respeitadas: o jovem conhece, por sua vez, o estado amoroso e assim se tornará, por sua vez, um filósofo adulto – a cada um seu caminho rumo à verdade. E de fato, esse amor que invade o erômeno em eco ao do erasta, o jovem chama-o não de *erôs*, mas de *philia*! É nessa disposição, estritamente no seio da parelha metafórica, que o cavalo indisciplinado pode chegar a convencer o cocheiro e o erômeno a ceder seus favores ao erasta; amado e amante se encontram então estendidos em um mesmo leito[15]. Se houver reciprocidade na relação entre adulto e adolescente, será, pois, unicamente e em um certo momento, no plano da confiança, essa confiança recíproca que parecia indicar na iconografia do final da época arcaica a mudança no olhar.

No *Banquete* de Xenofonte, Sócrates defende exatamente a mesma tese, mas de maneira mais esquemática do que em *Fedro*. O erômeno corresponderá unicamente aos avanços do erasta que dispõe de uma alma caracterizada pela beleza, pelo pudor e pela nobreza de homem livre. Sua resposta não será suscitada pelo desejo amoroso, mas pela confiança recíproca. Esse "amor", em compensação, é designado pelo verbo *antiphilein*; é um amor intelectual, que tem como finalidade o valor moral e social. De todo modo, o jovem não é capaz de amor erótico; se ele se entrega ao seu amante, é sem amor (*erônti ouk erôn*), pois somente o homem e a mulher adultos podem dividir a alegria dos prazeres de Afrodite. Em um desvio da teologia

---

15 Feréc. Sir. fr. 7 B 1, a, 2 e 3a Diels-Kranz (cf. também 7 A 11), o último sendo citado por *Procl. in Plat. Tim.* 32c: a natureza da "metamorfose" de Zeus em Eros é discutida por H. S. Schibli, op. cit., p. 57s, e o manto nupcial que abriga a união de Zeus com Gaia é estudado por J. Scheid; J. Svenbro, op. cit., p. 45s; cf. também S. Fasce, op. cit., p. 88s, sobre a interpretação dada por Proclus da teogonia de Ferécides; Acus. fr. 9 B 1 e 3 Diels-Kranz, com a alusão que se encontra em Plat. *Banq.* 178b, em comparação com Hesíodo. Ver o comentário de H. Schwabl, Weltschöpfung, op. cit., col. 1459s (col. 1433-1582).

ateniense análoga à operada por Platão, à Afrodite, a "Popular", retornam para Xenofonte os amores do corpo, à Afrodite, a "Celeste", os da alma, nas belas ações, esses que visam a *philia*![16]

O paradoxo da racionalização desenvolvida pelo logógrafo Lísias no *Fedro* imediatamente se esclarece: quem quer atingir a autêntica *philia* terá definitivamente ganho se renunciar ao desejo erótico e às suas tentações. Para o adolescente, a amizade recíproca pode, pois, nascer só com quem não o deseja mais. Resumida no primeiro discurso de Sócrates – em uma nítida divisão entre um Eros que é desejo inerente aos prazeres (*epithymia hêdonôn*) e uma doxa que é aspiração adquirida ao bem, a tese de Lísias será revertida na segunda intervenção do filósofo pela demonstração da imbricação pedagógica entre desejo físico e elã espiritual[17].

A *philia*, mesmo quando conduz à satisfação sexual, pode, assim, nascer unicamente do desejo amoroso do erasta. Por isso, no recado conclusivo do discurso, Fedro que se prestou ao papel do erômeno, torna-se a encarnação do próprio Eros (*ô phile Eros*). Devido mesmo ao seu giro poético reconhecido, a palinódia pronunciada por Sócrates sai da estrutura da antilogia retórica; ela se torna uma espécie de presente sedutor que o erasta filósofo, na corte erótica, cede a seu jovem erômeno para obter sua *kharis*, seu favor.

---

16 Xen. *Banq.* 9s e 16s, com os exemplos mitológicos de relações homófilas dadas em 28s: cf. J. K. Dover, *Greek Homosexuality*, p. 53s, e M. Foucault, *Histoire de la sexualité*, p. 256s; ver ainda *Mem.* 2, 6, 28 e *Hiér.* 1, 35s, em que os olhares e as palavras trocadas entre o erasta e o erômeno que "ama" de volta (*antiphilôn*) são opostos ao constrangimento exercido pelos toques daquele tomado por Eros.
17 Plat. *Fedro* 232es e 237ds.

11. Eros Místico

Tanto no *Banquete* quanto em *Fedro*, os caminhos da beleza ou da verdade propostos pelo intermédio de Eros são de natureza iniciática; porque a via traçada por Diotima é concebida como um caminho, elevando-se por degraus sucessivos (*epanabasmoi*) em direção à beleza, e como um parto que só uma mulher e além do mais uma "adivinha" pode explicar o sentido metafórico; e também, mais diretamente, visto que o itinerário proposto é descrito nos próprios termos empregados pelos gregos para designar a iniciação aos cultos dos mistérios; *muêsis, teletai* e, sobretudo, *epoptika*. No contexto da Atenas clássica, a alusão mais precisa refere-se evidentemente aos Mistérios de Elêusis; uma alusão que Platão não deixa de desviar a seu proveito, uma vez que, na qualidade de último degrau da iniciação eleusina, a *epopteia* ou visão do ato e de objetos místicos é transfigurada em contemplação da beleza e da realidade metafísica[1].

---

1   Os aspectos iniciáticos de itinerários erótico-filosóficos traçados por Platão são destacados por I. Chirassi Colombo, L'inganno di Afrodite, *Labirinti dell'Eros*, Firenze: File, 1985, p. 109-121. Cf. Plat. *Banq.* 211c e 206bs, com a bela leitura de D.M. Halperin, *One hundred Years of Homosexuality*, p. 116s, e 137s (estudo publicado em uma primeira versão em D.M. Halperin; J.J. Winkler; F.I. Zeitlin

O Eros dos filósofos assume um duplo papel: cósmico e metafísico, na medida em que serve de intermediário entre a multiplicidade das aparências e a unidade da beleza ideal ou da realidade transcendente; moral, quando intervém na relação institucional da homofilia para exortar a alma do jovem amado a seguir o exemplo do amante elevando-se às realidades supracelestes. Mas, a perspectiva iniciática devida à intervenção de Eros produz também uma reversão: se nas cosmoteogonias da época arcaica, o poder do amor permitia passar do dual à multiplicidade pela unidade, seguindo um processo de geração e diferenciação; nos caminhos iniciáticos figurados por Diotima e por Sócrates, a relação erótica permite encontrar por meio da pluralidade dos corpos desse mundo a unidade contemplada na vida depois da morte. É preciso contar não somente com o modelo metafórico fornecido pelo itinerário iniciático dos iniciados de Elêusis, mas com as especulações do pensamento órfico. Por diferentes manipulações da cosmoteogonia tradicional, essas últimas chegam a conciliar na sua própria metafísica o movimento gerador do um ao múltiplo, com a passagem mística da multiplicidade à unidade.

EROS NAS TEOGONIAS ÓRFICAS

Para se tentar evitar as reconstruções mais apressadas e ocasionais, o testemunho mais seguro quanto à figura apresentada pela primeira cosmogonia e teogonia órfica nos é dado na parábase das *Aves* de Aristófanes[2]. Texto paródico que seja,

(eds.), *Before Sexuality: The Construction of Erotic Experience in the Ancient Greek World*, Princeton: Princeton University Press, 1990, p. 257-308). Para o emprego do léxico técnico da iniciação cf. *Banq.* 209e s (ver também 202e) e *Fedro* 250bs; esse vocabulário é explicado por W. Burkert, *Ancient Mystery Cults*, Cambridge/Mass./London: Harvard University Press, 1987, p. 7 s; sobre o conteúdo da *epopteia* eleusina, cf. N. J. Richardson, *The Homeric Hymn to Demeter*, p. 26s e 310s.

2 A última datação dessas reconstituições hipotéticas da cosmogonia órfica arcaica é a apresentada por M. L. West, *The Orphic Poems*, Oxford: Clarendon Press, 1983, p. 68s e 264. Para uma atitude crítica a esse respeito e para todos os detalhes técnicos do esboço apresentado aqui, eu me permito remeter ao meu estudo Éros initiaque et la cosmogonie orphique, em P. Borgeaud (ed.), *Orphée et orphisme*, Genève: Librairie Droz, 1991, p. 227-247.

mas que nos dá o essencial da arquitetura do cosmo elaborada pelos discípulos de Orfeu: Eros ocupa aí um lugar mais estratégico ainda do que na *Teogonia* de Hesíodo.

No início, pois, e sem organização hierárquica aparente, Abismo, Noite, Érebo, o negro, e grande Tártaro. No meio desses elementos caracterizados pela ausência de luz e ausência de limite, surge uma primeira entidade marcada: um ovo "trazido pelo vento"; ele nasce da Noite que o gera no seio ilimitado de Érebo. Desse ovo primordial surge Eros "cheio de desejo". Em contraste com as entidades primordiais de caráter indistinto, ele tem asas cintilantes de ouro e comparam-no aos turbilhões erguidos pelo vento. Se o aspecto "ventoso" do ovo primordial deve ser referido ao fato de ter sido produzido sem fecundação, assim como Eros, é evidente que a paródia de Aristófanes tira proveito das qualidades aéreas desses primeiros seres para inseri-los na utopia cósmica, fundando a cidade ideal imaginada pelas aves da comédia. Assim, no vasto Tártaro, Eros une-se noturnamente com Abismo, doravante ele também provido de asas; dessa primeira união dual – e provavelmente homossexual – nasce no próprio lugar da raça dos deuses benditos a espécie de voláteis. Será então por interferência de Eros que se produzirão as uniões duais e sexuadas que gerarão os diferentes elementos constitutivos do cosmo – o céu, o oceano, a terra, e também a raça indestrutível de deuses[3].

Somente os eruditos do último século foram sensíveis ao colorido órfico da paródia ornitológica de Aristófanes. Foi a comparação erudita com os *Discursos Sagrados*, elaborados bem mais tarde pelos "rapsodos" discípulos de Orfeu, que revelou a ascendência mística da construção cósmica. De fato, a tradição neoplatônica, que por sua vez embelezou intensamente esse decurso, dá ao sistema cosmogônico e teogônico reconstruído nas rapsódias órficas alguns epítomes dos quais se pode extrair a seguinte organização: para começar, algumas

---

3 Aristóf. *Av.* 676 s = Orph. fr. 1 Kern; cf. G.S. Kirk; J.E. Raven; M. Schofield, *The Presocratics Philosophers*, Cambridge: Cambridge University Press, 1983, p. 26s; ver igualmente S. Fasce, *Eros*, p. 91s, bem como as contribuições de F. Ricciardelli Apicella, Teogonie orfiche nell'ambito delle teogonie greche, e de A. Pardini, L'ornitogonia (Ar. *Av.* 693 sgg.) tra serio e faceto: premessa letteraria al suo studio storico-religioso, em A. Masaracchia (ed.), *Orfeo e l'orfismo*, Roma/Perugia: GEI, 1993, p. 27-51 e 53-65.

entidades primordiais como Cronos, depois, Éter, Abismo e, provavelmente, Noite. A coincidência com o procedimento imaginado pelas aves da comédia impressiona assim que se vê Crono criar, no interior de Éter, um ovo resplandecente de brancura. Em outra versão, o ovo primordial revela ser o produto da união de Éter com Abismo. Seja qual for sua origem, desse ovo grávido irrompe Fanes, o Brilhante; em um processo de superposição próprio do pensamento órfico, a teogonia rapsódica não tarda em identificar alternadamente esse novo ser com Protógono, o Primogênito, com Métis, a Inteligência, e, sobretudo, com Eros o gracioso[4].

Exatamente como na cosmogonia reinventada por Aristófanes, o Fanes-Eros dos rapsodos órficos é trazido ao universo por asas de ouro. Mas, de acordo com a genealogia atribuída aos misteriosos "teólogos" órficos Jerônimo e Helânico, depois reinterpretada em um sentido neoplatônico por Damáscio, ele ostenta numerosas cabeças animais, dentre elas as do leão e do touro. Tanto masculino quanto feminino, ele é igualmente provido de um duplo par de olhos; no entanto, ele parece perder esse benefício assim que concebe – seja por partenogênese, seja com a participação de Noite – os diferentes elementos constitutivos do universo. A comparação com a "teologia" atribuída a Protógono confirma plenamente o caráter bissexual de Eros. Nessa versão reinterpretada da cosmogonia órfica, o ovo primordial contém uma díade formada do princípio masculino e do princípio feminino, assim como de um deus alado que, provido de um duplo corpo e de cabeças taurinas, é o ordenador do cosmo. Esse ser, complementar à díade bissexual, é Protógono, e Fanes, Zeus ou Pã, o criador de todas as coisas pela luz que emana de seu ser[5].

---

4   Reconstrução fundada nos *Orf.* frr. 60, 65 e 73-82 Kern; ler-se-á a esse respeito L. Brisson, Proclus et l'Orphisme, em J. Pépin; H.-D. Saffrey (eds), *Proclus, lecteur et interprète des anciens*, Paris: Editions du Centre National de la Recherche Scientifique, 1987, p. 43-104.
5   Conhecemos a versão de Jerônimo de Rodes e Helânico de Lesbos, *Princ.* 123 bis = *Orph.* fr. 54 Kern; ela é comentada por L. Brisson, Damascius et l'orphisme, em P. Borgeaud (ed.), op. cit., p. 157-209. O papel sexual atribuído à figura de Eros nessas diferentes cosmogonias é mostrado por L. J. Alderink, *Creation and Salvation in Ancient Orphism*, Chicago: American Philological Association, 1981, p. 40s.

Compreendemos doravante que os seres hemisféricos, à procura de sua unidade primeira, inventados pelo Aristófanes paródico do *Banquete* de Platão, remetem, certamente, às alusões órficas de dramas do autor cômico e, particularmente, à cosmoteogonia das *Aves*. A bissexualidade surge nesses textos como um dos traços constitutivos de Eros, o criador e ordenador do cosmo[6]. Ela não existe sem a lembrança do caráter paradoxal de aspectos contrários assumidos pelo Eros da poesia arcaica!

TRAÇADOS MÍSTICOS DE EROS

Será que o caráter nitidamente bissexual de Eros basta para se inteirar de sua inserção em uma cosmogonia e genealogia teogônica que, supostamente, representam um percurso místico?

É preciso ainda cumprir um passo comparativo suplementar e tentar adivinhar o traçado genealógico aparecendo em filigrana no célebre *Papiro de Derveni*; trabalho de detetive em papirologia, tão mais delicado visto que não conheceu ainda publicação oficial e que nada nos entrega salvo o comentário de um poema órfico que poderia – é verdade – remontar à época clássica[7].

A linha ascendente proposta pelo comentador e, portanto, pelo texto que ele explica, permite reconstruir uma genealogia cósmica e teogônica que começa com o surgimento saltitante no éter de um "soberano primogênito" (*prôtogonos basileus*); identificado com o Sol, esse primeiro ser tem um filho na pessoa de Cronos que parece surgir depois de Urano, o filho de Noite,

---

[6] Essa relação é destacada por L. Brisson, Éros, em Y. Bonnefoy (ed.), *Dictionnaire des mythologies 1*, Paris: Flammarion, 1981, p. 351-359. Encontra-se confirmações do nascimento ovíparo de Fanes-Eros, da sua natureza alada e dupla e do seu papel gerador no HOrf. 6 e nos *Arg. Orf.* 12s e 421s. Os aspectos hermafroditas da figura de Eros são evocados por S. Fasce, op. cit., p. 97s; pode acontecer, no próprio culto da Grécia clássica, de Afrodite assumir um caráter bissexual: ver as referências dadas por M. Delcourt, *Hermaphrodite*, Paris: PUF, 1958, p. 43s.

[7] O *P. Derv.* teve publicação pirata no *Zeitschr. Pap. Epigr.* 47, 1982, p. 1-10; uma tradução inglesa exaustiva foi publicada por A. Laks; G.W. Most (eds.), *Studies on the Deverni Papyrus*, Oxford: Oxford University Press, 1997, p. 9-22; ver, entre outros estudos a esse respeito, o de M. Henry, The Derveni Commentator as Literary Critic, *Transactions of the American Philological Association*, Atlanta, v. 116, 1986, p. 149-164.

símbolo provável de um estado primordial indiferenciado. Em todo caso, a Cronos cabe o papel de colocar cosmo em movimento e aí distinguir todas as coisas, especialmente graças à ajuda de Sol. Depois, em uma sequência que lembra o mito de sucessão divina de Hesíodo, Zeus intervém. O deus devora o "venerável" pênis de Sol antes que dele jorre toda criação: os deuses e as deusas, as flores e as fontes, tudo aquilo que no mundo está submetido a um nascimento[8]. Esse ato de "castração" e ingurgitação – deslocado, concentrado e ressemantizado em relação à tradição hesiódica – é essencial: marca o retorno à unidade em Zeus entre dois processos de distinção e diferenciação. Se a relação entre Sol e seu pênis lembra a relação do ovo aristofânico com o poder gerador de Eros, é possível aproximar as versões mais antigas da cosmogonia órfica; elas parecem se organizar em uma sequência composta de um primeiro estado indiferenciado (Noite, Tártaro, Érebo, Abismo), de uma primeira diferenciação sob o efeito da luz (ovo, Sol), da intervenção da sexualidade (Eros, pênis), e de um primeiro retorno à unidade com o surgimento de Zeus.

Compreende-se, desde então, a orientação mística que os pensadores órficos chegaram a imprimir à cosmoteogonia tradicional. No sistema que deixa entrever o texto do *Papiro de Derveni*, assim como na construção teogônica de *Rapsodias*, Zeus não é mais o soberano garantindo a ordem diferenciada e, às vezes, conflituosa produzida pelo processo da geração, especialmente sob a influência de Eros. Ao engolir Fanes-Eros e toda criação que depende daí, o rei dos deuses restitui aos seres criados sua unidade primeira antes de conferir ao universo uma nova ordem. Esse Zeus único, idêntico ao cosmo que ele acabará por recriar, é cantado no *Hino Órfico* citado por Eusébio: senhor dos deuses, ele é todo poderoso; assente na terra e no céu, concebe todas as coisas; ao mesmo tempo

---

[8] P. *Derv.* col. IX, 4 e XII, 3s, comentado por J. S. Rusten, Interim Notes on the Papyrus of Derveni, *Harvard Studies in Classical Philology*, Cambridge, 89, 1985, p. 121-140, que compreende, no entanto, o termo *aidoion* como adjetivado e que, portanto, recusa o sentido sexual: ver a esse respeito o estudo citado p. 232s, n. 2, com n. 12, bem como L. Brisson, Sky, Sex and Sun, *Zeitschrift für Papyrologie und Epigraphik*, Bonn, v. 142, 2003, p. 1-11. Sobre o deus Sol dos Órficos cf. M. Detienne, *L'Écriture d'Orphée*, p. 127s.

masculino e feminino, esposo e esposa, ele é finalmente assimilado a Eros dos mil encantos[9].

Por meio da unidade de Eros nascido de um ovo em sua forma única e perfeita, de sua bissexualidade que lhe permite gerar por partenogênese, abre-se a perspectiva do retorno à unidade primordial. Intermediário entre o indiferenciado e o diferenciado, Eros não é mais exatamente o meio-termo entre a dualidade e a multiplicidade; ele pode ser, em sua unicidade, absorvido por Zeus, que, assim, recria nele a unidade dos inícios. Esse retorno cosmogônico à unidade repete-se até a sexta geração divina com a absorção de Dioniso pelos titãs; ele traça uma linha homóloga à que orienta o caminho místico da moral órfica[10]. Por uma série de práticas ascéticas, os adeptos de Orfeu são convidados a reencontrar o estado primeiro dominado por Eros: a idade de ouro de antes das diferenciações resultantes do rompimento do ovo primordial. Eros não é apenas um guia iniciático, mas também o ponto de origem e conclusão dos iniciados em busca da unidade perdida. Não é mais questão de papel social sexual, de *gender*.

---

9 *Orf.* fr. 129 e 167, bem como 168 Kern, citado por Eus. *Praep. Ev.* 3, 9, 1s. A figura central do Zeus órfico, ao mesmo tempo princípio de unidade e multiplicidade, é bem descrita por H. Schwabl, Zeus (Teil 2), em *Realencyclopädie der classischen Altertumswissenschaft Supplb. 15*, Stuttgart: A. Druckenmüller, 1978, col. 993-1411 (col. 1327s).

10 O percurso do *bios orphikos* é traçado por M. Detienne, *Dionysus mis à mort*, 1977, p. 163s, e por M. L. West, op. cit., p. 140s; cf. C. Calame, Figures of Sexuality and Initiatory Transition in the Derveni Theogony and its Commentary, em A. Laks; G.W. Most (eds.), op. cit., p. 65-80.

Coda Elegíaca:

Eros Educador

Eros organizador do cosmo, Eros desenhista de espaços metafóricos, Eros construtor de relações sociais, Eros, nessa medida, educador, Eros encarnação do poder do amor – isso para refazer em sentido inverso o percurso traçado até aqui. O impressionante, nas relações cósmicas ou civilizatórias tecidas por Eros sob o controle de Afrodite, é, antes de tudo, o aspecto dinâmico, senão dialético e polêmico da rede assim tecida. É que, pelo desejo amoroso, Eros é unicamente força de reprodução e, sobretudo, força de reprodução social.

É notável a homologia entre o jovem aluno de Teógnis que, ao final do aprendizado de valores aristocráticos do simpósio, será dotado da palavra permitindo-lhe dizer as qualidades do poeta e do erômeno que, pela frequência do amante, alcançará a maturidade do cidadão adulto, capaz, por sua vez, de ser um bom erasta. Quanto à jovem, ela suporta as violências de homens possuídos por Eros ao mesmo tempo em que se deixa seduzir pelos perfumes das pradarias floridas; ela acaba, pois, por se submeter ao jugo do casamento para se unir amorosa em um leito macio em uma relação de reciprocidade reprodutiva.

Na relação de *philotês* e *philia* que permite estabelecer o desejo erótico em seu poder implacável, as mulheres, no casamento, e os homens, no processo de educação de tipo iniciático, produzem bons cidadãos. Nos dois casos, o "deslocamento" erótico é produtor: a jovem submete-se a Eros e a Afrodite antes de aguardar com eles e, na plenitude da união amorosa, a maturidade que a conduzirá à procriação de belos filhos; o adolescente submete-se às palavras sedutoras do poeta antes de ser ele próprio cidadão adulto, educador pelos mesmos meios da sedução erótica. Entre esses estatutos de gênero distintos, mas ambos produzidos graças aos poderes do amor, as relações só podem ser conflituosas; como na organização do cosmo, requerem os constantes reequilíbrios operados por Eros e pelas palavras que ele inspira.

Diante desse jogo dinâmico, as categorias elaboradas pela antropologia contemporânea da sexualidade perdem sua pertinência. Na Grécia arcaica e clássica, a oposição "ativo/passivo" não coincide nem com a polaridade "masculino/feminino"; esta última se embaralha regularmente durante o período da adolescência. Ela não corresponde tampouco ao contraste "jovem/adulto", cujos termos interferem às vezes. O par "heterossexualidade/homossexualidade" não recorta uma divisão definida entre norma e desvio. A oposição "público/privado" não se aplica nem às práticas eróticas educativas do simpósio, nem à suposta segregação da mulher casada e adulta, nem nas cidades da época arcaica, nem em Atenas no século v. E é bem difícil enquadrar a mulher grega na qualidade de "sujeito sexual" na medida em que praticamente todos os documentos que a evocam foram produzidos por homens! Quanto à "assimetria sexual", ela toca menos a relação amorosa entre homens e mulheres adultos quanto, de maneira muito parcial, a relação de homofilia que, em seu deslocamento constitutivo, recupera a reciprocidade da *philia*.

Quase não existe a noção de "gênero", a não ser em sua acepção de representação social construída a partir de relações entre sexos, que possa permitir compreender os diferentes estatutos sociais definidos nas relações movidas por Eros e por Afrodite. Bela oportunidade, então, de colocar em causa a pertinência de nossos conceitos operatórios, condenados nas ciências humanas a constituir categorias fluidas; bela oportunidade de levar um olhar reflexivo sobre nossa erudição acadêmica e eurocêntrica.

Ao mesmo tempo em que solicita novas traduções culturais, a civilização grega é tão rica que escapa sem cessar das categorias que nosso olhar lhe impõe. Tudo acontece como se ela mesma fosse possuída pela dinâmica dos poderes divinos do amor, pois, como Eurípides diz em *Estenebeia*, Eros é educador; ele ensina o poeta, fazendo dele um homem inspirado:

ποιήτην δ'άρα
Ερως διδάσκει, καν αμουσος ή τό πρίν[1]
(fr. 663 Kannicht)

---

1 Em tradução livre: "a instrução do amor, portanto, transforma o homem em poeta, ainda que anteriormente ele não conhecesse as musas."

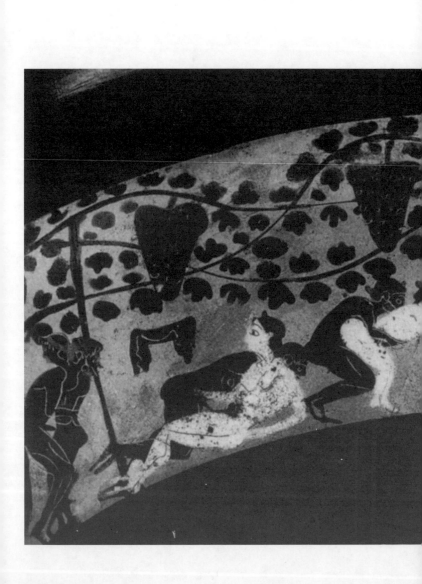

Anexos

FIG. 1. *Cylix ática de figuras negras, 540 a.C. (ver p. 67, n. 6).*

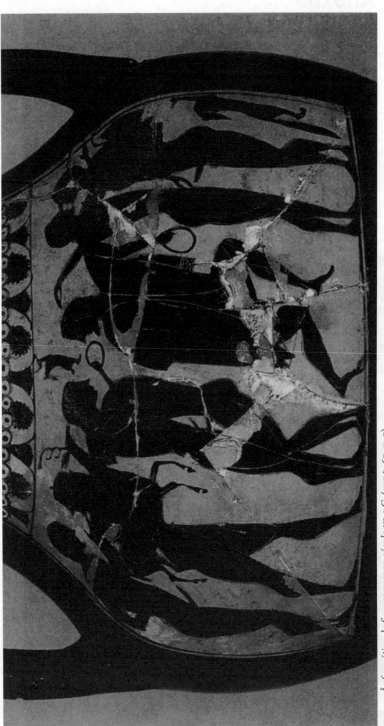

FIG. 2. *Ânfora ática de figuras negras, século VI a.C. (ver p. 67, n. 7)*

FIG. 3. *Cylix ática de figuras vermelhas, 500 a.C. (ver p. 67, n. 7).*

FIG. 4. *Cylix de figuras vermelhas* (ver. p. 69, n. 10).

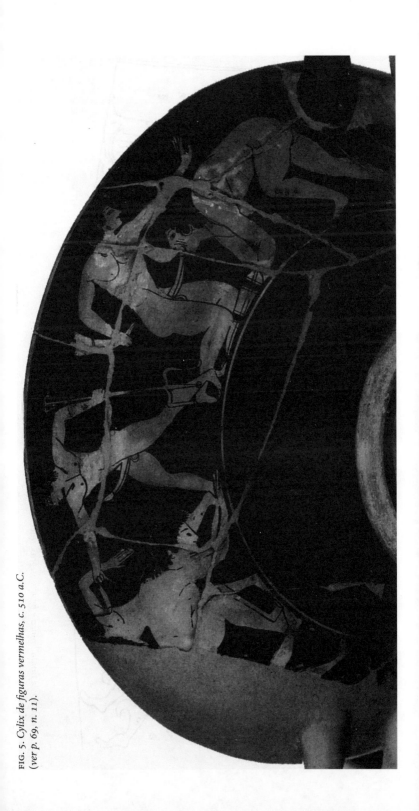

FIG. 5. *Cylix de figuras vermelhas*, c. 510 a.C. (ver p. 69, n. 11).

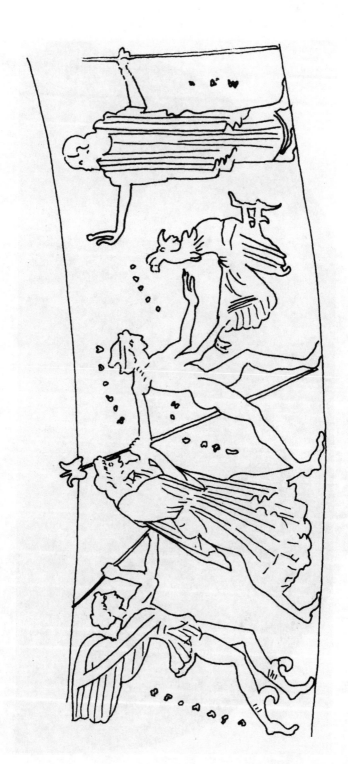

FIG. 6. Alabastro de fundo branco e figuras negras, início do século V, transposição em desenho por F. Lissarrague (ver p. 71, n. 14).

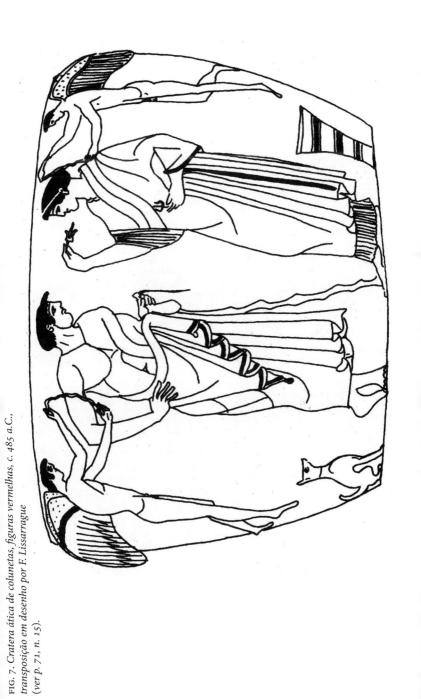

FIG. 7. *Cratera ática de colunetas, figuras vermelhas, c. 485 a.C., transposição em desenho por F. Lissarrague (ver p. 71, n. 15).*

Lista de Abreviações

AUTORES E OBRAS

Aqu. Tac.: Aquiles Tacio
Alc.: Alceu
Álcm.: Álcman
Anacr.: Anacreonte
    Epigr.: Epigramas
    Ant. Pal.: Antologia Palatina
Ap. Rod.: Apolônio de Rodes
Ap. Disc.: Apolônio Díscolo
    Sint.: Sintaxe
Apol.: Apolodoro
Arquíl.: Arquíloco
Arg. Orf.: Argonáuticas Órficas
Aristóf.: Aristófanes
    Ac.: Os Acarnianos
    Ass.: Assembleia de Mulheres
    Av.: As Aves
    Cav.: Os Cavaleiros
    Nuv.: As Nuvens
    Rs.: As Rãs
    Lis.: Lisístrata
    Tesm.: Tesmoforiantes
    Ves.: As Vespas

Aristót.: Aristóteles:
    Cons. Aten.: Constituição de Atenas
    EE: *Ética a Eudemo*
    EN: *Ética a Nicômaco*
    Ger. An.: Da Geração dos Animais
    PA: *Partes dos Animais*
    Poét.: Poética
    Pol.: Política
    Probl.: Problemas
At.: Ateneu
Baqu.: Baquílides
Cal.: Calino
Carm. pop.: Carmina popularia
Choeril. Sam.: Choerilos de Samos
Cic.: Cícero
    Tusc.: Tusculanes
    Cípr.: Cípria
Dem.: Demóstenes
Dem. Fal.: Demétrio de Falera
Dion. Hal: Denis de Halicarnasso
    Compos.: Da Composição Estilística
Empéd.: Empédocles

Ésq.: Ésquino
   Tim.: Contra Timarco
   Emb.: Da Embaixada
Esq.: Ésquilo
   Ag.: Agamêmnon
   Eum.: As Eumênides
   Pers.: Os Persas
   Prom.: Prometeu Acorrentado
   Set.: Sete contra Tebas
   Supl.: As Suplicantes
Eur.: Eurípides
   Cícl.: O Cíclope
   Hel.: Helena
   Hip.: Hipólito
   IA: Ifigênia em Aulis
   Med.: Medeia
   Phaét.: Phaéthon
   Supl.: As Suplicantes
   Tr.: As Troianas
fr. mel. adesp: fragmenta melica adespota
Estes.: Estesícoro
Estrab.: Estrabão
Feréc. At.: Ferécides de Atenas
Feréc. Sir.: Ferécides de Siros
Foc.: Fócio
   Bibl.: Biblioteca
   Lex.: Léxico
Hdt.: Heródoto
Hecat.: Hecateu
Hes.: Hesíodo
   Esc.: O Escudo
   Teog.: Teogonia
   Trab.: Os Trabalhos e os Dias
Hhom.: Hino Homérico
   Afr.: a Afrodite
   Dem.: a Deméter
   Dion.: a Dioniso
Hipócr.: Hipócrates
   Afor.: Aforismos
   Diet.: Da Dieta
   Frat.: Das Frateiras
   Ger.: Da Geração
Hom.: Homero
   Afor.: Aforismos
   Diet.: Da Dieta
   Frat.: Das Fraturas
   Il.: Ilíada
   Od.: Odisseia
HOrf.: Hinos Órficos

Hsqu.: Hesíquio
Ibic.: Íbico
Jâmb.: Jâmblico
   Vid. Pit.: Vida de Pitágoras
Long.: Longo
Lic.: Licofrão)
   Alex.: Alexandra
Mimn.: Mimnermo
Mosc.: Mosco
   Eur.: Europa
Non.: Nono
   Dion.: Dionisíacas
Olimp.: Olimpiodoro
Ov.: Ovídio
   Met.: As Metamorfoses
P. Derv.: Papiro de Derveni
Paus.: Pausânias
Pínd.: Píndaro
   Istm.: Istmícas
   Nem.: Nemeas
   Ol.: Olímpicas
   Pít.: Píticas
Plat.: Platão
   Banq.: O Banquete
   Crát.: Crátilo
   Gorg.: Górgias
   Lís.: Lísias
   Rep.: A República
   Tim.: Timeu
Plín.: Plínio, o Velho
   Hist. Nat.: História Natural
Plut.: Plutarco
   CJOP: *Como o Jovem Deve Ouvir a Poesia*
   Diál. Amor: Diálogo Sobre o Amor
   Glór. At.: A Glória dos Atenienses
   Lic.: Vida de Licurgo
   NB: *No Banquete*
   Pel.: Vida de Pelópidas
   Prec. Conj.: Preceitos Conjugais
   Sól: Vida de Sólon
Pol.: Polux
Procl.: Proclo
Sem.: Semônides
Serv.: Servius
Simôn.: Simônides
   Epigr.: Epigramas
Sól.: Sólon
Sóf.: Sófocles
   Ant.: Antígone

Ed. Col.: *Édipo em Colona*
Ed. Rei: *Édipo Rei*
Traqu.: *As Traquinianas*
Sud: *Suda*/Suidas
Teócr.: Teócrito
Tgn.: Teógnis
Tim.: Timeu
Tirt.: Tirteo

Tzetz.: Tzetzes
Virg. Virgílio
   En.: *Eneida*
Xen.: Xenofonte
   Banq.: *O Banquete*
   Mem.: *Memoráveis*
Xen. Ef.: Xenofonte de Éfeso
Xenóf.: Xenófanes

COLEÇÃO DE TEXTOS E DOCUMENTOS

ABV: *Attic Black-figure Vase-painters* (J. Beazley)
ARV: *Attic Red-figure Vase-painters* (J. Beazley)
CEG: *Carmina Epigraphica Graecae* (P.A. Hansen)
FGrHist.: *Fragmente der Griechischen Historiker*
IG: *Inscriptiones Graecae*
LfgrE: *Lexikon der frühgriechischen Epos*

LIMC: *Lexicon Iconographicum Mythologiae Classicae*
PAGE: *Poetae Melici Graeci* (Denys Lionel Page)
PGM: *Papyri Graecae Magicae* (K. Preisendanz)
SEG: *Supplementum Epigraphicum Graecum* (F. Jacoby)
SGDI: *Sammlung der griechischen Dialekt-Inschriften* (H. Collitz; R. Bechtel)

Bibliografia

ADRADOS, F. R. *Sociedad, amor y poesía en la Grecia antigua*. Madrid: Alianza Universidad, 1995.
ARRIGONI, G. Amore sotto il manto e iniziazione nuziale. *Quaderni urbinati di cultura classica*, Roma, n. 44, 1983.
BARRETT, W.S. *Euripides: Hippolytos*. Oxford: Clarendon Press, 1964.
BENVENISTE, E. *Le Vocabulaire des institutions indo-européennes, 1: économie, parenté, societé; 2: pouvoir, droit, religion*. Paris: Minuit, 1969.
BETHE, E. Die dorische Knabenliebe. *Rheinisches Museum für Philologie*, Frankfurt, n. 67, 1907.
BRELICH, A. *Paides e Parthenoi*. Roma: Ateneo, 1969.
BREMER, J. M. The Meadow of Love and Two Passages in Euripides' *Hippolytus*. *Mnemosyne*, Leiden, v. 28, n. 31, 1975.
BREMMER, J. N. Adolescents, *Symposium* and Pederasty. In: MURRAY, O. (ed.). *Sympotica: A Symposium on the Symposion*. Oxford: Oxford University Press, 1990.
BRENDEL, O. J. The Scope and Temperament of Erotic Art in the Graeco-roman World. In: BOWIE, T.; CHRISTENSON, C.V. (eds.). *Studies in Erotic Art*. New York: Basic Books, 1970. (Retomados In: CALAME, C. (ed.). *L'amore in Grecia*. Roma/Bari: Laterza, 1983).
BRULÉ, p. *La Fille d'Athènes: La Religion des filles à Athènes à l'époque classique. Mythes, cultes et société*. Besançon/Paris: Les Belles Lettres, 1987.
BUFFIÈRE, F. *Éros adolescent: La Pédérastie dans la Grèce Antique*. Paris: Les Belles Lettres, 1980.
BURNETT, A.P. *Three Archaic Poets: Archilochus, Alcaeus, Sappho*. London: Duckworth, 1983.
CALAME, C. *Les Choeurs de jeunes filles en Grèce archaïque, 1: morphologie, fonction religieuse et sociale; 2: Alcman*. Roma: Ateneo, 1977.

_____. *Alcman: Introduction, texte critique, témoignages et commentaire.* Roma: Ateneo, 1983.

_____. (ed.). *L'amore in Grecia.* Roma/Bari: Laterza, 1983.

_____. Entre rapports de parenté et relations civiques: Aphrodite l'hétaïre au banquet politique des *hétaîroi*. In: THÉLAMON, F. (ed.). *Aux Sources de la puissance: Sociabilité et parenté.* Rouen: Université de Rouen: 1989.

_____. *Thésée et l'imaginaire athénien: Légende et culte en Grèce antique.* Lausanne: Payot, 1996.

CANTARELLA, E. *Secondo natura: La bisessualità nel mondo antico.* Roma: Editori Riuniti, 1988.

CARSON, A. *Eros the Bittersweet: An Essay.* Princeton: Princeton University Press, 1986.

COHEN, D. *Law, Sexuality and Society: The Enforcement of Morals in Classical Athens.* Cambridge: Cambridge University Press, 1991.

CONTIADES-TSITSONI, E. *Hymenaios und Epithalamion: Das Hochzeitslied in der frühgriechischen Lyrik.* Stuttgart: Teubner, 1990.

DAVIDSON, J. *The Greeks and the Greek Love: A Radical Reappraisal of Homosexuality in Ancient Greece.* London: Weidenfeld and Nicolson, 2007.

DELIVORRIAS, A. Aphrodite. In: *LIMC.* Zürich/München: Artemis, 1984. v. 2, t. 1.

DES BOUVRIE, S. *Women in Greek Tragedy: An Anthropological Approach.* Oslo/Oxford: Norwegian/Oxford University Press, 1990.

DETIENNE, M. *Les Maîtres de vérité dans la Grèce archaïque.* Paris: Maspero, 1967.

_____. *Dionysos mis à mort.* Paris: Gallimard, 1977.

_____. *L'Écriture d'Orphée.* Paris: Gallimard, 1989.

DOWDEN, K. *Death and the Maiden: Girls'Initiation Rites in Greek Mythology.* London/New York: Routledge, 1989.

DOVER, K.J. *Greek Homosexuality.* London: Duckworth, 1978.

DU BOIS, P. *Sappho is Burning.* Chicago/London: University of Chicago Press, 1995.

FASCE, S. *Eros: La figura e il culto.* Genova: Università di Genova, 1977.

FISCHER, E. *Amor und Eros: Eine Untersuchung des Wortfeldes "Liebe" im Lateinischen und Griechischen.* Hildesheim: Gerstenberg, 1973.

FIGUEIRA, T.J.; NAGY, G. (eds.). *Theognis of Megara: Poetry and the Polis.* Baltimore/London: The Johns Hopkins University Press, 1985.

FOLEY, H.P. (ed.). *Reflections of Women in Antiquity.* New York/London: Gordon and Breach, 1981.

FOUCAULT, M. *Histoire de la sexualité, v. 2: L'Usage des plaisirs.* Paris: Gallimard, 1984.

GENTILI, B. *Anacreon.* Roma: Ateneo, 1958.

_____. *Poesia e pubblico nella Grecia antica: Da Omero al v secolo.* Roma/Bari: Laterza, 1984.

GOLDHILL, S. The Dance of the Veils: Reading Five Fragments of Anacreon. *Eranos,* Uppsala, v. 85, 1987.

_____. *Foucault's Virginity: Ancient Erotic Fiction and the History of Sexuality.* Cambridge: Cambridge University Press, 1995.

GOULD, J. Law, Custom and Myth: Aspects of the Social Position of Women in Classical Athens. *The Journal of Hellenic Studies,* London, v. 100, 1980.

GREIFENHAGEN, A. *Griechische Eroten.* Berlin: de Gruyter, 1957.

HALPERIN, D.M. Plato and Erotic Reciprocity. *Classical Antiquity,* v. 5, 1986.

_____. *One hundred Years of Homosexuality: And Other Essays on Greek Love,* New York/London: Routledge, 1990.

HENDERSON, J. *The Maculate Muse: Obscene Language in Attic Comedy.* Oxford/London: Oxford University Press, 1991.

HERMARY, A. Eros. In: *LIMC.* Zürich/München: Artemis, 1986. v. 2, t. 1.

JANKO, R. *The Iliad: A Commentary, v. 4: Books 13-16.* Cambridge: Cambridge University Press, 1992.

KAEMPF-DIMITRIADOU, S. *Die Liebe der Götter in der attischen Kunst des 5. Jahrhunderts v. Chr.* Bern: Francke, 1979.

KENNEDY, D. F. *The Arts of Love: Five Studies in the Discourse of Roman Love Elegy.* Cambridge: Cambridge University Press, 1993.

KEULS, E. *The Reign of the Phallus: Sexual Politics in Ancient Athens.* New York: Harper & Row, 1985.

KOCH-HARNACK, G. *Knabenliebe und Tiergeschenke: Ihre Bedeutung im päderastichen Erziehungssystem Athens.* Berlin: Mann, 1983.

_____. *Erotische Symbole: Lotosblüte und gemeinsamer Mantel auf antiken Vasen.* Berlin: Mann, 1989.

KONSTAN, D. *Sexual Symmetry: Love in the Ancient Novel and Related Genres.* Princeton: Princeton University Press, 1994.

KURKE, L. Inventing the *Hetaira*: Sex, Politics, and Discursive Conflict in Archaic Greece. *Classical Antiquity,* Berkeley, v. 16, 1997.

LANATA, G. Sul linguaggio amoroso di Saffo. *Quaderni urbinati di cultura classica,* Roma, n. 2, 1966.

LARDINOIS, A. Lesbian Sappho and Sappho of Lesbos. In: BREMMER, J. (ed.). *From Sappho to De Sade: Moments in the History of Sexuality.* London/New York: Routledge, 1989.

LASSERRE, F. *La Figure d'Éros dans la poésie grecque.* Lausanne: Imprimeries Réunies, 1946.

_____. *Sappho: Une autre lecture.* Padova: Antenore, 1989.

LATACZ, J. *Zum wortfeld "Freude" in der Sprache Homers.* Heidelberg: Winter, 1966.

LEWIS, J. M. Eros and the *Polis* in Theognis Book 2. In: FIGUEIRA, T.J.; NAGY, G. (eds.). *Theognis of Megara: Poetry and the Polis.* Baltimore/London: The Johns Hopkins University Press, 1985.

LISSARRAGUE, F. De la sexualité des satyres. *Mètis,* v. 2, 1987.

LORAUX, N. *Les Expériences de Tirésias: Le Féminin et l'homme grec.* Paris: Gallimard, 1989.

LUCA, R. Il lessico d'amore nei poemi omerici. *Studi Italiani di Filologia Classica,* Firenze, v. 53, 1981.

LYONS, D. *Gender and Immortality: Heroine in Ancient Greek Myth and Cult.* Princeton: Princeton University Press, 1997.

MOTTE, A. *Prairies et jardins de la Grèce antique: De la religion à la philosophie.* Bruxelles: Académie Royale, 1973.

MÜLLER, H.M. *Erotische Motive in der griechischen Dichtung bis auf Euripides.* Hamburg: Buske, 1980.

MURRAY, O. (ed.). *Sympotica: A Symposium on the Symposion.* Oxford: Oxford University Press, 1990.

NAGY, G. *The Best of the Achaeans: Concepts of the Hero in Archaic Greek Poetry.* Baltimore/London: The Johns Hopkins University Press, 1979

_____. *Pindar's Homer: The Lyric Possession of an Epic Past.* Baltimore/London: The Johns Hopkins University Press, 1990.

PARKER, R. *Miasma: Pollution and Purification in Early Greek Religion*. Oxford: Claredon Press, 1983.

PESCHEL, I. *Die Hetäre bei Symposion und Komos in der attischrotfigurigen Vasenmalerei des 6-4. Jahrh. V. Chr.* Frankfurt/M.-Bern: Lang, 1987.

PIRENNE-DELFORGE, V. *L'Aphrodite grecque: Contribution à l'étude de ses cultes et de sa personnalité dans le panthéon archaïque et classique*. Athènes/Liége: Cierga, 1994.

POWELL, A. (ed.). *Euripides, Women, and Sexuality*. London/New York: Routledge, 1990.

REDFIELD, J. Notes on the Greek Wedding. *Arethusa*, Baltimore, v. 15, 1982.

REINSBERG, C. *Ehe, Hetärentum und Knabenliebe im antiken Griechenland*. München: Beck, 1989.

RICHARDSON, N. J. *The Homeric Hymn to Demeter*. Oxford: Clarendon Press, 1974.

ROBINSON, D.M.; FLUCK, E.J. *A Study of the Greek Love-Names, including a Discussion of Paederasty and Prosopographia*. Baltimore: The Johns Hopkins University Press, 1937.

ROCCHI, M. *Kadmos e Harmonia: Um matrimonio problematico*. Roma: "L'Erma" di Bretschneider, 1989.

ROSENMEYER, P.A. *The Poetics of Imitation: Anacreon and the Anacreontic Tradition*. Cambridge: Cambridge University Press, 1992.

ROSENMEYER, T. G. Eros-erotes. *The Phoenix*, Toronto, v. 5, 1951.

SCANLON, T. F. *Eros and Greek Athletics*. Oxford/New York: Oxford University Press, 2002.

SCHEID, J.; SVENBRO, J. *Le Métier de Zeus: Mythe du tissage et du tissu dans le monde greco-romain*. Paris: La Découverte, 1994.

SCHMITT-PANTEL, P. (ed.). *Histoire des femmes en Occident, t. 1: L'Antiquité*. Paris: Plon, 1991.

SCHNAPP, A. Éros en chasse. In: *La Cité des images: Religion et société en Grèce antique*. Paris-Lausanne: Nathan LEP, 1984.

SEAFORD, R. The Tragic Wedding. *The Journal of Hellenic Studies*, London, v. 107, 1987.

SEGAL, C. Eros and Incantation: Sappho and Oral Poetry. *Arethusa*, Baltimore, v. 7, 1974.

SERGENT, B. *L'Homosexualité dans la mythologie grecque*. Paris: Payot, 1984.

SOURVINOU-INWOOD, C. *"Reading" Greek Culture: Texts and Images, Rituals and Myths*. Oxford: Clarendon Press, 1991.

STEHLE, E. *Performance and Gender in Ancient Greece: Nondramatic Poetry in Its Setting*. Princeton: Princeton University Press, 1997.

TRAVLOS, J. *Bildlexikon zur Topographie des antiken Athen*. Tübingen: Wasmuth, 1971.

VÉRILHAC, A.-M. (ed.). *La Femme dans le monde méditerranéen, t. 1: Antiquité*. Lyon: Maison de l'Orient, 1985.

VERNANT J.-P. *Mythe et société en Grèce ancienne*. Paris: Maspero, 1974.

_____. *L'Individu, la mort, l'amour: Soi-même et l'autre en Grèce ancienne*. Paris: Gallimard, 1989.

_____. *Figures, idoles, masques*. Paris: Julliard, 1990.

VETTA, M. *Teognide, libro secondo: Introduzione, testo critico, traduzione e commento*. Roma: Ateneo, 1980.

_____. Poesia simposiale nella Grecia arcaica e classica. In: VETTA, M. (ed.). *Poesia e simposio nella Grecia antica*. Roma/Bari: Laterza, 1983.

VIDAL-NAQUET, P. *Le Chasseur noir: Formes de pensée et formes de société dans le monde grec*. Paris: La Découverte, 1983.

WICKERT-MICKNAT, G. *Die Frau* (*Archaeologica Homerica* III R). Göttingen: Vandenhoeck & Ruprecht, 1982.

WINKLER, J.J. *The Constraints of Desire: The Anthropology of Sex and Gender in Ancient Greece*. New York/London: Routledge, 1990.

WILLIAMSON, M. *Sappho's Immortal Daughters*. Cambridge/Mass./London: Harvard University Press, 1995.

WILSON, L.H. *Sappho's Sweetbitter Songs: Configurations of Female and Male in Ancient Greek Lyric*. London/New York: Routledge, 1996.

ZEITLIN, F.I. The Politics of Eros in the Danaid Trilogy of Aeschylus. In: HEXTER, R.; SELDEN, D. (eds.). *Innovations in Antiquity*. New York/London: Routledge, 1992 (Retomado In: ZEITLIN, F.I. *Playing the Other Gender and Society in Classical Greek Literature*. Chicago: University of Chicago Press, 1996).

_____. *Playing the Other Gender and Society in Classical Greek Literature*. Chicago: University of Chicago Press, 1996.

Índice de Nomes Próprios

Abismo: *ver* Caos
Academia: 93, 99
Aquiles: 120, 138, 142
Acusilau de Argos: 184, 186
Acrópole: XVII, 173-176
Adonis: 162, 163
Afrodite (Cípris): XVII, XVIII-XXII, XXIII, 9, 16-18, 22, 23, 24-28, 31, 32, 33, 37,39, 40-42, 52, 55-57, 60, 65, 70-71, 87, 89, 91, 103, 107, 109-110, 112-114, 116, 121, 123, 125, 127-128, 129, 144-146, 148-150, 153-154, 155, 157-159, 163, 168, 169, 170, 171, 172, 173, 174-177, 181-182, 183, 185-187, 192, 196-197, 209-210
   Afrodite dos jardins/nos jardins: 172-176
   Afrodite Hetera: 109
   Afrodite Urânia: 187
   Afrodite Pandêmia: 187
Agamêmnon: 36, 142, 145
Alceu (de Mitilene): 10, 26, 76, 84, 90
Alceu (de Messene): 55-56
Alcibíades: 116, 139, 195
Álcman: 5, 6, 10-11, 14, 19, 23, 25, 30, 31, 51, 131
Anfitrite: 65

Amímone: 65, 117
Anacreonte: 5, 6, 10, 13, 14-16, 19, 26, 32, 51, 76, 84, 87, 88, 129, 167-168
Anquises: 41-42, 60, 158
Anteros: 94
Antígone: 142-143, 146-148
Apolo: 27-29, 31, 41, 60, 65, 95, 97, 99, 122, 157, 159, 163, 188
   Apolo, o Pastor: 124
   Apolo Carneio: 99
   Apolo Delfínio: 97, 99
Apolônio de Rodes: 5, 6, 122
Ares: 37, 115, 186
Ariadne: 116, 117, 128
Aristeu: 66, 122
Aristogíton: *ver* Harmódio
Aristófanes: XVIII, 97, 109, 112, 114, 115, 130, 132-135, 188, 200-203
   Acarnianos, Os: 133
   Assembleia de Mulheres: 109, 130
   Aves, As: 112, 132, 200, 203
   Nuvens, As: 133, 135
   Rãs, As: 133
Aristóteles: 47-48, 73, 96, 130, 131, 137
Arquíloco: 10, 20, 23, 29, 30, 50, 76, 114, 139, 169, 170

Arreforias: 103, 173
Ártemis: xvii, xx, xxii, 94, 128, 129, 144, 148
   Ártemis (*Philomeirax*): 94
Asclepíades (de Samos): 53, 55, 56
Atalanta: 16-18, 122
Atena: 93, 173-177
Atenas: 84, 93, 94, 99, 103-106, 108-110, 112, 117, 121, 124, 127-129, 135, 162, 173, 177, 199, 210

Baquílides: 16, 23, 131
Belerofonte: 37
Bóreas: 7, 8, 15
Briseis: 36

Cadmo: 115, 155, 160
Calímaco: 56
Calíope: *ver* Musa(s)
Cassandra: 145, 146
Caos (Abismo): 182, 184, 201-202, 204
Centauro: 27, 84
Cárites (Graças): 115, 131, 134, 160, 163, 189
Cípria (poema épico): 37, 154
Cípris: *ver* Afrodite
Circe: 36
Cirene : *ver* Ninfa(s)
Clio: *ver* Musa(s)
Clitemnestra: 28, 124, 142
Cora: *ver* Perséfone
Corinto: 27, 105, 107
Creusa: 65, 156, 159
Cronos: 120, 156, 183, 184, 202, 203, 204

Danaides: 125, 143-145
Delfos: xx, 193
Deméter: 94, 120, 123, 125
Demóstenes: 104-105, 137, 139
Derveni (Papiro de): 203-204
Dioniso: xvii, xx, xxiii, 9, 13, 26, 66, 116, 117, 127-133, 145, 148, 149, 153
Diotima: 159, 190, 192, 195, 199-200
Dríope: *ver* Ninfa(s)

Eco: 163
Egisto: 28, 124
Elêusis: 106, 120, 199-200
Empédocles: 169, 185, 187

Éos: 65
Érato: *ver* Musa(s)
Érebo: 182, 184, 201, 204
Ésquino: 95, 104, 137-139
Ésquilo: xviii, 121, 124, 125, 141, 143, 155
   Agamêmnon: 141
   Suplicantes, As: 144
   Xantriai: 121
Estesícoro: 192
Eurípides: xvii, xviii-xx, 6, 113, 124, 133-134, 142, 148-149, 161, 172, 211
   Hipólito: xviii, xx, xxiii, 148, 161, 172
   Ifigênia em Áulis: 242
   Medeia: 149
   Phaéthon: 113
   Troianas, As: 145
Europa: 28, 49, 211

Fedra: xvii-xviii, xx, 148
Fedro: 93, 155, 186, 191-192, 196-197, 199
Ferécides de Siros: 184

Galateia: *ver* Ninfa(s)
Ganimedes: 5, 13, 20, 56, 60, 65, 117, 134, 159
Ganatão: 60-61
Górgias: 118, 139, 189
Graças: *ver* Cárites

Hades: 71, 141-143, 146, 156
Harmódio (Aristogiton): 130
Harmonia: 160
Helena: 10, 28, 33, 34, 35, 37, 49, 51, 118-119, 122, 140-141, 146, 158, 162
Hera: 13, 28, 35, 37-39, 42, 49, 112, 119, 122, 144, 154, 157, 160-162
Héracles: xx, 29, 36, 94
   Héracles (*Parastatês*): 94
Hermes: 29, 81, 136, 157
Hesíodo: xxiii, 35, 40, 128, 154, 183, 184, 186, 187, 189, 201, 204
   Escudo, O: 35
   Catálogo das Mulheres, As: 26
   Teogonia: 128, 187, 201
   Trabalhos e os Dias, Os: 40
Hespérides: 160-162, 172
Horas: 39, 156, 163
Hipólito: xvii, xviii, xx, xxii, xxiii, 49, 148

ÍNDICE DE NOMES PRÓPRIOS

Hipônax: 136
Homero: 51, 111
   Ilíada: 14, 16, 38, 42, 119, 128, 154, 160
   Odisseia: 35, 128, 160
   Hinos Homéricos: 181
   Hino Homérico a Afrodite: 39, 40, 42, 150
   Hino Homérico a Démeter: 156
   Hino Homérico a Hermes: 31

Íbico: 8, 10-11, 13, 26, 51, 88, 95, 131, 171-172
Io: 140, 144, 157
Iole: xx, 148
Íon: 157, 163
Ifigênia: 142
Íxion: 13, 28

Jacinto: 95, 162, 163

Laio: 95
Líbia: 155- 159-160
Longo: 60-62, 181
Lísias: 106, 192, 197

Medeia: 140, 149
Medusa: 154
Meleagro (poeta): 53-58
Menelau: 33, 34, 42, 114, 119, 122, 141
Mimnermo: 22, 50, 51
Minos: 16, 23, 28, 128, 212
Musa(s): 5, 29, 31-32, 40, 56, 91, 115, 131, 155, 162, 183, 189
   Calíope: 31
   Clio: 162
   Érato: 43
Myiscos: 55, 100

Narciso: 163
Ninfa(s): 9, 26, 122-124, 129
   Cirene: 27, 65, 66, 122, 133, 152
   Dríope: 157
   Eco: 163
   Galateia: 56
   Orítia: 155

Oceânides: 156
Olimpo: xx, 14

Olímpia: 93, 163
Orítia: *ver* Ninfa(s)
Orfeu: xxiii, 201, 205

Pã: 124, 157, 202
Pandora: 36, 40
Pandroso: 173, 174
Páris: 16, 33, 34, 35, 38, 49, 128, 157
Parmênides: 185, 186
Peitó: 12, 26, 144
Penélope: 35, 42
Perséfone (Cora): 30, 123, 142, 156
Píndaro: 5, 8, 10, 12, 13, 49, 75, 86, 98, 107, 124, 159
Platão: xxiii, 12, 24, 39, 47, 48, 93-94, 116, 139, 186, 187, 190, 196, 197, 199, 203
Plutarco: 32, 59, 73, 150
Poseidon: 13, 22, 65, 117, 154, 155

Queremon, o Trágico: 74

Safo: 6, 8, 9, 10, 12, 13, 17, 18, 19, 24, 25, 26, 28, 30, 40, 51, 56, 89-91, 92, 104, 109, 121, 130, 141, 171, 186, 187
Sêmele: xx, 28, 65, 66, 122, 148
Semônides: 27, 115, 119
Simônides: 73, 186
Sócrates: 23, 93, 116, 139, 155, 190-193, 195-197, 200
Sólon: 22, 32, 50, 84-85, 136, 161, 164
Sófocles: 124, 143

Tártaro: 182, 201, 204
Teócrito: 56, 114, 119, 121, 158
Teógnis: 5, 7, 9, 13, 14, 16-17, 19-20, 30, 39, 42, 51, 53, 76, 84, 87, 88, 115, 168, 209
Teseu: xviii, 8, 16, 66, 120, 128
Tétis: 13, 28, 36, 65
Timarco: 137-138
Titãs: 36, 106, 205

Ulisses: 36
Urano: 26, 36, 40, 183, 187, 203

Xenofonte (de Atenas): 116, 196, 197
Xenofonte (de Éfeso): 114
Xenofonte (de Corinto): 107

Zéfiro: 26, 163

Zeus: XIX, XX, 5, 13, 20, 26, 28, 35,
36, 37, 38, 39, 41, 42, 49, 55, 56,
60, 65, 70, 89, 112, 117, 119-120,
122, 134, 140, 141, 144, 154-155,
157, 159-161, 184, 187, 188, 191,
202, 204, 205

Índice de Noções

aclamação(ões) pederástica(s) (grafites): 72, 97-102, 135
agricultura: 124-125, 155
akoitis: *ver* esposa
alexandrino (helenística, poesia; *ver também* epigrama): 53-62, 75
alokhos: *ver* esposa
anal (relação): 59, 69, 136-139
animal: 67, 86, 96
   cordeiro: 192
   asno: 27, 69
   bode: 61
   égua: 167, 168-169, 171
   cavalo: 124, 168
   galo: 61, 70
   lebre: 96
   leão: 159, 202
   lobo: 192
   pantera: 96
   potra: 18, 19, 168
   serpente: 174
   rato: 100
   touro: 155, 202
arboricultura: 161-162, 176
assimetria (sexual): 15-22, 48-50, 58, 67, 71, 77, 88, 94, 136, 196, 210

aulo: *ver* flauta

banquete: *ver* simpósio
banqueteador: *ver* simposiasta
beleza: 14, 39, 60, 74, 91, 104, 113-116, 157, 164, 169, 186-191
bissexualidade: 203-205

captura: *ver* rapto
câmara nupcial: *ver thalamos*
casamento (bodas, himeneu): XX, XXI-XXII, XXIII, 16-17, 29, 35, 49, 51, 61-62, 81, 83, 104, 107, 110-125, 128, 141-146, 149, 155, 160, 161, 164, 167-168, 182, 184, 209
cerealicultura: 111, 162, 176
cidade (pólis)/ cidadão: XVII, 81-102, 127-130, 174-177, 209-210
cítara: *ver* lira
civilização: 110-111, 164, 210
comédia: 27, 57, 72, 130-132, 188
concubina: *ver* hetera
coração: *ver kardia*
coro: XVIII, 19, 23, 111, 113, 134, 144, 147-150
cortejo: *ver kômos*

cosmogonia: XXIII, 182-185, 203-205
cortesã: *ver* hetera

dádiva (presente, *dôron*): 16-17, 28, 49, 56, 67, 96, 110
demência: *ver* loucura
descendência: *ver* procriação
desejo: *ver* pothos
diamerismos: 136
diafragma: *ver phrenes*
dikaiosunê: *ver* justiça
domesticação (jugo): XVII-XX, 19-20, 96, 145, 167-169, 209
dôron: *ver* dádiva
drama satírico: 134

educação: XXI, XXIII, 59, 61-62, 78, 87, 90, 92, 96, 97, 100, 103-104, 116, 121, 127, 137, 172, 182, 193, 210
elegíaca (poesia): 4, 53, 59, 76, 84, 115
elogio (*epainos, egkômion*; *ver também* reprovação): 73-77, 82, 84, 86-87, 100, 107, 136, 189-190
egkômion: *ver* elogio
embriaguez: 10, 14, 30, 129, 131
enunciação: 47-52, 74, 85, 157, 167
epainos: *ver* elogio
epigrama: 53-57, 59, 100, 141
épica (poesia, epopeia): 4N, 22N, 25N, 30, 31, 32, 33-35, 37, 38, 42-43, 47, 48-49, 51, 52, 57, 65, 130, 131, 144, 195
epitalâmio: *ver* himeneu
esposa (*akoitis, alokhos, gynê*): XVII-XVIII, 25, 34-35, 37, 38-41, 57, 65, 81, 104-105, 106, 110-116, 121, 122-124, 127-129, 133, 138, 141, 143, 146, 149-150, 154, 156, 158, 160, 164-165, 183, 205
epopeia: *ver* épica (poesia)
erasta (*erastês*): 13, 17N, 59, 70, 89, 93, 94, 95-98, 100, 101, 108, 191-193, 195-197, 209
erastês: *ver* erasta
erômeno: *ver* erasta
eunê: *ver* leito

falecimento: *ver* morte

flor(es): 5, 23, 50, 54-55, 98, 108, 140, 153-157, 158, 159-161, 162, 163, 165, 168-171, 172, 204
açafrão: 154, 156, 157, 162, 163
íris: 156
jacinto: 60, 154, 155, 156, 157, 167
meliloto: 154
mirto: 162
narciso: 155, 156, 163
rosa: 154, 155, 157, 162, 163
serpão: 155
videira: 8, 171, 172
violeta: 154, 155, 156, 162, 163
flauta (aulo): 5, 31, 84, 104, 105, 106, 138, 186
fruto(s): 124, 161-162, 164, 165
maçã: 161, 162, 170
marmelo: 110, 111, 161-162
romã: 161

grafites: *ver* aclamação(ões) pederástica(s)
ginásio (palestra): 72, 83, 93-97, 99, 109, 100, 102, 131, 135, 153, 195
gynê: *ver* esposa

helenística (poesia): *ver* alexandrina (poesia)
hetaira: *ver* hetera
hetera (concubina, cortesã, *hetaira*): 89-90, 104-105, 107-109, 168
hetairêsis: *ver* prostituição
hetairos: 21, 86-87, 109
heterossexualidade: 51, 210
himation: *ver* manto
himeros (Hímero): 23-25, 30-31, 34, 38, 39, 40-41, 49, 55N, 70N, 133, 140, 147, 194-195
homoerotismo: *ver* homofilia
homofilia (homoerotismo, homossexualidade): 50, 51-52, 60, 61, 67, 87-88, 93-96, 98-99, 101-102, 103, 127, 132-133, 134, 135, 136-139, 150, 168, 171, 187-188, 191, 195-196, 200, 210
homossexualidade: *ver* homofilia
himeneu (Himeneu): 112, 113-114, 117, 120, 121, 145-146
hino: XVIII-XIX, XXIII, 84, 89, 114, 144, 181, 189

ÍNDICE DE NOÇÕES

iâmbica (poesia): 4N, 73, 76, 77, 130, 136, 140, 146, 148
iambo: *ver* iâmbica (poesia)
iconografia: XXI, XXIV, 22N, 27, 30N, 50, 63-64, 65-69, 70, 72-73, 89-90, 96, 106, 107-108, 110N, 112N, 114N, 116, 127, 133, 155N, 157N, 161N, 196
iniciação: 61, 82, 87, 89, 96, 101, 103, 114, 121, 153, 167, 169, 170, 171, 173, 175, 176, 190, 199-200

jardim (*kêpos*, pomar): XXIII, 5, 8, 93, 153-154, 156-162, 164-165, 167, 169, 170-177, 191
jugo: *ver* domesticação
justiça (*dikaiosunê*): 13, 16, 18, 69, 82, 91, 147, 189

kardia (coração): 10, 31, 54
kêpos: *ver* jardim
kharis: 25, 197, 271,
khlaina: *ver* manto
khlainis: *ver* manto
kômos (cortejo): 66, 72

leimôn: *ver* pradaria
lekhos: *ver* leito
lektron: *ver* leito
leito (*eunê, lekhos, lektron*): 22, 27-29, 33-38, 41, 66, 107, 116-125, 131, 144, 149, 159-160, 209
lira (cítara): 43, 49, 76, 84
lírica (poesia): *ver* mélica (poesia)
loucura (demência, *mania*): 6, 7-8, 10, 13, 128, 129, 146, 147, 149, 192-194

maçã: *ver* fruto(s)
mania: *ver* loucura
manto (*himation, khlaina, khlanis*): 23, 68, 90, 114-115, 116, 119, 169, 184-185, 196
marmelo: *ver* fruto(s)
mélica (lírica, poesia): 14, 33, 34-35, 37, 42-43, 47-51, 59, 64-66, 83
mômos: *ver* reprovação
morte (falecimento): XVII, XVIII, XX, 11, 22, 29-30, 71, 96, 101, 130, 141-143, 146-150, 163-164, 170, 175

natureza: *ver physis*

noiva (*ver* também *nymphê*): 110-112, 114, 117N, 121, 124, 147
núpcias: *ver* casamento
nymphê: 113, 122-125, 156, 165

obscenidade: 66, 73, 131, 132, 136
odor: *ver* perfume
oikos: 92, 104, 106N, 142, 164, 165, 177
olhar: *ver* visão

paidophilein/paiderastein: 20, 22, 87N, 95, 102
palestra: *ver* ginásio
parthenos: 122, 125, 165
passividade (sexual): 13, 92, 136-137, 139
perfume (odor): 156, 170, 209
philia (philê/philos): 21, 52, 57N, 77, 87-90, 91, 94, 95, 96, 102N, 109, 116, 138, 150, 184, 188, 196-197, 209-210
philotês (Philotès): 18, 20-22, 30, 33-41, 42, 50, 52, 67, 77, 87, 89, 91, 108, 114-116, 122, 128N, 183, 184N, 195N, 209
phrenes (diafragma): 8N, 10, 11N, 41
physis (natureza): 60-62, 181N, 188
poesia: *ver* alexandrina (poesia); elegíaca (poesia); épica (poesia); iâmbica (poesia); mélica (poesia)
peito: *ver stêthea*
pólis: *ver* cidade
pomar: *ver* jardim
pothos (Poto): XIX, 23-25, 30, 35, 54, 55N, 70N, 131, 133, 144
pradaria (*leimôn*, prado): 23N, 153-158, 162-165, 167-173, 177, 209
prado: *ver* pradaria
presente: *ver* dádiva
procriação (prole, progenitura, reprodução): 29, 119, 123, 124, 144, 165, 176, 182, 183, 188, 194, 209
progenitura: *ver* procriação
prostituição (*hetairêsis*): 66N, 104-105, 107, 138-139, 187N
psogos: *ver* reprovação

rapto (captura, violação): 20, 64-66, 70-71, 117, 118, 145, 155-158
reciprocidade: 18, 21, 31, 37, 40, 42, 48, 50, 58-59, 94-95, 115, 131, 140, 196, 209, 210
reprodução: *ver* procriação

reprovação (*psogos, mômos*; ver também elogio): 73, 84, 87, 100-101
rito (ritual): 82, 88, 101-102, 109, 110-111, 113, 119, 121N, 142, 148, 158, 173-176, 193
romã: *ver* fruto(s)
romance: 58N, 59N, 60-62, 114, 156N, 181

sátiro(s): 57N, 60, 69-70, 71, 72, 73, 74N, 75N, 77, 127-128, 130, 134
sedução: 38-40, 42, 52-53, 68, 70, 71, 87, 107N, 111, 116, 150, 167, 172, 210
sexualidade: XXIV, 3, 47, 63, 67, 68, 71, 73, 88, 92N, 100-101, 103, 108, 110, 112, 115, 120, 127, 129, 132, 136-137, 141, 145-146, 149N, 164, 167-169, 172-173, 176-177, 188, 204, 210
simposiasta (banqueteador)/simpósio (banquete): 15, 20, 31, 75-76, 84-86, 105-106, 107, 109, 116, 129, 186-187
sodomia: 57, 61, 69, 134-137, 139

sono: XX, 5, 11, 14, 29-30, 32, 33-35, 38, 41, 42, 71, 120, 170
stêthea/sterna (peito): 10, 55

teogonia: 49N, 128, 183, 185N, 187, 196N, 200-202, 204
terpein (*terpsis*): 33, 38, 62
thalamos (câmara nupcial): XX, 111, 113, 141-142, 154, 160-161, 177
thelgein: 39, 42
thymos: 10-11, 16N, 31, 38, 41, 140, 189
tragédia: XX, 48, 125, 130, 140-146, 149

violência (ver também rapto): 7-8, 60-61, 115, 116-117, 118, 138, 143-144, 145, 150, 208
violação: *ver* rapto
virgindade: 122, 143
visão (olhar): XIX, XXIV, 12-13, 16, 19, 24-25, 30, 41, 42, 55, 168, 193-194, 196, 197N

Este livro foi impresso em São Paulo,
nas oficinas da MarkPress Brasil, em abril de 2013,
para a Editora Perspectiva